Jahrbuch für
Hausforschung

36/37 1986/1987

WENGERN
Gasthof Kronen

13.6.1986

Hausbau in Münster und Westfalen

Mit zwei Beiträgen zu Hausbau und Dachwerken in den Alpenländern

Jahrbuch für Hausforschung, Band 36/37

Bericht über die Tagung des Arbeitskreises für Hausforschung in Münster in Westfalen vom 10. bis 13. Juni 1986

Arbeitskreis für Hausforschung

Sobernheim 1987

Umschlag: Ansicht eines Bürgerhauses in Münster auf einer colo-
rierten Zeichnung aus der Mitte des 16. Jahrhunderts (s.S. 331)

Seite 2: Wengern, Kirchstraße, Zeichnung von Hans-Günther Griep

CIP-Kurztitelaufnahme der Deutschen Bibliothek
Jahrbuch für Hausforschung: Bericht über d. Tagung d. Arbeits-
kreises für Hausforschung / Arbeitskreis für Hausforschung.
- Sobernheim: Arbeitskreis für Hausforschung c/o Freilichtmuseum
    ISSN 0172-2727
    Teilw. mit d.Erscheinungsort Münster/Westfalen. - Teilw. mit
    d.Erscheinungsort Detmold.- Teilw. mit d. Erscheinungsorten
    Detmold, Marburg, Münster
    Bis Jg. 25 (1975) u.d.T.: Arbeitskreis für Hausforschung:
    Bericht über d.Tagung d. Arbeitskreises für Hausforschung e.V.
Bd. 36/37. 1986/87. Hausbau in Münster und Westfalen. - 1987
NE: Arbeitskreis für Hausforschung

CIP-Kurztitelaufnahme der Deutschen Bibliothek
Hausbau in Münster und Westfalen: mit 2 Beitr. zu Hausbau u.Dach-
werken in d.Alpenländern; Bericht über d.Tagung d.Arbeitskreises
für Hausforschung in Münster in Westfalen vom 1o.-13. Juni 1986 /
Arbeitskreis für Hausforschung. (Schriftl.: G. Ulrich Großmann).
- Sobernheim: Arbeitskreis für Hausforschung c/o Freilichtmuseum,
1987.
    (Jahrbuch für Hausforschung; Bd. 36/37. 1986/87)
    ISBN 3-926157-o1-1
NE: Grossmann, Georg Ulrich (Schriftl.)

Herausgegeben vom Arbeitskreis für Hausforschung e.V.; Geschäfts-
stelle und Verlagsadresse Freilichtmuseum Sobernheim, 6553 Sobernheim, Postfach 261
Schriftleitung: G. Ulrich Großmann
Herstellung: Merkur-Druck, Detmold

ISBN 3-926157-o1-1
ISSN 0172-2727

Inhalt

Konrad Bedal   7
1o Jahre Hauskundliches Projekt A 4 im SFB 164 der
Universität Münster

Dietrich Ellger   13
Bauforschung und Denkmalpflege

Elmar Altwasser   23
Dokumentationsmethoden in der Bauforschung - Kritische
Anmerkungen zum Handwerkszeug einer jungen Wissenschaft

Mechthild Siekmann
Karl-Heinz Kirchhoff   35
Der Prinzipalmarkt zu Münster

Andreas Eiynck   57
Speicher als Wohngebäude in Stadt und Land

Stefan Baumeier   79
Mietshäuschen des 15. und 16. Jahrhunderts in Warendorf

Heinrich Stiewe   113
Ein Bauernhaus des frühen 16. Jahrhunderts aus dem östlichen Münsterland

Klaus Püttmann   135
Aspekte der Fassadengestaltung im profanen Holz- und Steinbau zwischen 15oo und 17oo

Thomas Spohn   147
Arbeiterwohnungen außerhalb der Städte des Ruhrgebietes
vor 185o

Hubertus Michels   2o3
Höggenstr 1 - Ein romanisches Steingebäude in Soest

G. Ulrich Großmann   217
Ein Fachwerkbau aus dem Jahr 1347 (d) in Höxter

Michael Scheftel   227
Archäologische Befunde zu Ankerbalkenverzimmerungen -
Bemerkungen zu ihrer Interpretation und Rezeption

Fred Kaspar   237
Holzbau - Fachwerkbau. Zur Frühgeschichte des Fachwerks in
Nordwestdeutschland

Christoph Dautermann   239
Kirchhofspeicher in Westfalen

Dietrich Maschmeyer   249
Detaillierte Hausforschung in einem kleinen Gebiet -
Methodik und Ziele der Forschung in der Grafschaft Bentheim

Oskar Moser   289
Zur Frage der Dachgerüste in den Hauslandschaften Österreichs -
Feststellungen und Aufgaben

Horst Masuch   317
Die Halbkreiszinne in Niederösterreich

Anhang   331
(Zum Umschlagbild; Verzeichnis der Tagungsteilnehmer,
Rezensionen)

Konrad Bedal

10 Jahre Hauskundliches Projekt A 4 im SFB 164 der Universität Münster

Seit 1.1.1976 besteht offiziell das Projekt A 4 "Städtisches Bauen und Wohnen im Spätmittelalter und der frühen Neuzeit" im Sonderforschungsbereich 164 der Universität Münster. Über die Arbeit und den Erfolg dieses Forschungsprojekts konnten sich die Teilnehmer der Arbeitskreistagung in Münster informieren, die nicht zuletzt gerade deshalb hierher gelegt wurde. Inzwischen ist das Projekt weitgehend abgeschlossen, die Finanzierung lief 1986 aus, nur einige Restmittel standen noch 1987 zur Verfügung. Insofern ist das Projekt bald schon Geschichte, Forschungsgeschichte; dafür muß ich aber erst etwas weiter ausholen.

Hausforschung war - fast immer - eine Sache von "Einzelforschern", die allermeistens aufgrund privater Initiative, oft genug auch allein mit den eigenen finanziellen Mitteln forschten, jeder auf seine Weise und in seiner Region, der er sich verpflichtet fühlte. Hausforschung in universitären, wissenschaftlichen Projekten, finanziert von öffentlicher Hand bzw. von öffentlichen Stiftungen, wie der Deutschen Forschungsgemeinschaft oder der Volkswagenstiftung, gab es kaum. Eine der wenigen Ausnahmefälle war schon vor Jahrzehnten Münster mit Josef Schepers und seinem "Münsterschen Arbeitskreis", der in der Nachkriegszeit schließlich über das Westfälische Baupflegeamt öffentlich finanzierte Forschungsarbeit treiben konnte.

Von diesen spezifisch westfälischen Ausnahmefällen abgesehen wurde meines Wissens die Hausforschung erstmals in den bundesdeutschen universitären Forschungsbetrieb durch Arnold Lühning eingebunden, der 1970 innerhalb des von der Deutschen Forschungsgemeinschaft finanzierten Sonderforschungsbereiches 17 der Universität Kiel das Projekt "Ländliches Bauwesen in Ostholstein" (später erweitert auf Angeln) einrichtete. Man könnte darin gleichsam eine Wendemarke in der Hausforschung von der eher privaten zur mehr öffentlichen Ausrichtung sehen, auf der sicher

auch die enormen Fortschritte in den letzten 15 Jahren beruhen, ohne den wesentlichen Anteil der "Einzelkämpfer" zu verkennen. Im münsterischen Sonderforschungsbereich 164, der sich vergleichender geschichtlicher Städteforschung widmet, konnte an diese Entwicklung angeknüpft werden - wohl, das muß dazugesagt werden, aufgrund der spezifischen personellen Situation. In den ersten, langjährigen Gründungsgesprächen des Sonderforschungsbereiches 164 hat Günther Wiegelmann, der übrigens schon Gutachter des Kieler Projekts war, auch ein volkskundlich-hauskundliches Forschungsprojekt einzubinden versucht, für das Joachim Hähnel, damals Assistent am Volkskundlichen Seminar bei Wiegelmann, schon 1973/74 erste Überlegungen anstellte, ohne daß es installiert war. Das dauerte noch bis zum 1.1.1976. Damals war ich bereits Assistent am Volkskundlichen Seminar und übernahm die Projektleitung für das neugeschaffene Projekt A 4 mit dem Titel "Städtisches Bauen und Wohnen im Spätmittelalter und der frühen Neuzeit"; erste vorläufige Mittelbereitstellungen erfolgten aber erst ab 1977. Vielleicht darf ich dazu ganz kurz aus dem ersten dreijährigen Finanzierungsantrag 1978-80 zitieren, um Ziel und Methode des Projekts anzudeuten: "In ausgewählten Städten sollen bürgerliche Bau- und Wohnkultur der Zeit vom 14. bis 17. Jahrhundert untersucht werden. Der Schwerpunkt wird auf Holzbauten in nordbayerischen und westfälischen Städten liegen. Das Projekt arbeitet objektbezogen, d.h. es geht von intensiven Bauuntersuchungen an Ort und Stelle aus, die aber durch umfangreiche archivalische Studien ergänzt werden müssen..."
Diese Arbeitsweise selbst war von Anfang an in zwei Schritten geplant: zunächst sollte jeweils in jeder der beiden Regionen, d.h. in Westfalen und Franken, ein Überblick des erhaltenen städtischen Holzbaubestandes aus der Zeit vor 1600 erreicht werden, unter Ausschöpfung der vorhandenen gedruckten wie ungedruckten Quellen. Auf dieser Grundlage konnte dann die Einzelbearbeitung ausgewählter Städte und Objekte erfolgen und umgekehrt der Überblick über den erhaltenen Bestand wesentlich verfeinert und erweitert werden. Daß in der Forschungspraxis dann beide Schritte doch nicht so eindeutig zu trennen waren und direkt ineinander flossen, war sicher kein Nachteil.

Die ersten Aktivitäten des Projekts galten dem westlichen Raum, für den als erster studentischer Mitarbeiter Fred Kaspar seit 1.4.1977 gewonnen werden konnte, beauftragt, einen Katalog der datierten westfälischen Fachwerkbauten vor 1600 zu erstellen. Gleichzeitig lief das Projekt "Hattingen" an, zunächst als Einführungsveranstaltung am Volkskundlichen Seminar. Gleichzeitig, also 1977, begann auch die Sichtung von Archivalien für den nordbayerischen Raum, der wegen der räumlichen Entfernung noch nicht in die konkrete Bauuntersuchung einbezogen werden konnte. Sieht man genau hin, so war ich eigentlich nur in der Anfangsphase, intensiv nur das halbe Jahr von 1.4.1977 bis 1.10.1977 als Projektleiter tätig. Daß ich nicht so wichtig war, zeigte sich nach meinem Weggang nach Bad Windsheim. Denn unter der Führung von Fred Kaspar als studentischer Hilfskraft wurden von einer sich immer mehr vergrößernden Studentengruppe nicht nur die angefangenen Arbeiten beendet und abgeschlossen, sondern auch das gesamte Projekt weiter vorangetrieben. Zu verdanken ist dies wohl an erster Stelle Günther Wiegelmann, der, obwohl mit anderen Projekten betraut, das offiziell verwaiste Forschungsprojekt und vor allem die daran arbeitenden Studenten forderte und förderte. Das Projekt A 4 wurde und ist so weitgehend ein studentisches Forschungsprojekt, braucht sich deswegen aber keineswegs hinter den Forschungsprojekten innerhalb des Sonderfoschungsbereiches 164 zu verstecken, die von Anfang an mit promovierten Wissenschaftlern besetzt waren. Ja man darf im gewissen Sinn sogar sagen, daß das Projekt A 4 über die konkrete Forschungsarbeit hinaus auch zum "hauskundlichen Ausbildungsprojekt" geworden ist, wie es sich schon in der Anfangsphase mit dem Beispiel "Hattingen" abzeichnete. Wenn in den letzten Jahren neue, junge Hausforscher im volkskundlichen Umfeld herangezogen wurden, so ist dies, wieder einmal, Münster zu verdanken. Bisher sind allein drei Dissertationen, die sich aus der Arbeit am Projekt ergaben oder davon beeinflußt wurden, abgeschlossen, weitere Dissertationen bzw. Magisterarbeiten sind in Arbeit.
Damit zurück zum Forschungsprojekt selbst und seinen bisherigen Ergebnissen, ohne daß ich ins Detail gehen kann - schließlich wird darüber in diesem Tagungsband noch genügend informiert.
Doch bleiben einige allgemeine, inzwischen wohl auch anerkannte

Ergebnisse festzuhalten, die sich aus der Arbeit am Projekt
ableiten lassen:

1. Die Wichtigkeit umfassender Kenntnis des erhaltenen Bestandes
   einer bestimmten Zeit und Region. Es hat sich überall auch
   und gerade in Westfalen gezeigt, daß der mittelalterliche
   und frühneuzeitliche Baubestand sehr viel höher, breiter und
   bedeutender ist, als man bisher glaubte.
2. Die Bedeutung umfassender Bauanalysen an einzelnen Gebäuden.
   Jeder historische Bau hat eine zumeist komplizierte Baugeschichte. Aus dem derzeitigen Zustand können zunächst zumeist
   keine stichhaltigen Schlüsse auf die früheren Bedeutungen und
   Nutzungen bzw. ihre zeitliche Fixierung gezogen werden.
3. Die Notwendigkeit dendrochronologischer Baualtersbestimmungen.
   Sie war von Anfang an ein wichtiges Anliegen des Projekts,
   aufbauend auf den eigenen Erfahrungen in Ostholstein. In Westfalen wurde die Dendrochronologie in Hattingen erstmals
   durch das Forschungsprojekt eingeführt und systematisch eingesetzt. Hier - wie überall - hat sich gezeigt, daß der Baubestand z.T. wesentlich älter ist, als man ursprünglich an-
   nahm, daß sich damit aber völlig neue Bewertungen ergeben.
4. Das alles zusammen hat gerade für Westfalen zu wesentlichen
   neuen Ergebnissen geführt, ja zu einer Umkehrung bisheriger
   Forschungsmeinungen mit dem vermeintlich "fortschrittlichen"
   Südosten und altertümlichen Westen, der jetzt als bereits im
   14./15. Jahrhundert ausgebildete, hochstehende Fachwerkland-
   schaft nachgewiesen ist, mit bisher nicht gewürdigten Eigenheiten, wie Bohlenwände, verdeckten Verstrebungen usw.
5. Die soziale bzw. wirtschaftliche Abhängigkeit sowie der Wandel
   des Bauens und Wohnens kann nur in intensiven Ortsstudien, wie
   sie über Hattingen, Lemgo, Lüneburg, in ersten Ansätzen über
   Lippstadt, Hannoversch-Münden vorliegen, herausgearbeitet werden. Dabei laufen technisch-konstruktive Veränderungen keineswegs konform mit sozial-funktionellen.

Das regionale Hauptgewicht des Projekts lag und liegt eigentlich
ganz zwangsläufig auf Westfalen bzw. allgemeiner Nordwestdeutschland, schon allein nach den publizierten Arbeiten wie den betei-

ligten "Forschern", die ja zumeist Studenten sind oder waren. Ich möchte dazu nur kurz die Namen nennen: Fred Kaspar, der nun schon am längsten und fast von Anfang an dabei ist und außer den Fachwerkkatalog Westfalen (dessen Neuauflage den bemerkenswerten Forschungsfortschritt nach Jahren aufzeigt), die Monographien über Hattingen (zusammen mit Karoline Terlau-Friemann) und Lemgo - seine Dissertation - sowie mehrere Publikationen über einzelne Gebäude vorlegen konnte, dann Karoline Friemann, die u. a. beim Hattingen-Band beteiligt, über Lüneburg und Arpad Konovaloff, der über Hannoversch-Münden promoviert hat. Das ist sozusagen die, so originell das klingen mag, "ältere" Generation innerhalb des Forschungsprojekts, die ich gewissermaßen noch mit zu verantworten habe. Inzwischen gibt es eine weitere große Zahl von Aktiven, wie Andreas Eiynck, der u.a. Lippstadt bearbeitet, vor allem aber auch den ländlichen Raum intensiv mit einbezieht, dann Heinrich Stiewe, der bereits einen Dokumentationsband des Bauernhauses im Lippischen herausgebracht hat, Christoph Dautermann, Klaus Püttmann, Hubertus Michels, Thomas Spohn. Man kann nur hoffen, daß nach Auslaufen des Sonderforschungsbereiches eine Weiterführung in Teilbereichen ermöglicht wird.
Bei all dieser westfälisch-nordwestdeutschen Erfolgsbilanz der letzten Jahre darf nicht ganz das zweite regionale "Standbein" des Projekts A 4, Franken bzw. Nordbayern, vergessen werden. Sozusagen auf "Sparflamme" wurde auch hier weiter gearbeitet, die ursprünglichen Zielvorstellungen wenigstens annähernd zu erreichen. Das gilt vor allem für den Katalog datierter Fachwerkbauten vor 1600, dem Pendant zum westfälischen, nun bereits wesentlich erweiterten Band. Aufgrund begrenzter Zeit, geringer Vorarbeiten und eines größeren und zeitlich sehr viel schwieriger zu fassenden Bestandes konnte bisher noch kein Abschluß erreicht werden. Noch von Münster aus war Peter Theißen mit Literaturarbeiten dazu befaßt, Bereisungen und Erfassungen vor Ort übernahmen Julius Schwarz (Universität Würzburg) und Michael Kamp (Universität Regensburg). Inzwischen zeichnet sich eine Drucklegung für 1987 ab. Daran anknüpfend bearbeitet Michael Kamp Rothenburg inzwischen intensiver und schließt dabei auch den Umgang mit der historischen Substanz im 19./20. Jahrhundert ein.
Auf jeden Fall hat das 1976 errichtete, 1977 erst richtig begon-

nene hauskundliche Forschungsprojekt für die Hausforschung wichtige Impulse gegeben, neue, weiterführende Ergebnisse ermöglicht und, vor allem, Studenten an das Thema Haus, oder die Geschichte des Bauens und Wohnens breiter Schichten herangeführt. Damit wurde auch mit ein Schritt zur weiteren Professionalisierung der Hausforschung getan, wie sie heute im Zusammenhang mit Denkmalpflege und Freilichtmuseum allenthalben spürbar und unaufhaltsam ist. Freilich sind nicht alle seinerzeit angestrebten Ziele möglich geworden, insbesondere nicht im fränkischen Bereich. Im übrigen sind die Ansprüche baugeschichtlicher Dokumentation in einer Weise gewachsen, damit aber auch Personal- und Finanzkosten derart gestiegen, daß immer weniger Häuser immer intensiver untersucht werden können. Wir müssen aufpassen, daß vor lauter Dokumentation nicht die eigentliche Forschung, der übergreifende und bewertende Überblick und funktionale wie soziale Fragestellungen in den Hintergrund geraten. Dies ist jedenfalls, so meine ich, beim Projekt A 4 nicht geschehen.

BURGSTEINFURT
Torhaus der Burg

11.6.87 86

Dietrich Ellger

Bauforschung und Denkmalpflege

Es hieße, die berühmten Eulen nach Athen oder Ankerbalken unter
die Hausforscher tragen, wollte ich mich hier über den Sinn   von
Erhaltung wertvoller Schöpfungen der Vergangenheit - sprich:
Denkmalpflege - oder über die Notwendigkeit von Bauforschung
verbreiten.
Ich darf mir erlauben, mich sogleich dem enger Fachlichen   zuzu-
wenden und zwar aus der Sicht des Konservators. Für dessen Lage
ist ja charakteristisch, daß er zum Handeln gezwungen ist, gezwungen durch die Sorge um sein Objekt, das Denkmal.
Es hat sich als nützlich erwiesen, der Klarheit zuliebe zu unterscheiden zwischen einem theoretischen Denkmalbegriff und einem
praktischen. Der theoretische richtet sich auf unsere Erkenntnis,
z. B. auf unsere Frage "Was war?". Er zielt auf die Zeugnisse von
früher und umschließt dabei jegliches Stück materieller Hinterlassenschaft der Vergangenheit. Nichts ist prinzipiell unwich-
tig, das 387. Steinbeil von gleichem Typ sagt mir zumindest noch
etwas über die Verbreitung dieser Art und wenn ich die Baugeschichte einer Stadt erarbeiten will, darf ich kein Häuschen
auslassen, von dem ich Kunde habe oder das ich noch sehe, jedes
bezeugt ein Stückchen dieser Geschichte. Der theoretische Begriff
ist der Denkmalbegriff der Wissenschaften.
Der praktische Begriff aber richtet sich auf unser Handeln. Er
zielt aufs Erhalten. Mit seinem Gebrauch überschreitet man den
Kreis von Wissenschaft und Forschung. Jetzt trifft man auf den
Eigentümer und muß seine Möglichkeiten, zu verändern,
beschneiden, jetzt trifft man auf die Planenden und sucht ihnen
Festpunkte zu setzen, jetzt braucht man die öffentliche Hand, um
mit Mehrkosten fertig zu werden. Dieser praktische Denkmalbegriff
hat also, das zeigt sich schon bei diesen Andeutugen, eine
politische Dimension.
Wenn nun das volle Leben mit menschengeschaffenen Gegenständen im

Bewahren, Verändern, Wegtun und Neuesmachen besteht und seinen Fortgang haben soll, kann man nicht fordern, alles was da ist, unverändert beizubehalten. So gesehen verlangt der Gebrauch des praktischen Denkmalbegriffs für alles, was dem Wegtun und der Veränderung entzogen werden soll, eine Auswahl, z. B. eine Auswahl nach Bedeutung, wie dies ja gerade in unserem nordrhein-westfälischen Denkmalschutzgesetz ausdrücklich gefordert wird. Denn dieser praktische Denkmalbegriff ist der Denkmalbegriff der Denkmalschutzgesetze. Er verlangt vom Konservator als dem Fachanwalt des Bewahrenswerten: Einmal zu bestimmen und fachlich durchzusetzen, was ein Denkmal sei und infolgedessen im öffentlichen Interesse erhalten werden solle. Und zum andern, zu sagen, in welcher Weise mit dem Denkmal umgegangen werden soll, wenn im Interesse seiner Erhaltung am Objekt gehandelt werden muß, sei es, daß der Zahn der Zeit oder geänderte Bedürfnisse der Nutzer dazu nötigen.

Das Letzterwähnte ist es, was unsere Situation von der unserer Fachgenossen an den Museen unterscheidet: In nahezu allen unseren Schützlingen nimmt die Geschichte ihres handgreiflichen Gebrauchs ihren Fortgang, des Gebrauchs der Gehäuse der Vergangenheit durch die jeweils Lebenden. Verschleiß ist das Mindeste, dem sie ausgesetzt sind, zumeist aber geht es um Anpassungen an neue Anforderungen und veränderten Geschmack.

Wer angesichts dieser Prozesse dafür eintritt, daß dem Alten sein Wert als Quelle, als Zeugnis vergangenen Lebens gewahrt bleibt - und das ist unser Amt - muß sein Handeln auf den neuesten Stand der Kenntnis dieser Quelle gründen. Er kann dabei freilich - und das geschieht leider oft - in Lagen geraten, in denen er entscheiden muß, ohne ausreichende Kenntnis zu haben oder solche demnächst oder gar überhaupt erlangen zu können. Müßte er die fragliche Partie zeichnen, würde er das mit gestrichelten Linien tun, aber eine gestrichelte Linie läßt sich nicht bauen: Ein Dach, dessen Firsthöhe man nicht genau kennt, muß zentimetergenau eine ganz bestimmte Höhe erhalten, und ein Pfeiler, bei dem man nicht mehr wissen kann, wie sein Sockel aussah, muß eben so oder so über dem Fußboden beginnen.

Bei unserem Mühen um die nötige Kenntnis hätten wir es wesentlich leichter, stünde uns das bisher erlangte Wissen, der letzte Stand

14

der Forschung leicht und komplett greifbar zur Verfügung. Das war und ist im Hinblick auf den Konservator der Sinn der großen Bände der "Bau- und Kunstdenkmäler", der klassischen Inventare, wie man sie heute zu nennen beliebt. Sie kennen sie ja, ich brauche sie nicht zu erläutern. Die Arbeit daran, d. h. die Ausarbeitung von Bänden für noch nicht inventarisierte Gebiete und der Ersatz veralteter Reihen - das wäre das Thema für Westfalen - ein officium nobile der Denkmalämter, ist nahezu zum Erliegen gekommen, zum Erliegen gekommen unter dem Druck der Verhältnisse, insonderheit der neuen Denkmalschutzgesetze, die rasch Übersichten über den Gesamtbestand an Denkmälern notwendig machen, und die sind natürlich nur durch Schnellinventarisation und nachfolgende Kurzdarstellungen zu haben.

Die neuen Denkmaltopographien - das sind diese Kurzdarstellungen - können aber Werke nicht ersetzen, die uns im Bereich der Architektur gewissermaßen Wand für Wand den letzten Stand der Bauforschung erkennen lassen oder zumindest den Weg dahin weisen, wo er zu erfahren ist, Quellen und Literatur zu überblicken erlauben und wenigstens den Zugang zur Kenntnis der letzten Erörterungen der Rolle des Objekts in größeren Zusammenhängen eröffnen. Dies zu wissen muß man von sich selbst verlangen, wenn man halbwegs verantwortlich mit seinem untersetzlichen Zeugnis umgehen will.

Sind die Denkmaltopographien mit dem, was sie an Informationen bieten, für unseren Fachgebrauch viel zu karg, so die klassischen Inventarwerke in ihrer Objektwahl meist zu eng. Allenthalben greift man heute mit seinem Denkmalbegriff weiter aus. Dafür hat sich mir als Leitgedanke so einsichtig wie brauchbar erwiesen, dahin zu wirken, an jeglichem Ort eine Fülle von Denkmälern zur Verfügung zu haben, die uns das hier vergangene Leben zu jeglicher Zeit in der ganzen Breite vom Alltagsgeschäft bis zu Festgottesdienst und zu großen politischen Ereignissen zugänglich halten, Werke also in der Spannweite vom Brotmesser im Heimatmuseum bis zur gotischen Pfarrkirche an ihrem historischen Ort.

So wird der Kreis der Denkmäler im Gefilde der Architektur weiterreichen als die Region der Zeugnisse eigentlicher Baukunst und wohlerhaltene Zeugnisse von Bauarten umschließen, und zu der Hinterlassenschaft der einstigen Führungsschichten kommen die Bauten für die Wohnbedürfnisse und die einst hausnahe Arbeitswelt der jeweils breiten Schichten unserer Bevölkerung. Dementsprechend suchen wir für unser Fachanwaltskollegium, die wissenschaftlichen Stäbe der Denkmalämter, zu den bauforschenden Kunsthistorikern und Architekten die hausforschenden Sachvolkskundler hinzuzugewinnen.

Wenn unsereins als Forscher tätig wird, gilt für sein Vorhaben die berühmte Unterscheidung, die seine Archäologenkollegen getroffen haben, nämlich die in Notgrabungen und Lustgrabungen. Unter Not fällt, wenn er forschen muß, weil seine Sach- und Problemkenntnisse nicht ausreichen, um mit dem anstehenden praktischen Fall fertig zu werden. Unter Not fällt aber auch, wenn sich im Verlauf denkmalpflegerischer Arbeiten Forschungschancen bieten, die selten oder nie wiederkehren und deshalb genutzt werden müssen.

Wir haben derzeit alle Hände voll zu tun, um mit solchen Notlagen fertig zu werden. Der Druck kann so stark sein, daß man sich selbst am einzelnen Objekt alles verkneifen muß, was nicht unbedingt zum vorliegenden Problem gehört, und wenn die Bauarbeit nur das Langhaus betrifft, im Chor oder im Westbau nur soweit nachsieht, wie es zur Lösung von Langhausfragen unerläßlich scheint, so daß man im Falle neuer Funde nachher nicht in der Lage ist, etwa eine neue Monografie zu schreiben - ich kenne so etwas aus eigener schmerzlicher Erfahrung. Lustforschung, Arbeit aus eigenem Antrieb, bleibt unter solchen Bedingungen dann nur für Wochenenden und Ruhestand.

Sie kennen ja die Ziele und Verfahrensweisen unseres Forschungszweiges: die baugeschichtlichen Fragen nach Auftraggeber, Auftrag, Meister und Bauzeit, die Frage nach der Einheitlichkeit in Planung und Ausführung, sowohl im Hinblick auf die Struktur wie auf das Detail, andernfalls die Frage nach der Folge von Baugedanken und ihren Verwirklichungen, nach der relativen und der absoluten Chronologie, und schließlich die Klärung der Rolle des Werks in größeren Zusammenhängen.

Und dazu die Verfahrensweisen: die Kombination des Studiums der Fachliteratur, der zugehörigen Schrift-, Plan- und Bildquellen mit der sorgsamen Untersuchung des Objekts, tunlichst unter Inanspruchnahme bzw. Herstellung einer genauen zeichnerischen Bestandsaufnahme. Sie kennen die dafür entwickelten Verfahren der oberirdischen und archäologischen Bauuntersuchungen und die Nutzung der jeweils sichersten Bestimmungsmethode, etwa für Datierungsfragen die der Dendrochronologie. Und vertraut ist Ihnen die Erfahrung, daß man auf Befunde stößt, die man sich zunächst nicht erklären kann, und dann Wege entdeckt, die zur Erhellung führen. Und jeder von uns denkt bei seinen Bemühungen zugleich an das Objekt und an die Frage nach seinem näheren Umkreis und nach weiterreichenden Zusammenhängen.

Aus der Praxis des Bauforschers leuchtet auch ein, ja erwartet wird, daß der Blick des Konservators weiter reichen muß als auf Baugefüge und architektonische Formenwelt. Er muß die Farbigkeit der Architektur einschließen, die Verglasung, aber auch die Einrichtung und Ausstattung. Und was die Bautenwelt anlangt, so reicht sie zeitlich von den Karolingern bis zum 2. Weltkriege, ja schon bis in die 1950er Jahre und von der Kathedrale bis zum Backspeicher und zum Förderturm, sie umfaßt aber eben auch Platz und Straße, Altdorf und Altstadt, ja ganze Kulturlandschaften, und so gehören zur Bauforschung Dorf- und Stadtbaugeschichte bis hin zur Besiedlungsgeschichte.

Wenden wir uns kurz den einzelnen Themenbereichen der Bauforschung im Dienste der Denkmalpflege zu. Also: Ich muß forschen, wenn meine Kenntnisse für die Lösung der anstehenden praktischen Frage nicht ausreichen. Wenn die Aufgabe lautet, einen im Laufe der Zeit hochgewachsenen Kirchenfußboden auf sein ursprüngliches Niveau hinabzuverlegen, um die anfängliche Vollständigkeit etwa der Pfeilergestaltungen und zugleich die anfängliche Raumproportion wiederzugewinnen, muß ich, gegebenenfalls durch archäologische Bauuntersuchungen, feststellen, wo er ursprünglich gelegen hat und was mich bei den bislang verdeckt gewesenen Baupartien erwartet.

Ich sollte forschen, wenn sich durch Bauarbeiten eine seltene, und ich muß forschen, wenn sich dazu die letzte Chance ergibt. Auch hierzu nur ein Beispiel: Der bisherige Wandputz wird abgenommen, man kann das nackte Mauerwerk sehen, also heißt es rasch zu erkunden oder selbst zu ermitteln, welche baugeschichtlichen Fragen anstehen und jetzt geklärt werden könnten, denn ohne Vorstellungen von dem, was sich hier abgespielt haben könnte, wird man erfahrungsgemäß nicht viel wahrnehmen.

Bei großen und baugeschichtlich komplizierten Werken können solche Situationen die Kräfte des zuständigen Denkmalamtes rasch überfordern, selbst wenn es in seiner Organisation flexibel genug ist, um zu leisten, was ja eigentlich selbstverständlich erscheint, aber gar nicht einfach ist, nämlich dafür zu sorgen, daß die besten Fachkenner des Hauses an der Untersuchungsarbeit mitwirken. Was mache ich, wenn der beste Kenner eines bestimmten Bautypes des 13. Jahrhunderts unser Redakteur ist und in diesem Metier alle Hände voll zu tun hat? In extremen Fällen wird es darauf ankommen, einen regelrechten Forscherverbund zu erreichen, unter Einschluß von Fachgenossen außerhalb des Amtes und von Studierenden.

Was geschieht mit den Ergebnissen? Das man sie sorgfältig dokumentiert, sollte selbstverständlich sein. Aber wenn sie nun Neues enthalten, was die Forschung insgesamt voranbringt? Wer so wie wir unmittelbar am Sachgegenstand unserer Wissenschaften zu wirken hat und damit an der Quelle sitzt, dürfte sich verpflichtet fühlen, das Neue, das ihm als erstem zu entdecken zufällt, rasch seiner Wissenschaft zur Verfügung zu stellen. Zumeist aber wird sich das aus schon skizzierten Gründen nicht in der allgemein erstrebenswerten abgerundeten Darstellung machen lassen, die wäre erst unter den Arbeitsbedingungen des Pensionärs zu leisten. So hat man für Mitteilungen solcher Art die Form des Forschungsberichtes gewählt, gesondert herausgebracht oder mit Denkmalpflegeberichten verbunden oder als Einzelfalldarbietung in Zeitschriften veröffentlicht, und man kann nur wünschen, daß von solcher Publikationsweise reichlich Gebrauch gemacht wird.

Das andere große Feld der Bauforschung im Dienst der Denkmalpflege ist das der Inventarisation, der Denkmalwertermittlung, also genaugenommen der Grundlagenbeschaffung. Ich hätte es deshalb zuerst beleuchten müssen, bin aber von dem ausgegangen, woran man beim Stichwort Denkmalpflege als praktischer Tätigkeit am Objekt zuerst zu denken gewohnt ist.

Maßstäbe setzen hier die gegenwärtigen Erfordernisse des klassischen Inventars. Nehmen Sie als jüngstes Beispiel unseren Lemgoband, als etwas älteres vielleicht den über den Schleswiger Dom oder als etwas Klassisches auf diesem Gebiete die Münster-Bände Max Geisbergs.

Hinzu kommen Erfordernisse aus den neuen Denkmalschutzgesetzen, etwa das der genauen Angabe dessen, was geschützt werden soll und was von den Einschränkungen, die das Gesetz auferlegt, freibleiben kann. Voraussetzung zu solchen Unterscheidungen ist eine Objektkenntnis vom Kellerfußboden bis zum Dachfirst und die aus Erfahrungen gespeiste Vorstellung von dem, was hinter Putz und Tapeten noch verborgen sein müßte. Hinzu kommen die Erfahrungen aus den bisherigen Gerichtsverhandlungen, die zeigen, welchen Ansprüchen dort eine fachliche Rüstung standhalten muß. Und hinzu kommen allgemein Erfahrungen aus dem Vorausblick auf die nachmalige denkmalpflegerische Praxis an den unter Schutz gestellten Objekten, etwa die der Wirksamkeit moderner Techniken und des Gebrauchs moderner Baustoffe, die zu einem sorgsamen Blick auf die alten Materialien und alten Herstellungsweisen und die jeweiligen Belegstellen am Objekt nötigen.

Mit der Bearbeitung klassischer Inventare ruht derzeit auch die Bauforschungstätigkeit für diesen Aufgabenbereich. Alle verfügbare Kraft wird gegenwärtig, jedenfalls bei uns, für Denkmalwertermittlungen gebraucht, sei es, daß unsere Kenntnisse verbessert und verfeinert werden müssen, um Angriffen in Form von Widersprüchen und Klagen gegen Unterschutzstellungen standzuhalten - dies ist das Aufgabenfeld mit der Prioritätsstufe I - sei es, daß Anfragen von Denkmalbehörden, und das sind bei uns ja alle 231 westfälischen politischen Gemeinden, beantwortet werden sollen - das macht die Prioritätsstufe II. Beides gehört wie die Forschung im Dienst der denkmalpflegerischen Praxis am Objekt zu den Folgen des für unsere Situation charakteristischen Reagierenmüssens, die Sache und zumeist auch die Bearbeitungsfrist werden uns aufgegeben.

Mit der klassischen Inventarisation ruht zugleich unsere einzige systematisch betreibbare und betriebene Bauforschung, es entfällt ihr Leitseil des topographischen Zusammenhangs in einer kleinen Region oder einer größeren Stadt. Alle sonstigen Aufgabenstellungen rufen den Bauforscher heute hierhin und morgen dorthin und verlangen unentwegt die Einarbeitung in einen anderen Kleinzusammenhang, letztendlich die Fähigkeit, gewissermaßen landesweite architekturgeschichtliche Komplexe zu überblicken, um die verstreuten Fälle in Beziehungsnetzen wahrnehmen und entsprechend fruchtbar befragen zu können.

Besonderer Druck geht von Anforderungen für die Bereiche aus, in denen unsere allgemeine Denkmälerkenntnis noch lückenhaft ist. Dazu gehört in Westfalen einmal das sogenannte flache Land außerhalb von Kirche und Herrenhaus. Hier bin ich froh, daß wir Hausforscher unter uns haben, die für Durchsichten und Untersuchungen in diesem Felde gerüstet sind.

Das andere Problem stellt die noch immer riesenhafte architektonische Hinterlassenschaft der Zeit von 1840 bis zum Zweiten Weltkriege. Hier stecken wir außerhalb großer Zentren wie Berlin, Hamburg, München oder Köln noch im bauforscherlichen Pionierland. Die Gründe sind ja bekannt: Sie liegen in der langwährenden Geringschätzung allem der Werke des Historismus, für Leute meiner Generation vorgeprägt durch die meisten unserer Lehrer und ersten Chefs, die ihrerseits bestimmt waren durch die Auffassung derer, die mit einer Gegenwendung zum Historismus die Moderne heraufgebracht hatten. Ganz abgesehen von einer positiveren Beurteilung durch seine jüngeren Kollegen käme freilich auch ein alter Konservator heute nicht umhin zu fragen, ob es hinzunehmen sei, daß eine Epoche von so weitreichender Bedeutung etwa für die Entfaltung der modernen Technik und Wirtschaft im baulichen Erbe nicht im angemessenen Umfang repräsentiert bleibt.

Gewiß, seit einiger Zeit ist man nun allenthalben dabei, in den riesigen Stoff einzudringen, Dissertationen haben Schneisen gebrochen und brechen sie weiterhin, noch aber stehen vor allem in den Provinzen, um mich bildlich auszudrücken, dunkle Waldstücke, die noch nicht einmal das bescheidene Licht der Grunddatenermittlung durchdrungen hat und wo noch nach Baujahr, Baumeister und Auftraggeber gefragt werden muß, von der Frage nach der Anfangsgestalt gar nicht zu reden.

Zum andern aber bieten sich für diese Zeit glänzende Möglichkeiten, die zeitgenössische Übersicht und das zeitgenössische Urteil zu erfahren und sich zunutze zu machen; ich denke an die Fülle der Architekturzeitschriften und die breite Fachliteratur. Man müßte sie halt leicht zur Hand haben und Nächte hindurch darin blättern und lesen können, da die Tage schon ausgebucht sind. Denn ich muß mich eben durch Objekt- wie Baugeschichtsforschung kundig machen, wenn ich auf eine Reichsbankfiliale in Hochrenais-

sanceformen stoße oder es zum ersten Mal mit dem vielgliedrigen
Baukomplex eines stadtnahen Ausflugsrestaurants für Funktionen
von Landschaftsbetrachtung und Kaffeetrinken bis zu Konzert und
großem Fest zu tun habe.

Man kann sich vorstellen, daß der Konservator in seiner bedrängten Lage an jeglichem Fortschritt der Bauforschung ringsum inter-
essiert ist und sie nach Kräften zu fördern sucht, vor allem in
Bereichen, wo seine Kenntnisse und seine eigenen Forschungsmög-
lichkeiten nicht ausreichen. Wo er Verbindung zu Hochschulen hat,
wird er das Interesse seiner Studenten dafür wecken und womöglich
Dissertationen und Magisterarbeiten anregen, bei denen er sich
sagen kann, daß etwas Gescheites dabei herauskommen müßte. Und wo
ihm die Gunst der Herausgeberschaft gewährt ist, wird er sie für
das Fortschreiten der Bauforschung in seinen Arbeitsfeldern nutzen.

Gerade unsereins, der sich gewissermaßen stündlich von einem
Tatort der Bauforschung zum nächsten und ganz andersartigen ge-
jagt sieht, wird in den wenigen stillen Stunden des Nachdenkens,
ohne die er freilich verkümmern müßte, besonders empfänglich für
Strukturen dieser Forschertätigkeit, für Zusammenhänge im Verfolgen von Themen, im Aufdecken von Entwicklungszügen in der Baugeschichte oder Zusammenhänge in der Entfaltung von Methoden, oder
er nimmt wahr, wie sich Bausteine aus Einzelergebnissen zu einem
brauchbaren Gesamtbilde fügen. Das sind für unsereinen glückliche
Momente, von denen eine starke Anregungskraft ausgeht.

HAUS KUMP
Fachwerkspeicher

11. 6. 86

Elmar Altwasser

Dokumentationsmethoden in der Bauforschung – Kritische Anmerkungen zum Handwerkszeug einer jungen Wissenschaft

In den letzten Jahren hat sich die Bauforschung als eigenständiger Wissenschaftszweig mehr und mehr etabliert. Gegenstand dieser Wissenschaft ist die Erforschung der Bau-, Konstruktions- und Nutzungsgeschichte von Architekturen, ungeachtet der Bestimmung eines Gebäudes als Kunstwerk oder als Resultat eines eher trivialen, profanen Bauzweckes, ungeachtet seiner Funktion, seiner Einzigartigkeit, seines Alters oder des Materials, in dem es errichtet wurde. Die Bauforschung erfaßt die gesamte Komplexität historischer Architekturen. Ihr Ziel ist zunächst die Dokumentation des rezenten Bestandes, das Festhalten des überlieferten Zustandes eines Gebäudes mit all seinen Veränderungen; darauf fußend dann die Rekonstruktion der diversen Ausprägungen der Gebäude und deren Nutzungen sowohl in Zeitschnitten, als auch in ihrer topographischen Verbreitung und schließlich die Erklärung, also die Benennung der Gründe jener Bauformen.

Bauforschung muß, will sie ihren Gegenstand korrekt erfassen, Methoden diverser, bislang getrennt voneinander arbeitender Wissenschaftszweige in sich vereinigen. Sie wendet das Instrumentarium der Kunstgeschichte oder Volkskunde an, wenn ein Gebäude über seine rohe Substanz hinaus repräsentative Gestaltung erfahren hat, sie verwendet technisch-konstruktives Wissen, wenn sie Fachwerkgefüge oder Mauerwerk und Gewölbe analysiert; mit archäologischen Methoden erschließt sie den Untergrund der Gebäude oder die Spuren ehemaliger Nutzung in Auffüllungen über Gewölben und in Decken; handwerklich-restauratorische Freilegungsmethoden mit einem mittlerweile hochentwickelten Dokumentationsstandard werden bei der Analyse der Wandhaut eingesetzt; das traditionelle Arbeitsfeld der Architekten, das Aufmaß von Gebäuden ist dem Bauforscher genauso selbstverständlich, wie die kritische Aufarbeitung von das Gebäude betreffenden Bild- und Schriftquellen. Kurz: Die Bauforschung hat von ihrem Gegenstand her und somit ihrem Wesen nach eine interdisziplinäre Wissenschaft zu sein. Sie muß alle Forschungs- und Dokumentationsmethoden der für sie als "Hilfswissenschaften" dienenden Disziplinen in Anschlag bringen, will sie ihren Gegenstand adäquat als historische Quelle beschreiben und erschließen.

Um so verwunderlicher ist es, daß es sich längst noch nicht überall eingebürgert hat, ein Gebäude z. B. wie eine historische Schriftquelle aufzufassen und es in Form einer kritischen "Quellendokumentation" aufzuarbeiten und darzustellen oder ganz schlicht das seit Jahren ausgefeilte Dokumentationsinstrumentarium der modernen archäologischen Bodenforschung auf es anzuwenden. Denn in vielen Fällen ist - wie in der Archäologie - die Vorgehensweise der Bauforschung eine mit dem Erkenntnisprozeß einhergehende Zerstörung der Befunde. Die Freilegung der diversen historischen Schichten, das Herantasten an die Gestalt des Ursprungsbaues über die Herausarbeitung seiner verschiedenen Umbauphasen ist notwendig mit Substanzverlust verbunden; allerdings ist dieser Substanzverlust weitaus geringer, als der bei den gängigen Gebäudesanierungen. Der Forschungsprozeß selbst also zerstört oft die Quelle seiner Erkenntnis. Schon von diesem, der Wissenschaft der Bauforschung immanenten Problem her, ist der Anspruch an die Qualität der Dokumentation nicht hoch genug zu stellen.

Ein weiterer Gesichtspunkt ergibt sich aus dem Verhältnis der Bauforschung zur Denkmalpflege: Diese will, konsequent betrieben, das Kulturdenkmal als möglichst reine, unangetastete historische Quelle konservieren, jene hat ein weitaus respektloseres Verhältnis zum Kulturdenkmal, tritt ihm forschend nahe, seziert es, macht es zum Gegenstand einer Autopsie. Hier ergibt sich sofort ein Konflikt zwischen beiden, sich demselben Gegenstand widmenden Fachrichtungen, der nicht grundsätzlich, sondern nur am jeweiligen Ort des Geschehens in die eine oder andere Richtung zu entscheiden ist.

Eines jedoch ist klar: erst fundiertes Wissen über Geschichte und Eigenart eines Gebäudes ist Grundlage für seine Bestimmung als Kulturdenkmal. Das eigene Erkenntnisinteresse der Bauforschung wird so zum Mittel der Denkmalpflege, der es Fakten für ihre Entscheidungen zuspielt. Denn oft wird die Erhaltenswürdigkeit einer Architektur erst nach eingehender bauhistorischer Analyse deutlich und eine Argumentation entsprechend den Kriterien der Denkmalpflege möglich. Andererseits sollte die Denkmalpflege dann, wenn es unumgänglich ist, Substanz zu opfern, darauf drängen, daß das Dokumentationsinstrumentarium der Bauforschung in Anschlag gebracht wird. Auch dieses ist eine Form der Konservierung, der Erhaltung von Kulturgütern für die Nachwelt.

Auf jeden Fall wird die Denkmalpflege gut daran tun, in ihrem Interesse ein Höchstmaß an Präzision von den Dokumentationen der Bauforscher zu fordern; das gilt sowohl von den während der Untersuchung entfernten Befunden als auch von dem, was als Restdenkmal übrig bleibt.

Schließlich ergibt sich auch aus der aktuellen Praxis der Bauforschung ein weiteres Argument für ein größtmögliches Maß an Objektivität der Dokumentationen. In den meisten Fällen werden die Gebäude im Rahmen ihrer endgültigen Zerstörung als historische Quelle erst frei für eine Bauautopsie: Die in vielen Städten seit den 70er Jahren anlaufenden Sanierungen waren ja gerade der Ausgangspunkt für die moderne Bauforschung. Nun erst kam man in bisher ungeahntem Umfang an die Substanz heran, entwickelte und verfeinerte die Untersuchungsmethoden und versuchte, diese gewaltige Umgestaltung der historischen Stadtkerne so weit es ging zur Schöpfung neuer Erkenntnisse zu nutzen. So wurden in vielen Fällen gerade die Stadtsanierungen zum Ausgangspunkt und zur Chance der Bauforschung. Übrig blieben jedoch - und das kann man im Rückblick auf die 70er und 80er Jahre sagen - mit und in den meisten Fällen auch ohne Bauforschung zumeist geschichtslose Hüllen, ausgeblasene Gerüste, falls überhaupt noch ein alter Balken an seiner ursprünglichen Stelle sitzt. Unter den etwa 200 Häusern, die das Marburger Institut für Bauforschung in den letzten zehn Jahren untersucht hat - im wesentlichen alle im Rahmen von Sanierungen - dürfte heute, nach ihrem Umbau, nur noch ein geringer Prozentsatz als historische Quelle ihrer selbst anzusehen sein. Die Resultate der an ihnen durchgeführten Forschungen sind am aktuellen Bestand kaum mehr zu verifizieren. Um so größeren Quellenwert besitzen die vor ihrem Umbau durchgeführten Bestandsaufnahmen. Sie stellen - mehr oder weniger gut, mehr oder weniger genau - den letzten Reflex ihrer Geschichte bis in die 70er und 80er Jahre des 20. Jahrhunderts dar. Die Beweislast jeglicher wissenschaftlicher Aussage über die Baugeschichte dieser Architekturen obliegt von nun an jenen Bestandsaufnahmen. Nach dem durch die Sanierung eingeleiteten Bruch beginnt für sie eine völlig neue Baugeschichte. Ein Resümee an dieser Stelle:

1. Als interdisziplinärer Wissenschaft stehen der Bauforschung die Vorarbeiten ihrer "Hilfswissenschaften" besonders auch in Bezug auf Dokumentationsmethoden zur Verfügung. Sie sollte sie benutzen und gemäß ihrem speziellen Erkenntnisinteresse verfeinern und nicht vergröbern.

2. Zumeist ist der Bauforscher der letzte, der ein in Sanierung begriffenes Gebäude in seiner historischen Komplexität erfährt: Er sollte die Befunde so genau wie möglich, also gemäß den Kriterien einer kritischen Quellendokumentation erfassen und so einen nicht unwesentlichen Teil der Geschichte überliefern helfen.

Die rasante Auslöschung bauhistorischer Quellen durch die Sanierung macht den Bauforscher zunächst zum Dokumentator; die wissenschaftliche Aufarbeitung und Erklärung der Befunde folgt nach, hinkt immer hinterher und wird sich im wesentlichen auf die Dokumentationen des Bauforschers berufen müssen: Auf seine Beschreibungen, seine Fotografien und besonders seine präzisen Aufmaße.
Im folgenden möchte ich in Kurzform die verschiedenen Schritte einer bauhistorischen Analyse benennen, wie sie sich logisch aus dem Begriff der unterschiedlichen Quellengattung ergeben, die ein Gebäude darstellt. Schließlich möchte ich unter dem praktischen Dokumentationsverfahren das sogenannte "verformungsgetreue Aufmaß" herausgreifen, seinem Begriff gemäß darstellen und in Bezug auf seine Tauglichkeit für die Bauforschung näher beleuchten.

Im generellen erfolgt die bauhistorische Untersuchung eines Gebäudes in fünf Arbeitsschritten, die über die systematische Aufarbeitung des Gebäudes als historische Quelle sich an den Begriff der Architektur annähern und zu einer Darstellung seiner Bau- und Nutzungsgeschichte führen.

1. Zunächst sind sämtliche erreichbaren historischen und aktuellen Schrift- und Bildquellen, die das Objekt betreffen, zusammenzutragen und auszuwerten. Dieser Arbeitsschritt sollte möglichst vor der eigentlichen Autopsie des Gebäudes abgeschlossen sein: Wir erhalten, ohne Hand an die Bausubstanz zu legen, ein erstes Gerüst aus historischen Fakten, z. B. die Abfolge der Besitzer und Nutzer und deren jeweiliges Interesse am Gebäude, evtl. sogar Bauakten, durch die Art und Umfang einer Baumaßnahme bestimmt und datiert sind. Methodisch gesehen ist dieser Untersuchungsschritt zunächst unabhängig von der eigentlichen Bauanalyse. Hier wird ein separeter Quellenbestand erschlossen, der lediglich eine Vorinformation gibt und keineswegs bestimmend für die Aussagen über die Befunde am Gebäude selbst ist: Diese sind für sich zu bestimmen und werden erst in einer abschließenden Analyse mit den Resultaten der Schriftquellenforschung kombiniert.

2. Die Analyse des Baukörpers in seinem aktuellen Zustand ohne Eingriff in die Wandsubstanz ist Ausgangspunkt aller weiteren Untersuchungen; und dies sowohl praktisch als auch historisch gesehen. Man wird sich einen ersten Begriff der Architektur verschaffen, sich quasi das Endresultat eines längeren, mehr oder weniger komplizierten historischen Prozesses vor Augen führen. Dieser rezente Zustand ist fotografisch und in einer Raum- und Außenwanddokumentation festzuhalten, gegebenenfalls beginnt man jetzt schon mit dem Aufmaß und wird eine dendrochronologische Altersbestimmung von Hölzern einleiten, die evtl. später durch weitere Proben ergänzt wird. Auf alle Fälle kann nun erst die Untersuchung im Detail geplant und der Einsatz der Mittel an der richtigen Stelle festgelegt werden. Resultat des zweiten Untersuchungsschrittes ist also die Dokumentation des aktuellen Zustandes ohne Eingriffe in die Wandsubstanz und ein detailliertes Untersuchungsprogramm, das die Fragestellungen und die jeweilig nötigen Untersuchungsmethoden festlegt.

3. Generell besteht ein Gebäude aus seiner konstruktiven Substanz und den jeweiligen Ausstattungen. Hier soll nicht das Argument sein, daß das eine gegenüber dem anderen einem schnelleren, heftigeren Wandel unterworfen ist, sondern es soll eine Unter-

scheidung vom Inhalt der Sache als auch von der bauforscherischen
Praxis her getroffen werden: Die Wandhaut mit ihren Verputzen,
Tünchen, Bemalungen etc., die eben zur Ausstattung eines Gebäudes
gehört und ganz anderen Zwecken gehorcht, als das konstruktive
Gerüst, verdeckt letzteres in vielen Fällen. Zunächst ist also
eine eher "restauratorische" Untersuchung der Wandflächen durch-
zuführen, wobei nach archäologischer Manier die verschiedenen
Schichten freizulegen sind, ihre Gestaltungsart zu bestimmen und
ihr chronologisches und stratigraphisches Verhältnis zu anderen
Ausstattungen wie Fernsterzargen, Türen, Treppen etc. zu ermitteln ist. Wobei wir meinen, daß das Anlegen von kleinen "Fenster-
chen" und "Befundtreppchen", wie z. B. bei Gemälden üblich, außer
zur (ungenauen) Feststellung der Anzahl der Bemalungen selten zu
weitergehenden Erkenntnissen führt. Hier sollte, entsprechend der
Größe des Objektes, eine andere Form der Freilegung gewählt
werden: Erst wandübergreifende Untersuchungen vom Fußboden bis
zur Decke führen zu brauchbaren Resultaten. Die restauratorischen
Dokumentationsmethoden sind bekannt und im wesentlichen ausge-
reift. Es ist lediglich darauf zu achten, daß sie in die bauhistorische Raumdokumentation eingearbeitet werden bzw. Bestandteil der bauhistorischen Untersuchung sind. Sämtliche Befunde
sind darüber hinaus in das Aufmaß einzutragen, wobei, wenn nötig,
die verschiedenen übereinander liegenden Gestaltungen gesondert
darzustellen sind, wie etwa in der Archäologie gemäß dem Fortschreiten der Grabung Zwischenplana gezeichnet werden.

4. Danach erst greift die bauarchäologische Untersuchung des
Gefüges bzw. des Mauerwerkes Raum. Sie beruht auf den Ergebnissen
der ersten drei Untersuchungsschritte und klärt, soweit möglich,
endgultig die Baugeschichte. Sie erweitert die Untersuchung in
bislang verdeckte Bereiche; man kann nun gezielt die Wandsubstanz
an Stellen freilegen, die 1. zur Klärung der Baugeschichte rele-
vant sind und kann 2. durch die vorhergehende Untersuchung relativ sicher sein, daß hierbei nicht wichtige Befunde wie Bemalungen unnötig zerstört werden. Schließlich werden durch Ausgrabungen im Untergrund des Gebäudes, in den Auffüllungen über Gewölbe-
kellern und in Deckenauffüllungen weitere Fragen zur ehemaligen
Innenaufteilung, zur Nutzung und zur Vorgängerbebauung geklärt.

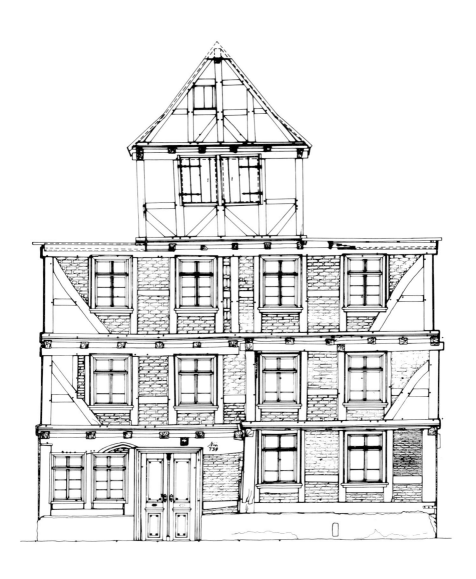

1 Marburg, Weidenhäuser Str. 94, Verformungsgetreue Bauaufnahme
(Freies Institut für Bauforschung und Dokumentation, Marburg)

Hier nun verläßt der Bauforscher das Gebäude und sollte folgendes in den Händen halten: 1. Eine präzise zeichnerische Dokumentation sämtlicher Befunde, Aufrisse, Grundrisse, Schnitte, Grabungspläne etc.; eine Raumdokumentation, die raumweise die Befunde festhält, eine generelle Dokumentation der Befunde am Gebäude, die nicht raumweise zu erfassen sind, sondern übergreifende Strukturen festhalten; natürlich die Fotodokumentation, seine Funde, wie Keramik der Ausgrabungen, Teile der Ausstattungen oder Putzproben sowie die Dokumentation der Schriftquellen. Und er sollte sich darüber im klaren sein, daß es in vielen Fällen das letzte Mal gewesen ist, daß er das Gebäude in diesem Zustand vorfindet und seine Forschungsresultate überprüfen kann.

Der fünfte Arbeitsschritt ist lediglich die Kompilation aller in den Untersuchungen vor Ort gewonnenen Resultate zu einem Untersuchungsbericht, der das Gesamtgebäude als historische Quelle kritisch darstellt. Der Ist-Zustand wird zunächst beschrieben, wobei sich einer Interpretation zu enthalten ist. Erst dann folgt die eigentliche wissenschaftliche Arbeit, die Auswertung der Befunde, deren Ziel die Darstellung der Bau- und Nutzungsgeschichte ist. Sie erst enthält die begründeten Rekonstruktionen der diversen Zustände und deren Erklärung.

Aus der Fülle der Dokumentationsmethoden, die momentan in der Bauforschung angewendet werden, möchte ich nun das sogenannte "verformungsgetreue Aufmaß" näher betrachten. Dies um so mehr, da offensichtlich eine Debatte darüber ansteht, ob, wie, wofür und in welchem Umfang es anzuwenden sei.

Schon allein der Name, der sich seit einiger Zeit für die besagte Aufmaßform eingebürgert hat, macht stutzig: Die Adjektive "verformungsgetreu" oder auch "steingerecht" bestimmen diese Art des Aufmaßes keineswegs richtig. Sie unterstellen eine andere Form des Aufmaßes und dienen lediglich - fast wie eine Kampfansage - zur Absetzung davon. Unterstellt ist die sogenannten Soll-Form-Kartierung, die eine Architektur nur sehr bedingt gemäß ihrer Erscheinung darstellt, sondern eher gemäß einer Vorstellung von ihr, einem Ideal, das man sich von ihr macht. Durch eine mehr oder weniger willkürliche Vereinfachung oder Begradigung des Gesehenen geht die Interpretation des Bearbeiters unter der Hand in die Dokumentation ein. Dies geht so weit, daß es sich sogar

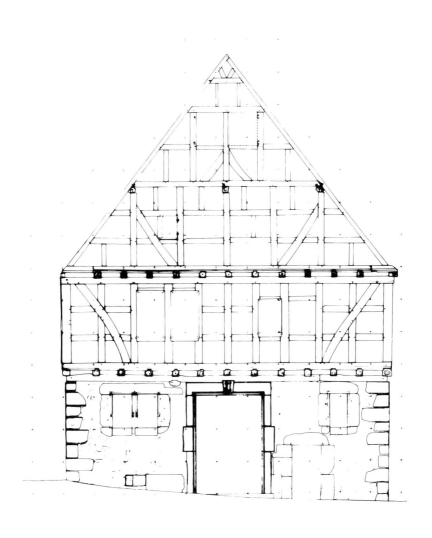

2 Lauterbach, Stadtmühle, Südgiebel. Verformungsgetreue Bauaufnahme im Maßstab 1:2o (Freies Institut für Bauforschung und
Dokumentation)

31

eingebürgert hat, in die vor Ort angefertigten Bestandsaufmaße sogleich die Rekonstruktionen - besonders bei Fachwerkbauten - mit einzutragen. Die Praxis dieses Aufmaßverfahrens macht das Ganze deutlich: Am Bau werden Maßketten aufgenommen und in Skizzen vermerkt, Diagonalen zur Kontrolle gemessen, sogar Nivellements genommen. Die eigentlichen Aufmaßzeichnungen entstehen erst am grünen Tisch, wo die Maße, die intern und ohne objektiven Bezug untereinander gewonnen sind, hin und her gebogen werden, bis sie einigermaßen passen. Diese "Soll-Form-Kartierung", die mittlerweile von einigen Bauforschern etwas arrogant, jedoch zumeist zutreffend als "Architektenaufmaß" abqualifiziert wird, soll einen Vorteil haben: Sie sei in kürzerer Zeit als das verformungsgetreue Aufmaß, die "Ist-Form-Kartierung", zu erledigen. Wir glauben, daß das 1. nur sehr selten zutrifft, da das Objekt nach dem Aufmaß besonders während der Reinzeichnung - ein entsprechendes Problembewußtsein vorausgesetzt - immer wieder besucht werden muß, um fehlende Maße zu nehmen und zu korrigieren und 2. - das ist das gewichtigere Argument - scheint es uns von seinem Begriff her einem wissenschaftlich-kritischen Standpunkt nicht standzuhalten: Zu sehr hängt die Richtigkeit der Darstellung von der Person des Aufmessenden ab.

1973 bat mich ein Kollege, ein Gebäude, einen Wehrspeicher in der Schwalm, aufzumessen. Ohne eine Vorstellung davon zu haben, wie normalerweise Gebäude von Architekten aufgemessen werden, übertrug ich das in der Archäologie angewandte Meßverfahren einfach auf diese Architektur. Ich legte in das Erdgeschoß ein horizontales Raster von rechtwinklig aufeinanderstehenden Achsen, die durch Leinen jeweils im Abstand von 2 m ausgespannt wurden; in die Schnittpunkte dieser Achsen kam ein entsprechendes Vertikalraster, so daß der ganze Baukörper eingespannt war in ein dreidimensionales, orthogonales Koordinatensystem. Darauf angesprochen, was das denn solle, was diese Leinen mit dem Gebäude, das doch vermessen werden sollte, zu tun haben, antwortete ich: Gar nichts, das Koordinatensystem existiert seinem Wesen nach ja gerade unabhängig vom zu vermessenden Gebäude und seinen mehr oder weniger schiefen Wänden, seinen Konstruktionsdetails und Befunden. Es bildet somit den objektiven Bezugsrahmen der Messungen, das vom Befund unabhängige Tertium comparationis, von dem

aus erst jeder Punkt im Gebäude durch die notwendigen drei Raum-
koordinaten in seiner Lage objektiv zu bestimmen ist. Dies, das
Einspannen eines Gebäudes in ein Koordinatensystem als Bezugs-
raster der Messungen und der gesamten Befunddokumentation, ist
der ganze Begriff dieser Aufmaßtechnik, nicht mehr und nicht
weniger. Deswegen sind auch die Bezeichnungen "verformungsgetreu"
oder "steingerecht" irreführend: Wir möchten es treffender als
"Ist-Form-Kartierung" oder als "wissenschaftliches Aufmaß" bezeichnen, da es die nötige Objektivität der Messungen an einem
dreidimensionalen Gebilde, wie es ein Gebäude darstellt, garantiert und in der Praxis dem Bearbeiter einen distanzierten Standpunkt zum Objekt aufnötigt. Er mißt nicht am Objekt, sondern das
Objekt in seinem Bezug auf ein Koordinatenraster.
Sicherlich, die Anwendung eines solchen Meßverfahrens garantiert
noch längst nicht die Richtigkeit eines Aufmaßes: Es kommt schon
noch sehr darauf an, was der Bearbeiter sieht, wie weit er in die
Befunde eindringt, sich vor oder während des Aufmaßes einen
Begriff der Sache macht. Was das Verfahren jedoch garantiert, ist
neben der Objektivität der jeweiligen Messung die Möglichkeit der
kontinuierlichen Überprüfung des Gezeichneten am Objekt: die
Aufmaße entstehen nämlich direkt im Gebäude, sie werden in großem
Maßstab, z. B. 1:20 unmittelbar auf Millimeterpapier kartiert, so
daß sich die nötige Menge und Dichte der Meßpunkte in der direk-
ten Auseinandersetzung mit dem Objekt ergibt. Die Genauigkeit
jeder einzelnen Messung ist vorgegeben - je nach der Akuratesse
des Koordinatenrasters - durch den Bezug auf es, die Detailgetreue der Darstellung ist jeweils zu wählen durch eine dem Gegenstand angemessene Anzahl von Meßpunkten, die natürlich beliebig
gesteigert werden kann. So kann ein wissenschaftliches Aufmaß aus
relativ wenigen kartierten Linien bestehen, die das wesentliche
der Architektur erfassen, es kann jedoch auch durch eine außeror-
dentliche Detailgetreue bis hin zu einem gewissen Fotorealismus
bestechen. Doch nicht die Detailtreue, die noch den letzten
Wurstzipfel in einer Räucherkammer mitkartiert, kennzeichnet das
Wesen des wissenschaftlichen Aufmaßes, sondern die Ermittlung der
Meßdaten über ein Koordinatensystem.
Zum Schluß noch ein Satz: Ich bin deswegen auf diese Art des
Aufmaßes so ausführlich eingegangen, weil es sich nicht einfach

33

nur um ein technisches Dokumentationsmittel handelt, sondern Ausdruck der wissenschaftlichen Herangehensweise der Bauforschung ist, Reflex eines kritischen Standpunktes zur Quelle ihrer Erkenntnisse. Nur durch diese Art der Dokumenation wird die geforderte kritische Edition des untersuchten Gebäudes möglich, der Verzicht auf sie ist dagegen der Grund für viele, heutiger Überprüfung nicht mehr standhaltender Fehlinterpretationen der klassischen Bau- und Hausforschung.

Mechthild Siekmann
Karl-Heinz Kirchhoff

Der Prinzipalmarkt zu Münster

Keimzelle der Stadt Münster war ein im 8. Jahrhundert als Missionszentrum gegründetes Monasterium, das mit Erdwall und Wassergraben befestigt, später als Bischofsburg (Domburg) den Mittelpunkt der Diözese und des Territoriums (= Hochstift Münster) bildete. Östlich der Domburg entstand zunächst eine Kaufmannssiedlung (= mercatus) am späteren Roggenmarkt, dann nach einem Brand 1121 ein neuer Straßenmarkt von 238 m Länge und 16 bis 25 m Breite. Vom Norden und vom Süden her münden je drei Straßenzüge in den Markt ein.

Verkehrstopographisch ist dieser Markt das Teilstück einer von SW nach NO das Stadtgebiet durchziehenden hochmittelalterlichen Fernstraße die auf der östlichen Niederterrasse die Talaue der Aa begleitet. Diese Rheinische oder Kölnische Straße kreuzte am Nordausgang des Marktes bei der Kirche St. Lamberti die von NW nach SO die Talaue querende Friesische Straße.

Der zentralgelegene Platz vereinte zahlreiche Funktionen: Er war Verkehrsweg, Handelsplatz und Marktplatz, Versammlungsplatz der Bürger und der Gerichtsgemeinde, hier wurden Übeltäter am Pranger zur Schau gestellt und sogar demonstrative Exekutionen vorgenommen, - man denke z. B. an die Hinrichtung der Wiedertäufer-Führer 1536. Der Prinzipalmarkt war und ist auch ein Festplatz für weltliche und kirchliche Veranstaltungen: für Prozessionen, politische Aufmärsche, Karnevalszüge, - er ist Empfangsplatz und Vorzeigeplatz für hohe Gäste. Bei solchen Anlässen wird der Markt in der Lokalpresse gern "Münsters gute Stube" genannt, eine Kennzeichnung, die nur auf die prächtige Kulisse der Giebelhäuser abzielt, aber der multifunktionalen Bestimmung des Marktes keineswegs gerecht wird; diese entspräche - wenn man schon einen Vergleich aus dem Bereich des Hauses heranziehen will - besser der universalen Nutzung der Diele oder Tenne eines Bauernhauses.

Bezieht man die Funktion der am Markt gelegenen Gebäude mit ein, so war und ist der Prinzipalmarkt ein Handels- und Versorgungszentrum mit ca. 35 Geschäftshäusern des gehobenen Bedarfs, er war ferner ein städtisches Verwaltungszentrum (mit Rathaus, Stadtwaage, Stadtweinhaus, Post, Scharne, Legge, Stadt-Bierkeller, Gruethaus). Auch der Namengebrauch zeigt die Bedeutung des Platzes: er hieß noch im 16. Jahrhundert schlicht "der Markt" und war damit abgehoben von den kleinen Sondermärkten: Roggenmarkt, Fischmarkt, Butter- und Wollmarkt. Erst ab 1611 wird dann Prinzipalmarkt üblich.

Die Grundstücke

Die Grundstücke an den beiden Seiten des Marktes unterscheiden sich deutlich in Form und Größe, was durch die unterschiedliche Entstehungsweise zu erklären ist. Die Ostseite (Rathausseite) gehört zur planmäßigen Neugründung nach dem Brand von 1121, die den Bau des Rathauses (1250 als domus civium belegt) gegenüber dem Michaelistor der Domburg einschloß. Zur Planung gehörte auch die Anlage eines jüdischen Viertels hinter dem Rathaus. An der Ostseite lagen 20 Hausgrundstücke von meist breit-langer Form; die Hausbreiten variierten zwischen 8 und 12,5 m und die Längen zwischen 15 und 30 m. Unterbrochen wurde die Reihe von mehreren Traufgassen (Soden) und von vier kleinen Gassen, die den rückwärtig gelegenen Bereich der städtischen Verwaltungseinrichtungen (Syndikat, Sekretariat, Schreiberei, Archiv, Gefängnis, Gruethaus) und das jüdische Viertel erschlossen. An der Markt-Ostseite selbst lagen Stadtweinhaus und Stadtwaage in enger Nachbarschaft zum Rathaus, etwas entfernt am Südende Stadtlegge und Stadt-(bier)keller.

An der Westseite des Marktes (= zum Domplatz) hatten die 19 Hausgrundstücke eine ziemlich gleiche langschmale Form mit etwa 4 - 9 m Frontbreite und 23 - 28 m Länge. Seit dem Mittelalter stehen die Häuser Seite an Seite, ohne Zwischenräume, ohne Hofwege oder Traufgassen; nach Norden (zum Roggenmarkt) und nach Süden (zur Rothenburg) setzt sich diese Reihe fort, aber hier zum Teil mit Soden. Die Hausgrundstücke an der Westseite sind nicht durch planmäßige Parzellierung entstanden, sondern entwickelten sich als Wildwuchs aus einer Reihe von Buden, die im 12. Jahrhun-

1 Der Prinzipalmarkt
im 17. Jahrhundert.
Ausschnitt aus der
Vogelschau des E.
Alerdinck 1636;
Nachzeichnung von
H. Guttermann, 1930

2 Der Prinzipalmarkt 1971. Ausschnitt aus Hansa-Luftbild Nr.
71595. (Freigg. Reg. Präs. Münster, Nr. 5984/71)

dert am Rande des Marktes errichtet wurden und zwar auf dem Rand des ca. 20 m breiten karolingischen Domburggrabens, um 1200 eine sumpfige Niederung (palus et profunditas), in die der nur noch 32 F. (= 9,28 m) breite Immunitätsgraben eingetieft war. Marktbuden und ihre Anbauten, Brennholzstapel, Abtritte und Wäschebleichen schoben sich immer näher an diesen Graben und damit an die Grenze der Domburg heran. Erste Proteste des Domkapitels waren 1169 vergebens. Hundert Jahre später (1264) stellten die Domherren eine Namenliste der Bürger zusammen, deren Holz- und Steinbauten die Immunitätsgrenze schädigten. Ein Schiedsspruch des Bischofs legte eine neue Grenzlinie fest: der Graben wurde geteilt und je zur Hälfte (16 Fuß = 4,60 m) dem Domkapitel und den Bürgern zugesprochen. Auf dieser Grenze entstand später die Immunitätsmauer, deren Verlauf bis zur Gegenwart im Stadtbild erkennbar ist (Abb. 1 und 2).

Entstehung der Giebelhäuser und des Bogenganges
Der Prinzipalmarkt zu Münster erhält seine baulich einheitliche Prägung durch die geschlossene Front der schmalen Treppengiebel, durch die Arkadenreihe und durch den Bogengang im Untergeschoß der Häuser (Abb. 3 und 4). Arkadenreihe und Bogengang setzen allerdings auf der Ostseite des Marktes vor Stadtwaage und Stadtweinhaus aus Platzgründen aus, desgleichen an der Westseite nördlich des letzten Markthauses, dort verhinderte der vorgelagerte "Drubbel" (eine Ansammlung von 10 kleinen Häusern und der Münze) den Bau des Bogenganges. Bis zum 19. Jahrhundert waren alle Häuser am Markt giebelständig; nur an der Ostseite (Rathausseite) konnten nach Zusammenlegung von mehreren Grundstücken traufenständige Häuser entstehen, die heute wieder hinter vorgesetzten Scheingiebeln verborgen sind (Abb. 5).
Die lückenlose Giebelfront, der durchgehende Bogengang und die gemeinsamen Ecksäulen boten der älteren Literatur Veranlassung, die Reihe der Markthäuser als eine vom Stadtherrn geplante und (aus statischen Gründen) gleichzeitig erbaute Anlage zu erklären, wobei als Datierungshilfe ein Beleg über "Lobien" bei St.Lamberti zum Jahre 1184 herangezogen wurde. Ungeachtet des örtlichen Sprachgebrauchs, der im Mittelalter Lobien nur als Hütten und dergl. kennt, wurden die Lobien von 1184 als Vorgängerinnen des

3 Prinzipalmarkt-Westseite 1899. Nr. 24 (links) bis Nr. 40 (Foto Greve, 1899)

"Laubenganges" bzw. des Bogenganges und der Bogenhäuser erklärt, was topographisch, terminologisch und architektonisch nicht zu halten ist (1).

Da die Grundstücke an der Markt-Westseite vor der Domburg endeten, wo eine weitere Ausdehnung nicht möglich war, haben die Hauseigentümer in der ersten Hälfte des 14. Jhds. das Obergeschoß in den Straßenraum vorgeschoben; dazu wurden 3 oder 4 Pfosten, Pfeiler oder Säulen im Abstand von ca. 12 Fuß (= 3 - 3,50 m) vor die Front auf die Straße gesetzt. Gurtbögen und gemauerte Gewölbe zwischen diesen Stützen und der Frontwand trugen das Obergeschoß. Unter diesem Vorbau, d. h. exakt unter dem tragenden Gewölbe, das "arcus" oder "Bogen" hieß, lag der öffentliche Fußgängerweg, der ab 1376 als "sub arcu" oder "unter dem Bogen" belegt ist (Abb.6). Zur Straße hin begleiten rund- und spitzbogige Arkaden den Bogengang; ihr unterschiedliches Alter ist an den zugehörigen unterschiedlichen Kapitellen der Säulen zu erkennen. Die Ecksäulen zweier Nachbarhäuser werden ursprünglich dicht nebeneinander gestanden haben, wie es heute noch an der Bogenstraße zu sehen ist. Am Markt wurden die Doppelsäulen spätestens bei Erbauung der Werksteingiebel durch eine gemeinsame Säule ersetzt. Beim Neubau eines Giebels konnte die Ecksäule ausgewechselt werden oder ganz bzw. halb stehen bleiben, in letzterem Fall wurde ein neues Halbkapitell über dem alten angebracht. Einige Säulen hatten sogar drei Kapitelle (Abb. 7)

Als Vorbild dieser Bauweise gelten südeuropäische oder rheinische Beispiele, doch muß die beliebte Herleitung von Santiago de Compostella mit der Frühdatierung in das 12. Jahrhundert aufgegeben werden. Näherliegend sind ähnliche Hausvergrößerungen in Köln, wo 1290 an der Nordseite der Straße "Am Filzengraben" ein Gang "sub arcubus" lag. In Lemgo wurde 1314 erlaubt, das Rathaus um 8 Fuß und Bürgerhäuser um 4 Fuß in die Straße hinein vorzuschieben (2). Auch in Tiroler Städten stammen die als "Gewölbe" (erst im 19. Jahrhundert als "Lauben") bezeichneten Vorbauten der Kaufmannshäuser aus dem 13./14. Jahrhundert.

Bebauung und Hausformen

Die topographische Situation bewirkte eine gewisse Uniformität der Markthäuser. Für breitgelagerte Traufenhäuser mit einer

4 Prinzipalmarkt-Westseite 1956. Nr. 24 (links) bis 42 (Foto N. Muddemann, 1956)
5 Prinzipalmarkt-Ostseite 1902. Nr. 1 (links) bis Nr. 11. Das traufenständige Haus Nr. 5 wurde 1850 am Platz von drei Giebelhäusern erbaut. (Foto: Westf. Amt für Denkmalpflege, Münster)

Deelentür war hier kein Platz, auch nicht für Durchfahrten zwischen den Giebelhäusern zu den rückwärtigen kleinen Hofräumen, wie sie z. B. für Lemgo zahlreich belegt sind. Ursprünglich werden schmale ein- oder zweistöckige Fachwerkhäuser am Markt gestanden haben: vorne lag ein Verkaufs- und Lagerraum, dessen Fenster sich zum Markt öffnete; auf dem abklappbaren Fensterladen (Feiltür) wurde die Ware feilgeboten. Unter dem Verkaufsraum lag der Keller, zugänglich durch eine Treppe im hinteren Hausteil; ein Kellerhals mündete in den Bogengang. Im rückwärtigen Hausteil lagen Küche und Kammern. Für massive "Steinwerke" war an der Markt-Westseite kein Platz.

Bemerkungen über die Bauart einiger Häuser am Markt im Brandkataster von 1836 zeigen, daß Steinbau und Fachwerk kombiniert verwendet worden sind: einige Häuser bestanden aus "massiven Umfassungsmauern und einem inneren Ausbau von ausgemauertem Fachwerk." Jedes Haus setzte seine Seitenwand aus Bruchstein direkt an die des Nachbarn; es gab keine gemeinsame Brandmauer (Abb. 8). Eine solche Bauweise ohne den vorgeschriebenen Traufen-Abstand von 3 Fuß (ca. 1 m) war nur auf der Basis nachbarschaftlicher Absprachen möglich. Über Streitigkeiten - auch die gemeinsamen Säulen betreffend - ist nichts überliefert.

Nach Schließung der Häuserreihe und Wegfall von Traufgassen und Hofwegen war an der Westseite des Marktes der Zugang zu den hinter dem Wohnhaus gelegenen Gebäuden oder Gebäudeteilen nur durch das Haus möglich. Nur an der Ostseite gab es Soden, Hofwege und schmale Gassen; nur hier nennen die Quellen von ca. 1500 bis 1800 Hinterhäuser, Wagenhäuser, Ställe, Gademe usw. - Belege für Nebengebäude auf der Markt-Westseite tauchen dagegen nur sehr vereinzelt auf, am seltensten im Bereich nördlich des Michaelistores. Einen von der Seite befahrbaren Hofweg hatte nur das Haus Nr. 29: 1608 wird hier ein Stall mit Ausgang bei St.Michael genannt.

Auf der Katasterkarte von 1828 sind die damals noch vorhandenen Soden, Hofwege und Gassen kenntlich gemacht (Abb. 9). Die Verschiedenartigkeit der Bebauung der beiden Straßenseiten kommt deutlich zum Ausdruck, eine Möglichkeit für großzügigere Hinterhäuser gab es nur an der Ostseite. die Westseite weist dagegen nur sehr kleine separat stehende Schuppen, Abtritte und derglei-

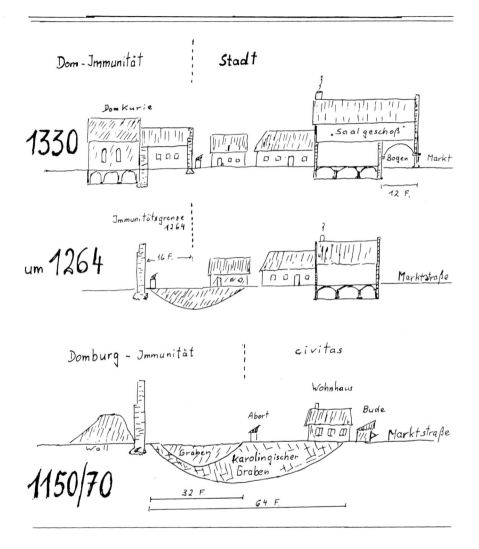

6 Prinzipalmarkt-Westseite. Entstehung der Bogenhäuser. (Entwurf
K.-H. Kirchhoff, 1976)

chen auf, die alle direkt an die Immunitätsmauer angelehnt oder
sogar in die Mauer eingetieft sind. Ein Visitationsbericht des
Domwerkmeisters über die sog. Ringmauer des Domhofs aus dem Jahre
1793 teilt mit, daß es nur sehr wenige Häuser der Anwohnenden
gäbe, deren Hinterhäuser und Dächer nicht schon von Alters her
unmittelbar an die Ringmauer angebaut wären. Der Streit um diese
dem Domkapitel mißliebigen Anbauten an die Mauer ist aktenmäßig
durch das ganze 17. und 18. Jahrhundert zu verfolgen (3).

Grundriß und Binnengliederung der Giebelhäuser hat bereits 1914
Johann Schröder beschrieben (4): Durch die Eingangstür am Bogengang betrat man den deelenartigen Verkaufsraum, er war 3 - 4 m
hoch und hatte einen Durchgang zum hinteren Hausteil. Aus dem
Jahre 1534 ist überliefert, daß es im Haus des Wiedertäufer-
führers und Gewandschneiders Knipperdolling (Haus Nr. 41) einen
"gewantdisch" (= Zuschneidetisch) gab, der so groß war, daß zwei
Männer darauf liegen konnten (5). Eine Querwand trennte den Verkaufsraum von der dahinter gelegenen Küche; die Deckenhöhe der
Küche reichte beim Haus Nr. 21/22 mit 9,60 m durch zwei Geschosse
mit ebenso hohen Fenstern. An der Küche lagen kleinere Kammern,
eine Hintertür führte zum Hof, eine Treppe zu einer Galerie und
zu den oberen Räumen. Der Saal im Obergeschoß nahm die ganze
Breite des Hauses ein. Das zweite Obergeschoß konnte als Werk-
statt oder Warenlager genutzt werden. Auch der Dachboden
(= Balken) diente als Lagerraum, die Waren wurden von der Straße
mit Hilfe von Kranbalken heraufgeschafft (6).

Über die Nutzung der Keller ist wenig bekannt, fest steht, daß
sie nicht zu Wohnzwecken genutzt wurden (Ausnahme Haus Nr. 44 im
Jahre 1605: "Arndt Schwertarndt im Keller"). In der neuen Scharne, Haus Nr. 24, wurde im 16. Jahrhundert in den beiden Kellern
das städtische Bier gelagert. Auch die Keller im sog. Stadtkel-
ler (= Stadtbierkeller) waren im 16. Jahrhundert vermietet.

Der oben beschriebenen Aufteilung der Markthäuser entspricht die
Nutzung der Räume des Bogenhauses Roggenmarkt 3 (Buchhändler und
Buchdrucker Aschendorff) laut einem Inventar von 1768. Demnach
lagen im Erdgeschoß vorne: Eingang und Wohnstube, hinten: Küche
und zwei Stuben. In der 1. Etage: ein großes Wohnzimmer an der
Straße, dahinter ein Entree und eine kleine Kammer; in der 2.
Etage lagen ein Zimmer, ein Entree und eine kleine Kammer. In dem

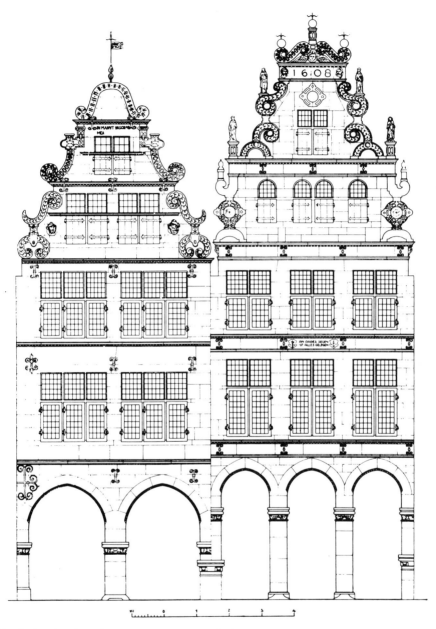

7 Prinzipalmarkt-Westseite um 1602. Häuser Nr. 43 und 44 mit den
aus verschiedenen Zeiten stammenden Säulen. In der Mitte die
gemeinsame Säule mit 3 Kapitellen. (Aus: M. Geisberg, Die Stadt
Münster, 3, 1934, S. 306)

großen Haus (Frontbreite 7 m, 4 Säulen, 3 spitzbogige Arkaden) wohnte die Witwe Aschendorff, ein Student, ein Lehrjunge und zwei Mägde. Das Haus war bis unter das Dach mit Bücherballen, Paketen und Papierwaren vollgestopft; die große Druckpresse stand im Obergeschoß im Entree, das auch als Schlaf- und Lagerraum diente. Eine Presse mit Eisenwalzen stand in einem Anbau hinter dem Haus.

Für die mehrgeschossigen Steinbauten mit Wohnfunktionen im Obergeschoß und einem Erdgeschoß von geringerem Rang prägte Josef Schepers die Bezeichnung "Saalgeschoßhaus" (7), gemeint ist ein Haustyp des 12. und 13. Jhds. nach feudalen Vorbildern. Diese Qualifizierung entstand wohl unter dem Eindruck der damals noch kaum bezweifelten Datierung der münsterischen Bogenhäuser in die zweite Hälfte des 12. Jahrhunderts. Immerhin hatte aber schon Johann Schröder 1914 festgestellt, daß manche Bogenhäuser im hinteren Teil aus Fachwerk bestanden und die Vermutung angeschlossen, "daß möglicherweise der Sandstein-Giebel nachträglich vorgesetzt" (S. 146) worden sei. Mummenhoff datierte dann für Münster die Entstehung der Obergeschosse mit dem großen Saal in das 14.Jahrhundert (8). Durch den Wegfall des Lobium-Belegs von 1184 und den festgestellten Beginn der Bogen-Belege in der Mitte des 14. Jhds. erhält diese Datierung Unterstützung. Unlängst hat auch Fred Kaspar diesen münsterischen Haustyp in das Spätmittelalter datiert und das Wohnen im Obergeschoß statt im Steinwerk "vor allem" auf den beschränkten Bauplatz zurückgeführt. Er stellt fest: "Diese sog. Saalgeschoßhäuser" unterscheiden sich in Funktionsstruktur und Raumprogramm nicht vom Dielenhaus mit Hinter- und Nebenhaus (9). Das sog. Saalgeschoß-Haus wäre demnach am Prinzipalmarkt nicht eine genuine Erscheinung, sondern eine aus gegebenen lokalen topographischen Umständen entwickelte Form.

Die Sozialstruktur der Marktanlieger

Die Aussagen zur Sozialstruktur beruhen für das ausgehende Mittelalter auf den Sammlungen K.-H. Kirchhoffs zu einem Häuserbuch der Stadt Münster und für das 17./18. Jahrhundert auf den Ergebnissen des Teilprojekts A 6 (Dr. Kirchhoff, Dr. Siekmann) des Sonderforschungsbereichs 164 an der Universität Münster. Über die ersten Bewohner des Marktes ist nichts bekannt; anzunehmen ist,

8 Prinzipalmarkt-Westseite 1948. Wiederaufbau der Häuser Nr. 32
bis Nr. 36 (rechts, mit Spiralsäule) (Foto: Stadtarchiv Münster,
FS Nr. 33, Bd. II)

daß sich nach dem Brand von 1121 zuerst an der Ostseite (= Rathausseite) Kaufleute niederließen, die, da ihnen die erste Platz-
wahl überlassen wurde, sicher zu den führenden Familien aus dem
abgebrannten mercatus am Roggenmarkt gehörten.
Um 1170 war dann auch die Westseite mit Holz- und Steinbauten
besetzt, die sicherlich ebenfalls Kaufleuten bzw. Händlern gehörten. Drei oder vier Generationen später sind hier die ersten
Familiennamen greifbar. Eine Liste von 1264 nennt 20 Familien,
die an der Westseite gebaut und den Domburggraben okkupiert
hatten. Von diesen 20 Familien waren 12 sicher, weitere 5 wahrscheinlich schöffenfähig, d. h. es waren die führenden Geschlech-
ter der jungen Stadt. Einige Familien starben dann aus, ohne eine
Berufsangabe zu hinterlassen, andere setzten sich fort in jenen
Familien, die vom 14. Jahrhundert an als Patriziat der Stadt den
Rat besetzten und als Fernhändler im hansischen Ostseeraum, in
den Niederlanden und im Hansekontor in London erschienen. Als
Ratsherren und ständische Gruppe oder "Schicht" werden sie "Erb-
männer" genannt (ähnlich: die "Erbsälzer" in Werl, die "Erbsas-
sen" in Dortmund); als Berufsbezeichnung ist "Wantschneider"
(später auch: Gewandschneider) geläufig. Wand oder Laken war der
Wollstoff, der aus Flandern importiert wurde, wo die prächtigen
Lakenhallen in Gent und Brügge noch heute Zeugen dieses Großhan-
dels sind. Natürlich importierten diese Fernhändler nicht nur
Stoffe, sondern alles, was in Fässern, Säcken oder Ballen über
Land und See verschickt werden konnte.
Bis um 1350 haben die Erbmännerfamilien die engen Markthäuser
verlassen und auf größeren Grundstücken ihre Wohnhöfe errichtet
oder Bauernhöfe in Stadtnähe aufgekauft, wo sie ein adelsmäßiges
Leben führten, sich im 16. Jahrhundert schon "Junker" nannten
und, nach einem langen Prozeß, 1706 als adelig anerkannt wurden
(10).
Eine neue Schicht, die Honoratioren, übernahm die Markthäuser;
auch diese Familien wurden ratsfähig und legten ihr Geld in
Landbesitz und Obligationen an. Zur beruflichen Tätigkeit geben
die Quellen nur wenige Hinweise, sicher ist, daß die Honoratioren
ebenso Fernhandel trieben wie ihre Vorbewohner und als Wandschneider und Kramer tätig waren. Auch in späteren Jahrhunderten
stellen überwiegend diese beiden Handelsberufe die Bewohner der

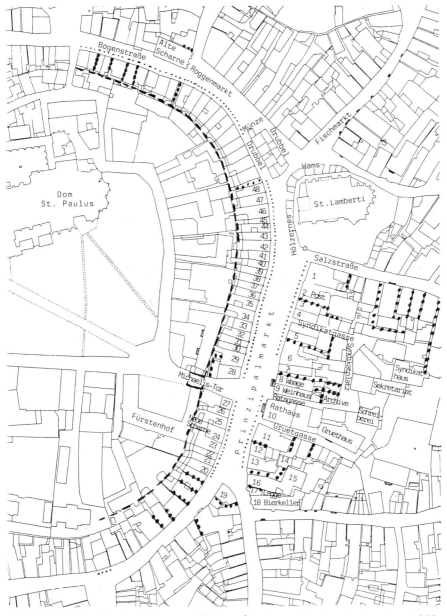

9   Der   Prinzipalmarkt   um   1710.   (Nach: Urkatasterkarte   1828,
1:1500.   Entwurf   M.   Siekmann,   1986)
Immunitätsmauer   -------,   Sode/Hofweg   ••••••••   ,   Arkaden   ....

Markthäuser; allerdings ging das Gewicht des Fernhandels immer weiter zurück zugunsten des Groß- und Detailhandels. Als spezialisierte Händler, die bevorzugt im Zentrum der Stadt ansässig waren, kamen zu den Wandschneidern und Kramern noch die Weinhändler und Apotheker.

Die Bedeutung des Marktes und seine Attraktivität für die Händler kann am Beispiel der Wandschneider aufgezeigt werden, der jahrhundertelang führenden bürgerlichen Sozialgruppe. Um 1535 wohnten von insgesamt 24 Wandschneidern acht (= 1/3) am Markt, weitere zwölf in unmittelbarer Nähe. Mit dem allgemeinen wirtschaftlichen Rückgang hatte sich 1668 ihre Zahl auf 18 verringert, von ihnen wohnten aber nach wie vor 1/3 (= sechs) am Markt und weitere in der Nähe; 1770 waren es dann nur noch 9 Wandschneider, der Anteil der Marktbewohner war aber bei einem Drittel geblieben.

Die Kartierung der Berufe am Prinzipalmarkt ergibt für zwei Vergleichsschnitte 1668 und 1770 eine auffallende Übereinstimmung, von der vor allem die Westseite betroffen ist: Kramer, Weinhändler, Wandschneider wohnten hier dicht nebeneinander, nur je zwei Spezialhandwerker (1668: 1 Goldschmied und 1 Perückenmacher; 1770: 1 Buchbinder und 1 Leyendecker in der Scharne) unterbrachen das gleichförmige Bild, das sich nach Norden bis zum Horsteberg fortsetzte. Die Ostseite des Marktes zeigte dagegen ein anderes Bild: hier wohnten nur wenige Händler zwischen Handwerkern und Rechtskundigen der landesherrlichen Regierung ("Fürstenhof" am Michaelisplatz) und städtischen Bediensteten (städtische Verwaltungseinrichtungen lagen am Markt oder hinter der Ostreihe der Markthäuser).

Bei einer differenzierteren Längsschnitt-Betrachtung der beruflichen Zusammensetzung der Marktanwohner für die Zeit von ca. 1650 bis 1800 (vorher sind Berufsbezeichnungen selten) zeigte sich eine sehr viel stärkere Berufsvielfalt als durch die Querschnitte zu erwarten gewesen war. Im Längsschnitt betrachtet waren neben den zahlreichen Händlern auch Handwerker zu finden, sogar solche, die nach übereinstimmender Meinung vieler Stadtforscher nur am Stadtrand eine Daseinsberechtigung haben, nämlich die mit offenem Feuer arbeitenden Zinngießer, Schwertfeger, Kannengießer und andere Metallarbeiter (Blechschläger, Goldschmiede). Sie waren im 17./18. Jahrhundert sowohl an der Ost- als auch an der Westseite

des Marktes anzutreffen, müssen also über entsprechende Arbeits-
einrichtungen im oder am Haus verfügt haben, denn Hinweise auf
Werkstätten in Mauernähe fehlen (vgl. auch Kaspars Hinweise für
Lemgo auf Werkstätten im Saal). Aber auch andere Handwerker
werden genannt: Schneider, Kleinschnitzer, Tabakspinner, Bild-
hauer, Maler, Sattler etc.; daneben weitere Rechtskundige (Curso-
ren, Licentiaten, Prokuratoren). Viele der genannten Handwerker
waren allerdings nur kurze Zeit am Markt ansässig. Die starke
Fluktuation und Mobilität am Markt galt aber auch für Handelsberufe. Durchschnittlich waren im 17./18. Jahrhundert rund 50 % der
Familien über 10 - 20 Jahre lang kontinuierlich in einem Haus
nachweisbar, einige (rd. 30 %) über 20 Jahre, also noch nicht
einmal eine Generation; meist folgte die Witwe auf den Ehemann,
der Sohn auf die Mutter, wobei fast immer eine berufliche Konti-
nuität gewahrt blieb. Allerdings können aus unseren bisherigen
Unterlagen familiäre Beziehungen, die mit Namensänderungen ein-
hergehen, nur in den seltensten Fällen nachgewiesen und berücksichtigt werden. Hinsichtlich der räumlich-horizontalen Mobilität
der Marktbewohner waren zwei Beobachtungen zu machen: 1. Die
Mobilität der Marktbewohner hatte seit dem 15./16. Jahrhundert
immer mehr zugenommen, möglicherweise weil die Gruppen, die
Anspruch auf ein Haus am Markt erheben konnten, größer geworden
waren, wodurch der Druck der Nachrückenden zunahm, da der Platz
beschränkt war. 2. Es zeigte sich, wie sehr die einzelnen Familien bemüht waren, ihren einmal erlangten Zugang zum Markt zu
halten: verfolgte man die Bewohner der Markthäuser über einen
langen Zeitraum, so ließen sich etliche Familien finden, die
jeweils nur relativ kurze Zeit in einem Haus lebten, danach aber
in ein anderes Markthaus zogen, so daß sich ihre Gesamtverweil-
dauer am Markt erheblich vergrößerte. Daß dieses Wohnverhalten
auch etwas über die Qualität oder Beliebtheit mancher Markthäuser
aussagt, vielleicht über deren Größe, Bequemlichkeit, Ausstattung
etc., kann nur vermutet werden.
Ein Grund für die Wohnmobilität mag darin liegen, daß die Bewohner nicht in jedem Fall gleichzeitig die Eigentümer des Hauses
waren: z. B. waren 1676 fast 50 % der Markthäuser vermietet.
Gegenüber der Gesamtstadt (die Quelle erfaßt nur 4/6) nimmt sich
der Miethäuseranteil am Prinzipalmarkt aber noch günstig aus,

denn in der Stadt liegt er über 70 %! Bei einer differenzierten Längsschnitt-Untersuchung zeigte sich, daß sehr viele Eigentümerfamilien (70 %) der zum Stichjahr 1676 vermieteten Gebäude frühere Bewohner oder Eigentümer dieser Häuser waren, d. h., daß sie ein Haus besaßen (geerbt, gekauft oder aus Konkursen ersteigert), das sie aber nicht selbst nutzen konnten oder wollten, sondern das sie als Geldanlage und Wertobjekt behielten und vermieteten. Das gleiche Phänomen ist auch noch 1770, ein Jahrhundert später, zu beobachten. Zwar waren nur 22 % der Marktwohnhäuser vermietet, aber auch hier sind die Eigentümer zu einem großen Teil (70 %) als Vorbewohner oder Voreigentümer auszumachen. Der hohe Prozentsatz an Miethäusern unter den Prinzipalmarkthäusern ist demnach nicht negativ für das Prestige des Marktes als Wohnstandort zu werten, vielmehr zeigt sich darin die Bedeutung der Markthäuser als Geldanlage und Wertobjekt. Die Eigentümer der Gebäude, die also mit dem jeweiligen Bewohner häufig nicht identisch waren, nahmen unter den Hausbesitzern der Stadt eine besondere Stellung ein, denn jeweils rd. 50 % von ihnen (1676 und 1770) waren Eigentümer mehrerer Häuser: 1676 hatte ein Eigentümer am Markt z. B. 14 weitere Häuser, 1770 hatte einer sogar 21.

Über die Behausungsdichte (= Anzahl der Bewohner) der Markthäuser liefern erst die Quellen des 17. Jhds. relativ exakte Angaben. Zum Jahr 1668 wurde für die Gesamtstadt Münster eine durchschnittliche Behausungsdichte von 4,2 Personen ermittelt, für den Prinzipalmarkt 5,3. Zum Stichjahr 1770 lauten die parallelen Werte 4,7 und 5,7. In diesen Werten sind alle Personen enthalten: die eigentliche Kernfamilie (Eheleute und Kinder), Dienstpersonal und auch die nur sehr selten auftretenden anderen Verwandten (häufig sind es erwachsene Kinder, die dann zur Familie oder zu den Dienstboten rechnen). Ein Zusammenleben mit "Altenteilern", also Mehrgenerationen-Haushalte (sog. "Großfamilien"), ist allgemein in Städten sehr selten.

Die Mittelwerte verdecken die Extreme, die für ein Haus von "unbewohnt" bis zu 13 Personen reichen. Da der geringe Durchschnittswert auch das Gesinde miterfaßt, das in den Markthäusern stark vertreten ist, bleiben für die Kernfamilie und hier besonders für die Zahl der Kinder nur sehr niedrige Werte übrig: durchschnittlich entfallen im Jahr 1668 auf Ehepaare und erwach-

sene alleinstehende Frauen und Männer 1,7 Kinder; erfaßt man nur
Familien oder Restfamilien mit Kindern, so entfallen auf sie 2,45
Kinder; 1770 lautet dieser Wert 2,0 Kinder. Die im Vergleich zur
Gesamtstadt höheren Durchschnittswerte der Behausungsdichte für
den Prinzipalmarkt sind einmal in dem dort höheren Anteil des
Dienstpersonals begründet, zum anderen aber auch in der längeren
Verweildauer der Kinder im elterlichen Haushalt. Es handelt sich
um über 30 und 40 Jahre alte "Kinder", die natürlich ihre Funk-
tion in Handel, Gewerbe und Haushalt haben; eine solche Mitarbeit
der jüngeren Generation ist in "reichen" Handelsgeschäften eher
möglich als in Handwerker- oder Tagelöhnerhaushalten.
Zu dem Gesamtbild der innerhalb der Stadt Münster hochrangigen
Bewohner und Eigentümer der Markthäuser gehören neben Beruf und
Eigentum weitere Züge, die das Bild vervollständigen: Bereits bei
den Erbmännern des späten Mittelalters und bei den Honoratioren
der frühen Neuzeit war die Ratsfähigkeit ein besonderes Merkmal.
Auch im 17. und 18. Jahrhundert wohnten am Markt viele Familien,
deren Mitglieder Ratsherren waren: 1676 und 1770 gehörten je 1/3
der Marktbewohner zu Familien, die in einem früheren, im amtie-
renden oder in einem späteren Stadtrat vertreten waren. Das
Kriterium der Ratsfähigkeit hatte zwar nach der Niederlage der
Stadt 1661 eine andere politische Gewichtung erhalten, dennoch
war weiterhin ein hohes soziales Ansehen damit verbunden.
Ein weiteres Indiz für die gehobene Stellung der Marktanwohner
ist ihre steuerliche Einstufung, die aber nur bedingt Rückschlüs-
se auf die Höhe ihres Gesamtvermögens zuläßt. Im Edikt der Kopf-
schatzung 1770 werden z.B. manche Kaufleute (Wandschneider, Weinhändler, Kramer) nach ihrer "Condition" (=allgemeine Wirtschafts-
kraft) verschieden hoch veranschlagt; es überrascht nicht, daß
ein Drittel der am höchsten besteuerten Kaufleute am Markt wohnt,
vor allem an der Westseite.
Als letztes Indiz für den hohen sozialtopographischen Rang des
Prinzipalmarktes seien die geschätzten Gebäudewerte für die
Brandversicherung 1771 herangezogen. Die Werte für die Gesamtstadt reichten von 10 bis 10.000 Rt, wobei die Mehrzahl der
Häuser (70 %) zu den unteren Wertgruppen bis 500 Rt gehörten. Von
den Markthäusern erzielten dagegen 86 % einen Schätzwert über 500
Rt.

Im 19. und 20. Jahrhundert vollzogen sich am Prinzipalmarkt zu Münster manche der für westeuropäische Innenstädte typischen Wandlungen: das Warenangebot differenzierte sich und führte zu Spezialgeschäften auf hohem (teurem) Niveau. Innerhalb der Häuser wurden die Wohnungen zunächst von den Geschäftsräumen abgetrennt und schließlich bei steigenden Bodenpreisen mehr und mehr aufgegeben, um Geschäftserweiterungen und den in die Stadtmitte drängenden privaten oder öffentlichen Dienstleistungsunternehmen des tertiären und quartären Sektors Platz zu machen. In jüngster Zeit werden alteingesessene Geschäfte zunehmend durch die Filialen kapitalkräftigerer auswärtiger Firmen verdrängt. Dennoch hat die Vernichtung von Wohnraum am Prinzipalmarkt nicht zu einer völligen Entvölkerung geführt, vielmehr scheint das Wohnen hier und in der Innenstadt heute wieder an Attraktivität zu gewinnen.

Anmerkungen

1. Vgl. Kirchhoff, Die legendären Bogenhäuser, Westfalen 57, S. 1-6. Eine größere Untersuchung zur Entstehung der Bogenhäuser liegt im Manuskript vor; das Ergebnis wird hier kurz referiert.
2. Preuß, Lippische Regesten, 2, S. 73.
3. Vgl. Prinz, Mimigernaford, S. 116 mit Anm. 61. Erst im Zuge des Wiederaufbaues nach 1950 erhielten einige Anlieger der Markt-Westseite die Erlaubnis, die historische Immunitätsgrenze zu überbauen.
4. Schröder, Münsterische Bauweise, S. 146 f.
5. Cornelius, Berichte der Augenzeugen, Geschichtsquellen 2, S. 408.
6. Vgl. Kranbalken bei Häusern am Roggenmarkt, Geisberg 3, S. 49 und 76, auch Prinzipalmarkt 37, ebd. S. 53, Abb. 639.
7. Schepers, in: Der Raum Westfalen, IV, 2, S. 143 f.
8. Mummenhoff, Profanbaukunst, S. 39
9. Kaspar, Saalgeschoßhaus, S. 49, Anm. 58
10. Vgl. Kirchhoff, Erbmänner, WZ 116, S. 3-26

Benutzte Literatur

Cornelius, C.A. (Hrsg.), Berichte der Augenzeugen über das Münsterische Wiedertäuferreich, Münster 1853. (Die Geschichtsquellen des Bisthums Münster, zweiter Band).

Geisberg, Max, Die Stadt Münster, 3. Teil, Münster 1934 (Bau- und Kunstdenkmäler von Westfalen, 41. Bd.).

Geisberg, Max, die Stadt Münster, 4. Teil, Münster 1935 (Bau- und Kunstdenkmäler von Westfalen, 41. Bd.).

Kaspar, Fred, Ein Saalgeschoßhaus des späten 13. Jahrhunderts in Lemgo und dessen Bedeutung für die Stadt- und Baugeschichte, in: Westfalen 63, 1985, S. 38-50.

Kaspar, Fred, Bauen und Wohnen in einer alten Hansestadt, Bonn 1985 (Denkmalpflege und Forschung in Westfalen, Band 9).

Kirchhoff, Karl-Heinz, Die Erbmänner und ihre Höfe in Münster, in: Westfälische Zeitschrift, Band 116, 1966, S. 3-26.

Kirchhoff, Karl-Heinz, Unter dem Bogen, in: Auf Roter Erde Nr. 198, 1976.

Kirchhoff, Karl-Heinz, Die legendären Bogenhäuser in Münster 1184, in: Westfalen 57, 1979, S. 1-6.

Mummenhoff, Karl-Eugen, Die Profanbaukunst im Oberstift Münster von 1450 bis 1650, Westfalen, 15. Sonderheft, Münster 1961.

Preuß, O. und A. Falkmann (Bearb.), Lippische Regesten, Zweiter Band, Lemgo und Detmold 1863 (Neudruck Osnabrück 1975).

Prinz, Joseph, Mimigernaford-Münster, 2. verb. u. erg. Aufl. Münster 1976 (Veröffentlichungen der Historischen Kommission Westfalens XXII, Geschichtliche Arbeiten zur westfälischen Landesforschung, Band 4).

Rasch, Gunnar, Die Geschichte der Städtebaupolizei von Münster (Westfalen) von den Anfängen bis zum Ende des Hochstifts im Jahre 1803. Jur.-Diss. (masch.schr.) Münster 1977.

Schepers, Josef, Westfalen in der Geschichte des nordwestdeutschen Bürger- und Bauernhauses, in: Der Raum Westfalen, Band IV, 2, Münster 1965, S. 123-228.

Schröder, Johann, Münsterische Bauweise, in: Münsterische Heimatblätter, 1. Band, 1914, Nr. 4, S. 145-148.

Siekmann, Mechthild, Der Prinzipalmarkt in Münster. Sozioökonomische Wandlungen einer Marktstraße, (Schr. Hausarbeit für das

Lehramt an Höheren Schulen), masch.schr. Münster 1974.
Siekmann, Mechthild, Die Struktur der Stadt Münster am Ausgang des 18. Jahrhunderts, Phil.Diss. (masch.schr.), Münster 1982, überarbeitete Fassung in: Siedlung und Landschaft in Westfalen, 18, 1986 (im Druck).

BILLERBECK
Kolvenburg

11.6.86

Andreas Eiynck

Speicher als Wohngebäude in Stadt und Land

Was der Hausforscher in seiner Nomenklatur ungefähr als ein "ein-
zoniges, mehrgeschossiges Gebäude auf kleiner Grundfläche" beschreiben müßte, wird im niederdeutschen Sprachraum gemeinhin als
"Spieker" bezeichnet. Wortethymologisch läßt sich dieser Ausdruck
auf das lateinische Wort "spica" (=Ähre) und davon abgeleitet
"spicarium" (=Ährenbehälter) zurückführen (1). Niederdeutsch
"Spieker" wäre demnach ein Kornspeicher, also ein Gebäude zur
Lagerung der Kornähren bzw. des ausgedroschenen Getreides.
Solche Kornspeicher sind im ländlichen Baubestand Nordwestdeutschlands vereinzelt seit dem 15. Jahrhundert erhalten, lassen
sich aber archivalisch schon früher nachweisen und scheinen somit
mindestens genauso alt zu sein wie das niederdeutsche Hallenhaus.
Die ethymologische Deutung ihrer Bezeichnung "Spieker" als
"Ährenbehälter" kann jedoch leicht in die Irre führen, ordnet sie
doch dem Bautyp "Speicher" gleichzeitig die Funktion "Kornspeicher" zu. So wesentlich die Nutzung als Lagergebäude auch gewesen
sein mag, so konnten die Spieker doch auch andere Funktionen
übernehmen.
Am deutlichsten wird dies bei den steinernen, sog. "Wehrspei-
chern" (Abb. 1), wie sie im nordwestdeutschen Raum etwa aus dem
Bergischen Land, dem Sauerland, aus Lippe, aus dem Osnabrücker
Nordland oder auch aus dem Münsterland bekannt sind. Sie zeigen
in ihrem Inneren nämlich nicht nur Lagerböden für Getreide,
sondern immer auch eine wandfeste Wohnausstattung im Erd- und im
Obergeschoß. Diese stammt, wie auch die Gebäude selber, in der
Regel aus dem 15. oder 16. Jahrhundert.
Im Münsterland, insbesondere im Gebiet der Baumberge, einem ausgedehnten Hügelland westlich von Münster, ist eine Gruppe von
heute noch etwa 25 solcher Steinspeicher erhalten. Sie wurden im
Laufe der letzten Jahre im Rahmen des Forschungsprojektes A 4
flächendeckend inventarisiert und bauhistorisch analysiert.

So sollten am Beispiel einer Region genauere Kenntnisse über die bauliche Entwicklung und die funktionale Struktur dieses Gebäudetyps gewonnen werden (2).

Steinspeicher findet man im Münsterland fast ausnahmslos auf großen Schulzenhöfen, die bis in die Neuzeit als Haupt- und Oberhöfe reich begüterter kirchlicher Grundherren dienten. Die Schulzen besaßen meist große, repräsentative Hofanlagen, denen Gräften, Palisadenzäune, Torhäuser und Speicher ein wehrhaftes Erscheinungsbild gaben. Im Mittelalter mögen diese wirklich eine fortifikatorische Funktion gehabt haben, später war für ihre Anlage das Vorbild der neuzeitlichen umgräfteten Adelssitze bestimmend. Die Speicher stehen dabei offensichtlich in der Nachfolge der mittelalterlichen Turmhügelburg mit Motte und Donjon (3). Deutlich wird dies besonders, wenn die Speicher frei oder auf einer eigenen Insel in einer Erweiterung der Gräfte stehen, wie etwa beim Speicher vom Bispinghof in Nordwalde oder beim späteren Haus Sieverding in Altenberge (Abb. 2), der auf einer Vogelperspektive der Zeit um 1570, der wohl ältesten bekannten topographischen Darstellung eines münsterländischen Bauernhofes (mit Haupthaus A, Torhaus D und Speicher B), abgebildet ist(4). Häufig steht der Speicher aber auch mit dem Haupthaus und den übrigen Nebengebäuden gemeinsam auf der großen Hofinsel, dann aber meistens an oder halb in der Gräfte. Eine solche Anlage ist zum Beispiel auf einer Darstellung des Hofes Gerkendorp in Ascheberg von 1583 aus der Hand des bekannten münsterischen Malers Hermann tom Ring zu sehen (5) (Abb. 3).

Gemeinsam ist allen Speichern aber die Lage in unmittelbarer Nähe zum Wohnteil des Haupthauses. Auch in der Grundstruktur der Speicher hat sich vom 15. bis zum späten 17. Jahrhundert wenig geändert. Sie zeigen stets ein halbeingetieftes Sockelgeschoß, ein hohes, mit einem Wandkamin heizbares Erdgeschoß sowie ein niedriges Obergeschoß, über dem im Dachraum noch Lagerböden Platz finden. Diese einheitliche Baugestalt erklärt sich vermutlich aus dem Befestigungsrecht, welches im Landrecht des Sachsenspiegels im dritten Buch unter Punkt XIX wie folgt geregelt war: "Man darf ohne die Erlaubnis des Richters mit Holz oder Stein drei Stockwerke hoch übereinander bauen, eins unter der Erde und die anderen beiden darüber, sofern man im unteren Geschoß eine Tür

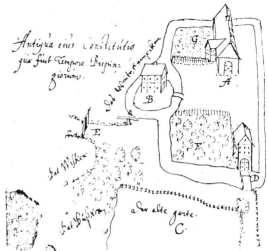

1   Ansicht des im Kern spätmittelalterlichen Speichers auf   dem
Bispinghof in Nordwalde (Aufnahme 1983).
2   Vogelperspektive des Gräftenhofes Sieverding in Altenberge-
Waltrup; Zustand um 1570 mit Haupthaus (A), Speicher (B) und
Torhaus (D).
3   Vogelperspektive   des   Gräftenhofes   Gerkendorf   im   Kirchspiel
Ascheberg; Zustand 1583, Haupthaus, Speicher, Torhaus, Scheunen.

hat, kniehoch über der Erde." (6). Diese Verfügung regelte aber nur die Grundstruktur der Speicher, während ihre bauliche Ausgestaltung stärker den zivilisatorischen und stilistischen Entwicklungen angepaßt wurde.

Die ältesten erhaltenen Beispiele, wie etwa die Speicher von den Höfen Voß und Schulze Homoet im Kirchspiel Billerbeck (Abb. 4 und 5), zeigen noch ein stark wehrhaftes Äußeres. Die Außenwände sind völlig ungegliedert, die Fenster, auch in den Wohngeschossen, sehr klein bzw. vergittert. Die Eingangstüren konnten von innen mit in der Wand liegenden Riegeln gesichert werden. Bei Schulze Homoet war der Zugang außerdem durch eine Zugbrücke gesichert, deren später teilweise vermauerte Wandnische sich an der Speicherruine noch deutlich abzeichnet. Die Wohnausstattung der älteren Speicher beschränkte sich auf einen Kamin und eine Ausgußnische im Haupt- und einen Aborterker im Obergeschoß. Originale Dachwerke und Giebelschilde an Speichern aus dieser Zeit sind leider nicht erhalten.

In der Zeit um 1500 erscheint dann eine ausgeprägte spätgotische Gestaltung der Speicher, wie etwa an einem Beispiel auf dem Vehof in Nottuln (Abb. 6). Das Äußere wird nun durch Wasserschläge und Steinkreuzfenster gegliedert und mit Schildgiebeln bekrönt. Im reich belichteten Wohngeschoß erscheinen aufwendige, spätgotische Wandkamine sowie Schrank- und Ausgußnischen; im Obergeschoß Fensterluken und Aborterker. Nur bei einem einzigen Beispiel ist diese Raumfolge vertauscht, d. h. der Wohnraum liegt nicht im Erd-, sondern im Obergeschoß. Es ist der in der Literatur vielfach herangezogene Speicher vom Hof Schulze Bolling, später Schulze Hauling-Schenking, in Nottuln Heller, der somit keinesfalls als ein typisches Beispiel für einen münsterländischen Steinspeicher angesehen werden darf (7).

Das Dachwerk auf den Speichern dieser Zeit ist stets aufwendig verzimmert und weist einen Drempel auf, wie ihn auch die gleichzeitigen Fachwerkspeicher zeigen. Offensichtlich haben sie als Kornböden gedient. - Als formaler Bautyp erreichte der Steinspeicher bereits in der Zeit um 1500 seinen Höhepunkt und wurde im 16. Jahrhundert nur noch wenig modifiziert.

Dies zeigen z. B. der inschriftlich 1550 datierte Speicher vom Hof Farwick zum Uhlenbrock in Münster-Nienberge (Abb. 7) oder

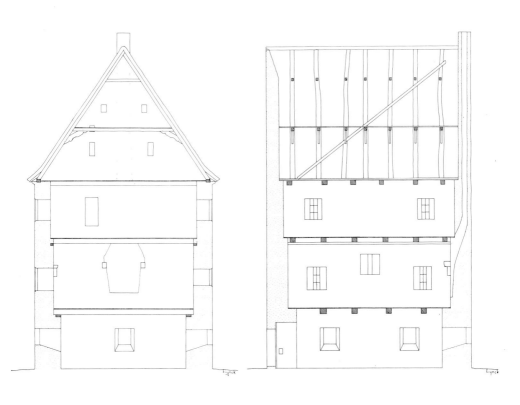

4   Längsschnitt und Querschnitt
des spätmittelalterlichen Speichers auf dem Hof Voß in Biller-
beck-Bombeck (Dachwerk im 18.
Jahrhundert verändert).
5   Ruine des spätmittelalterlichen Speichers auf dem Hof
Schulze Homoet in Billerbeck-
Beerlage (Aufnahme 1983).

jener vom Schulzenhof Kumpmann in Münster-Mecklenbeck, dendrochronologisch datiert 1549 (8). Er ist das einzige Beispiel eines Wohnspeichers mit Wandkamin, welches aus Fachwerk errichtet wurde, und er besitzt allseitig eine weite Vorkragung von Obergeschoß und Dachwerk. An die Stelle der Steinkreuzfenster treten hier hölzerne Kreuzstockfenster, die Außenwände sind mit Backsteinen, teilweise in Ziegelzierausmauerung, ausgefacht.
Dem älteren Baumuster folgen auch die Speicher des späten 16. Jahrhunderts, wie jener vom Hof Schulze Lefert bei Altenberge (Abb. 8), bei dem allerdings die Feuerstelle im Hauptgeschoß an die Traufwand gerückt ist, und der im Obergeschoß ein Fachwerk-Innengerüst aufweist. Der Speicher vom Hof Schulze Greving in Leer, inschriftlich datiert 1582 (Abb. 9), folgt noch ganz dem alten Schema, besitzt aber statt der spätgotisch beeinflußten steinernen Kamineinfassung bereits einen großen, hölzernen Rauchfang und einen Gewölbekeller, wie er sich zu dieser Zeit auch unter den Sälen im Wohnteil großer Bauernhäuser und kleiner Adelssitze nachweisen läßt.
Fragt man nach der Nutzung der Speicher, so kann man aus dem Baubestand leicht auf einen Lagerraum im Sockelgeschoß, einen heizbaren Wohnraum im Erdgeschoß, einen Schlafraum im Obergeschoß und Kornböden im Dachraum schließen. Schwieriger ist die Frage zu beantworten, von wem diese Räumlichkeiten genutzt wurden. Nach landläufiger und auch in der Literatur weit verbreiteter Meinung dienten die Steinspeicher als Wohnung der Grundherren oder ihrer Vertreter bei gelegentlichen Aufenthalten auf dem Hof, obwohl im Münsterland archivalische Belege hierfür bislang noch nicht angeführt werden konnten (9). Trotz längerer Suchaktionen einiger landesgeschichtlich versierter Kollegen in verschiedenen staatlichen und privaten Archiven ließen sich solche Hinweise auf grundherrschaftliche Wohnungen im Speicher auch nicht auffinden. Überhaupt bleibt unklar, zu welchem Zweck sich die Grundherren auf den Höfen aufgehalten haben sollten, zumal diese großenteils in der Nähe, manchmal sogar in unmittelbarer Nachbarschaft zum Sitz des Grundherrn liegen.
Hinweise gibt es dagegen auf eine ganz andere Nutzung der Wohnung im Speicher. Wurde im Münsterland ein eigenhöriges Bauernerbe vom Inhaber an seinen Nachfolger übergeben, so schlossen beide ge-

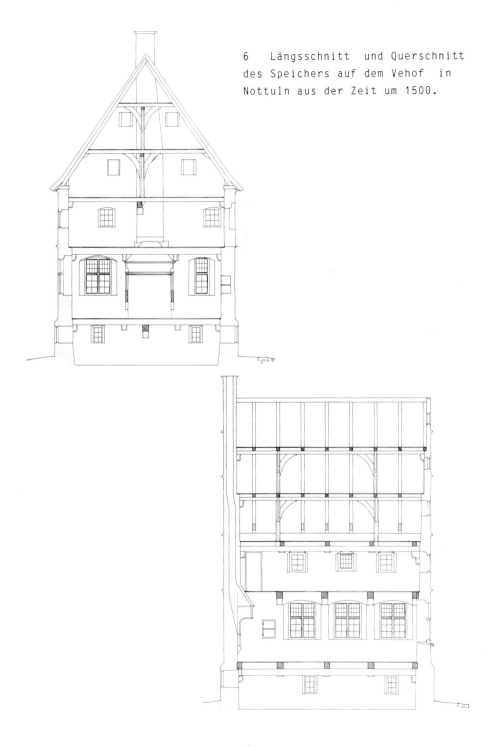

6 Längsschnitt und Querschnitt des Speichers auf dem Vehof in Nottuln aus der Zeit um 1500.

meinsam mit dem Grundherrn einen Übergabevertrag ab, in dem nicht
nur vermerkt war, welche Gebäude, Ländereien und Gerechtigkeiten
zum Hof gehörten, sondern in dem auch geregelt wurde, wo und wie
für die aufs Altenteil abziehende Generation gesorgt werden sollte. Ihr wurde meistens ein eigenes Wohnhaus, das sogenannte
Leibzuchthaus, zugewiesen. Die alten Leute konnten ihre Wohnung
aber auch weiterhin im Haupthaus nehmen, etwa 1544 auf dem Hof
Norndorp in Loen, wo als Altenteil "eyn Kamer in den hues, eyn
stoell by den vuer und eyn koe in den stall" vereinbart wurden
(10). Auf dem Hof Schulze Bisping in Lette diente 1557 der Saal
des Haupthauses als Altenteil. Dort war das Leibzuchthaus nur für
den Fall vorgesehen, daß alte und junge Leute sich auf dem Saal
nicht vertragen konnten (11).
Häufig findet sich auch der Hinweis, daß der Spieker auf dem Hof
als Altenteilerwohnung diente. So wollte der alte Hofinhaber
Henrick Nortewoldes auf dem Hof Nordwolde in Harsewinkel bei der
Übergabe des Hofes an seinen Schwiegersohn Kerstien Cordes, Meier
zu Stapelage, als Leibzucht "den Spicker in dem Hoeffe vor sick
affnemmen und bewonnen" (12) und als Johann Schulte Dyckhoff zu
Coerde 1566 den Hof an seinen Sohn übergab, "hefft de Vader
Schulte vorbehalden den nyen Spiker, den he getimmert" (13). Für
den oben bereits erwähnten Speicher vom Hof Farwick zum Uhlenbrock in Nienberge ist 1619 vermerkt, "daß der alter Varwick zum
Ulenbroick neben seiner Hausfrauen zur Leibzucht sollen genießen
den Unterhalt mit Essen und Trinken im Hause, jederen eine Kuhe
im Stalle und ein Schwein auffm Troge, die Wohnung im Spieker"
usw. (14). Als der alte Schulte Bredenbeck aus Senden 1647 mit
dem Ägidiikloster zu Münster seine Leibzucht regelte, erhielt er
"im Spieker ein Gemach un den understen Bonne..." (15). In der
Hofsprache desselben Klosters heißt es 1664 zum Hof Schulte
Böynck in Amelsbüren: "Elsa, die alte Meyersche, liegt noch im
Spieker und genießt ihre Leibzucht" (16). Ähnlich war es auf dem
Hof Schulze Brockhausen in Ahlen. Dort war 1667 "die alte Mersche
gestorben, der alte Schulte annoch beim Leben und auffm Hoff im
Spieker wonhaft" (17). Weitere Belege für Altenteile im Speicher
ließen sich hier mühelos anfügen, sie enthalten aber wie selbst-
verständlich immer wieder den gleichen Vermerk.
Demnach war die Unterbringung der Alten im Spieker keineswegs

7 Querschnitt des 1550 errichteten Speichers auf dem Hof Farwick
zum Uhlenbrock in Münster-Nienberge; Zustand nach dem Umbau im
19. Jahrhundert und rekonstruierter Zustand des 16. Jahrhunderts.
8 Längsschnitt und Querschnitt
des Speichers auf dem Gräftenhof
Schulze Lefert in Altenberge-Wal-
trop; rekonstruierter Zustand der
Zeit um 1600.

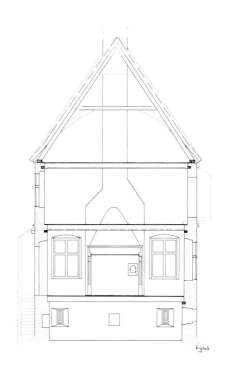

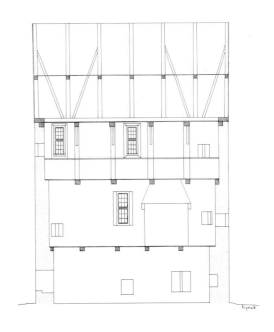

ungewöhnlich und es ist offensichtlich, daß es sich bei den Steinspeichern auf den großen Schulzenhöfen um besonders aufwendig gestaltete Altenteilerwohnungen handelt. Sie entsprechen in ihrer vornehmen Ausstattung durchaus dem sozialen Status, der den Schulzen großer geistlicher Grundherren im 15., 16. und 17. Jahrhundert zukam. Unser Bild vom armen, leibeigenen, geknechteten Bäuerlein trifft für diese ländliche Oberschicht sicher nicht zu.

Damit sind andere Nutzungen des Speichers, insbesondere dann, wenn keine Altenteiler vorhanden waren, keineswegs ausgeschlossen. So ist z. B. seit dem 16. Jahrhundert mehrfach belegt, daß die Speicherwohnung an hoffremde Leute vermietet oder nachgeborenen Kindern zur Verfügung gestellt wurde. Auf dem Hof Schulze Bolling wohnte z.B. vor 1550 ein Bernd Kaldewey, der bei Ausbruch der Pest aus Nottuln geflüchtet war und in dem oben bereits genannten Speicher eine Unterkunft gefunden hatte (18). Und 1612 stand auf dem Schulzenhof Ramsdorf ein "Spieker, darauf eine frowe, Doelmette genandt, 100 Daler currendt gethan, und wohnet selbige frouwe vor die Pension (= Zinsen), mit welche 100 Daler der Schulte noedige Schulde abgelöset" (19).

Es sei aber nochmals darauf hingewiesen, daß die vielzitierte grundherrschaftliche Wohnung im Speicher in keinem Fall nachweisbar ist. Auch andere Belege, wie z. B. Wappen oder Inschriften der Grundherren, findet man an den Speichern nicht. Ein weiterer Hinweis darauf, daß die ländlichen Speicher in größerem Umfang als Altenteile genutzt wurden, ergibt sich auch aus dem Zusammenhang mit dem städtischen Bau- und Wohnungswesen des 15. bis 17. Jahrhunderts im Münsterland.

Spieker gab es nämlich auch in fast allen Städten und größeren Ortschaften des Münsterlandes. Sie sind in den Quellen seit dem Spätmittelalter und im erhaltenen Baubestand seit dem 16. Jahrhundert nachweisbar und dienten - wie noch zu zeigen sein wird - ebenfalls als Wohngebäude (20).

Die Karte zeigt das Verbreitungsgebiet der münsterländischen Städte, in denen solche Speicher bereits nachgewiesen werden konnten (Abb. 10). Die Verdichtung im nordwestlichen Teil des Oberstifts Münster erklärt sich einstweilen vielleicht noch aus dem Forschungsschwerpunkt in diesem Gebiet. Es ist jedoch bemer-

9 Querschnitt des 1582 erbauten Speichers auf dem Hof Schulze Greving in Horstmar-Leer; Zustand nach Umbau des Dachwerks im 19. Jahrhundert.

10 Verbreitungsgebiet der Städte mit häufigen Nachweisen für Speicher auf den Rückgrundstücken und entlang der Mauer.

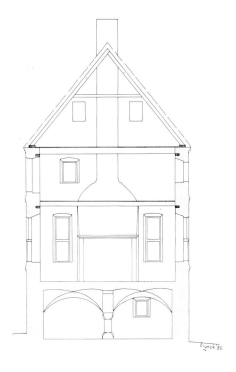

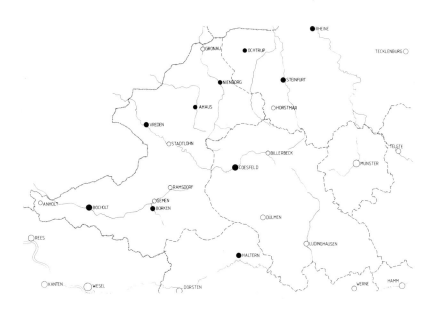

kenswert, daß aus den Nachbarlandschaften bislang kaum Hinweise zum Vorkommen städtischer Speicher vorliegen.

Deutlich hat sich die Bebauung mit Speichern in der Kleinstadt Steinfurt erhalten. Seit dem späten 14. Jahrhundert werden hier zahlreiche "Spyker" in den archivalischen Quellen erwähnt. Anhand der topographischen Angaben in den Quellen und aus dem Standort der erhaltenen Speicherbauten lassen sich in Steinfurt - und auch anderswo - zwei typische Situationen für die Lage von Spiekern innerhalb der Stadt feststellen. Da ist zunächst die in hunderten von Verkaufsurkunden genannte Kombination "Haus und Speicher". Hierunter hat man sich nicht etwa ein Haus mit Speicher im Sinne eines Speicherstockes vorzustellen; "hues und spyker" bezeichnet vielmehr zwei verschiedene Gebäude (Abb. 11): Das große, später auch "Prinzipalhaus" genannte Dielenhaus vorn an der Straße und den kleinen, aber zweigeschossigen Speicher auf dem Rückgrund- stück, dessen Lage in den Quellen mit "by dem huse" oder "achter dem huse" umschrieben wird. Soweit es die Größe der Parzellen erlaubte, standen die Speicher frei auf dem Rückgrundstück, an- sonsten waren sie an das Haupthaus angebaut. Stets sind Haus und Speicher aber völlig selbständig verzimmert, in aller Regel stam- men sie sogar aus unterschiedlichen Bauphasen.

Ein gutes Beispiel für die Kombination "Haus und Speicher" ist das Anwesen Kirchstraße 9 in Steinfurt (Abb. 12). Auf dem Rück- grundstück eines Dielenhauses aus dem 16. Jahrhundert baute man hier 1589 einen freistehenden, zweigeschossigen Fachwerkspeicher. Er zeigt eine für das Münsterland reiche Ausgestaltung des Fach- werks, deren Backsteinausfachung durch eine Ziegelmalerei ver- schönert wurde, wie sie sich, neben Ziegelzierausfachungen, auch an anderen Speichern dieser Zeit nachweisen läßt. Beide Geschosse des Speichers waren reich durchfenstert und dienten offensicht- lich als Wohnräume. Die Kopfbänder im Inneren waren als Tauband- knaggen gestaltet. 1735 errichtete man zwischen Vorderhaus und Speicher einen Verbindungstrakt, der einen großen, reich durch- fensterten Saal enthielt. Zwischen Speicher und Saal stand nun ein großer Kaminblock mit doppelter Feuerstelle.

Der Umbau ursprünglich selbständiger Speicher zu Flügelbauten läßt sich im 17. und 18. Jahrhundert häufig feststellen, so auch beim Spieker Friedhof 13 aus dem späten 16. Jahrhundert (Abb. 13)

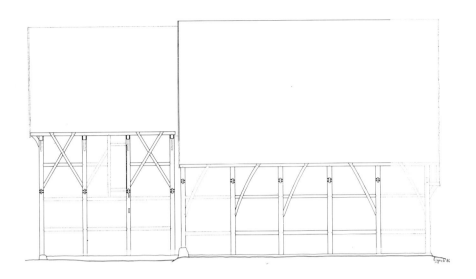

11 Ansicht der östlichen Traufwand der Gebäudegruppe Mühlen-
straße 18 in Haltern; rekonstruierter Zustand Anfang 16. Jh. Es
handelt sich um das vermutlich älteste erhaltene Beispiel der
Kombination von Vorderhaus und Speicher, im 15. und 16. Jh.
archivalisch häufig belegt. Der Speicher wurde 1505 (d) errichtet, das Vorderhaus ist vermutlich etwas älter (Vgl. J. Hähnel
in: Beiträge zur Hausforschung, Band 2, 1976-79).
12 a-c Haus und Speicher auf dem Grundstück Kirchstr. 9 in Steinfurt; Rekonstruktion des Speichers im Erbauungszustand 1589 (d).

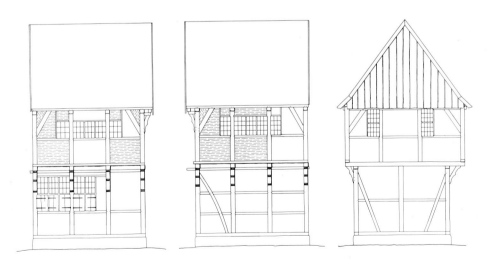

in Steinfurt. Er erhielt im 18. Jahrhundert ein massives Sockelgeschoß und diente seitdem als Hinterhaus. Allerdings konnte sich
in den Brüstungsfeldern die Ziegelzierausmauerung des späten 16.
Jahrhunderts halten.
Als zweite Gruppe treten in den Quellen die "Speicher auf dem
Wall" bzw. die "Speicher an der Stadtmauer" auf. Sie werden zwar
insgesamt seltener genannt als die Speicher beim Hause, kommen
aber ebenfalls in fast allen Städten des westlichen Münsterlandes
vor. Ein gutes Beispiel für diese Bauform ist ein im Jahre 1510
(d) auf dem Neuen Wall in Steinfurt an die Stadtmauer angebauter
Speicher (Abb. 14). Er stand dort nicht etwa isoliert, vielmehr
werden an dieser Stelle bereits 1555 mehreren "Spieker an der
muere" erwähnt. Die ursprüngliche Raumaufteilung dieses Gebäudes,
soweit eine solche überhaupt vorhanden war, konnte nicht mehr
ermittelt werden. In der Zeit um 1700 gliederte man das Erdgeschoß in einen straßenseitigen Küchenraum und eine rückwärtige,
unterkellerte Upkammer. Seit dem späten 16. Jahrhundert wurde die
Bebauung auf dem Neuen Wall dann durch traufenständige Gaden
verdichtet (Abb. 15). Auch diese waren zunächst noch Einraumhäu-
ser, wurden aber später in Küche und Stube getrennt und im 18.
Jahrhundert zweigeschossig durchgebaut.
Daß auch die städtischen Speicher als Wohngebäude genutzt wurden,
ergibt sich schon aus der Tatsache, daß aus ihnen städtische
Dienste und Abgaben geleistet werden mußten. Bei der Kombination
"Haus und Speicher" finden sich die Speicher häufig im Besitz
einer einzelnen, älteren Person, während als Besitzer des Vorderhauses deren verheiratete Kinder genannt werden. Die hieraus
abgeleitete Vermutung, daß solche Speicher als Altenteilerwohnun-
gen anzusehen sind, läßt sich anhand der bürgerlichen Übergabe-
verträge wiederum leicht nachweisen.
So wurde z. B. in Steinfurt 1536 beurkundet, daß zwischen Johann
Richtenerinck und Marien Koening ein Ehevertrag geschlossen ist.
Danach übergibt Mette Koeninck ihrer Tochter Marie ihr Haus mit
Hof und Speicher, gelegen zu Steinfurt up den Marckede zwischen
den Häusern des Kerstien Buirsse und Roleff Bozecallen, mit dem
Vorbehalt, daß sie ihren Stuhl beim Feuer behalten darf und den
Spicker für sich behält. Johann und Marie sollen den Speicher in
Dache halten, ihr freie Kost und Notdurft gewähren und außerdem

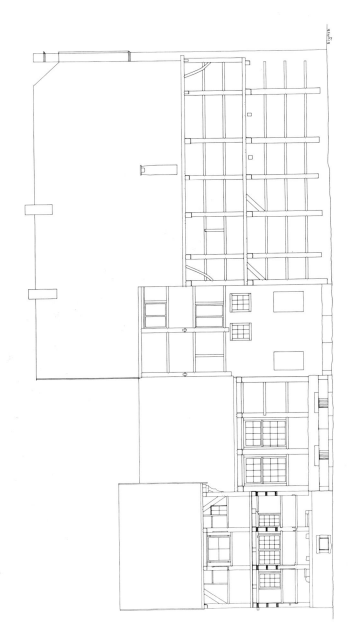

12 d Haus und Speicher auf dem Grundstück Kirchstraße 9 in Steinfurt; heutiger Zustand.

71

zu den vier Hochzeiten einen Snaphahn in den Spieker liefern.
Dazu behält sie 1 Bett, 2 Paar Laken, 2 Hoevetkussen, 3 Stuelkus-
sen, 2 Paar grothe Schotthelen, 1 Paar Moesschotthelen, 2 Quairte
Kannen, 2 Ketthele (1 von 2 Eimern, 1 von 1/2 Eimer), 1 Haell, 3
Poetthe (2 Poette von 1 Quairte, 1 Pott von 1 Mengelen), 1 Kiste
und 1 Spynde (21). Eine Fülle in etwa gleichlautender Übergabe-
verträge ließen sich hier anfügen.
Natürlich konnten die Altenteiler auch anderweitig untergebracht
werden, z. B. in einem eigenen Dielenhaus, auf einem "Stuhl beim
Herde und einer Kammer im Hause" (1589), in einem "Gadem unten
und oben" (1590), in der "Schlafkammer in der Küche"(1614), in
einem "Gaden oder Wohnunge vornen ahm Hause ... mit Schornstein
und Fewerstedden darinnen" (1625), auf der "Upkammer" (1625), "in
dem beihausgen" (1626) oder die Altenteiler erhielten sogar "vornen den stuben ahm Hause zur Wohnung" (1631) (22). Zahlenmäßig
überwiegen aber bei weitem und mit großem Abstand bis ins 17.
Jahrhundert die Altenteile in den Spiekern.
Anders liegen die Dinge bei den Speichern an der Mauer. Meist
waren sie im Besitz vermögender Bürger, die selber in einem
anderen Haus an einer der Hauptstraßen wohnten und verschiedene
Immobilien innerhalb und außerhalb der Stadt besaßen. Es kann
beim gegenwärtigen Forschungsstand nicht ganz ausgeschlossen
werden, daß diese Speicher an der Mauer ursprünglich als reine
oder als überwiegende Lagergebäude dienten. Für eine Wohnnutzung
spricht aber, daß die Speicher an der Mauer schon im 16. Jahrhundert - genau wie Nebenhäuser oder Häuser auf den Rückgrundstücken
- mit einem halben Stadtdienst belastet waren (1559, 1562). Dieser mußte aber offenbar nur dann aus einem Speicher geleistet
werden, "wofern es mit fremdem Volk bewoent wird" (1598) (23).
Kartiert man die in Steinfurt genannten und die erhaltenen Speicher auf dem Urkatasterplan von 1829, so erkennt man nicht nur
die große Dichte der Speicherbebauung, sondern auch ihre in den
Quellen genannten typischen Standorte (Abb. 16), nämlich
1. entlang der Hauptstraßen auf den Rückgrundstücken der großen
   Häuser und
2. Speicher als Einzelgebäude in den Nebenstraßen, insbesondere
   entlang der Mauerstraßen.
Sie finden sich also genau an den Stellen, wo in den größeren

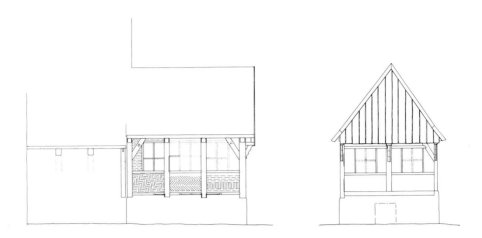

13 Speicher des späten 16. Jh. auf dem Rückgrundstück des Hauses Friedhof 13 in Steinfurt; Zustand nach Umbau im 18. Jh.
15a Ansichten des Gadens Am Neuen Wall 17/19 in Steinfurt; rekonstruierte Giebelansicht im Zustand des Baujahrs 1584. Der Gaden steht rückwärtig auf der Stadtmauer.

Städten seit dem Spätmittelalter eine Bebauung mit traufenständigen Gadenreihen nachweisbar ist. Sicherlich sind Speicher und Gaden zwei unterschiedliche Bautypen und sie werden in den archivalischen Quellen auch niemals direkt gleichgesetzt. Schon äußerlich unterscheiden sie sich dadurch, daß die Speicher in der Regel giebelständig und zweigeschossig, die Gaden dagegen traufenständig und zunächst noch eingeschossig waren. Dennoch scheint eine ähnliche Funktion als Kleinwohnungsbau wahrscheinlich, denn im 17. Jahrhundert werden sowohl Speicher als auch Gaden in den Quellen mit der Bezeichnung "Häusgen" gleichgesetzt. Stellt man die Nennungen von Speichern und Gaden in ihrer zeitlichen Entwicklung gegenüber, so ist leicht ersichtlich, daß die Speicher in Steinfurt im frühen 17. Jahrhundert von den Gaden abgelöst wurden; ein Vorgang, wie er sich z. B. am Neuen Wall auch im Baubestand noch konkret nachweisen läßt.

Nicht nur in Steinfurt, sondern auch in verschiedenen anderen Städten des Münsterlandes ist festzustellen, daß dort schon Speicher an der Mauer gestanden haben, bevor im 16. Jahrhundert die Bebauung entlang der Ringstraßen durch lange Reihen traufenständiger Gaden überformt wurde. In Steinfurt aber haben sich die älteren Zustände offenbar länger gehalten. Erst im frühen 17. Jahrhundert erlebte die Stadt eine kurze, aber intensive Blütezeit, in der sich der Rat dann veranlaßt sah, aufgrund des raschen Bevölkerungsanstiegs und angesichts der leeren Stadtkassen neue Hausstätten auf den Stadtwällen auszuweisen, die nun mit traufenständigen Gaden und nicht mehr mit Speichern bebaut wurden. Demnach darf man vermuten, daß der mittelalterliche Kleinwohnungsbau "Speicher an der Mauer" seit dem Spätmittelalter durch den Kleinwohnungsbau "Gaden" abgelöst wurde. In den größeren Städten fand dieser Wandel wohl schon im 14. und 15. Jahrhundert statt und entzieht sich somit weitgehend unserer Kenntnis. In Steinfurt ist er dagegen im 16. und 17. Jahrhundert archivalisch und auch im Baubestand noch faßbar.

Parallel dazu verlief die Entwicklung auf dem Lande, wo bei raschem Bevölkerungsanstieg vor allem im 18. Jahrhundert die Speicher nun auch als Wohnungen an Tagelöhner und Arme, die sog. "Spiekerleute" vermietet wurden.

In den Schatzungslisten des 18. Jahrhunderts werden solche "Spie-

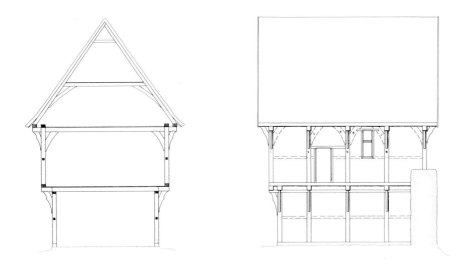

14 Ansicht der südlichen Traufwand und Querschnitt des Speichers
Am Neuen Wall 15 in Steinfurt; rekonstruierter Zustand im Baujahr
1510 (d). Der Speicher steht rückwärtig auf der Stadtmauer.

15 b Ansicht des Gadens Am Neuen Wall 17/19 in Steinfurt; Vorderansicht im Zustand um 1800.

kerlüde", genau wie "Backhüser" und "Lieftücher" im Münsterland
wie auch in weiten Teilen Nordwestdeutschlands häufig genannt.

Es wurde versucht, einige Thesen zur Wohnnutzung ländlicher und
städtischer Speicher des 15. und 16. Jahrhunderts im Münsterland
zu formulieren, die vielleicht wieder Anlaß zu einer stärkeren
Beschäftigung mit dem Phänomen "Speicher" nicht nur unter baulichen, sondern vor allem auch unter funktionalen Aspekten geben
mögen. Daß hiermit bei der, wie Bruno Schier es 1934 formulierte,
"Lösung der Speicherfrage" noch nicht das letzte Wort gesprochen
ist, ist klar (24). Dafür sind die zeitlich und regional unterschiedlichen baulichen und funktionalen Erscheinungsformen des
Speichers in Mitteleuropa sicher zu vielschichtig.
Genauso klar scheint aber, daß man die Nutzung städtischer und
ländlicher Speicher als Altenteile sowie den Zusammenhang Spei-
cher/Gaden in Zukunft stärker berücksichtigen muß, als dies in
der Hausforschung - zumal in Nordwestdeutschland - bislang geschehen ist.

Anmerkungen
1. Vgl. Karl Schiller und August Lübben: Mittelniederdeutsches
Wörterbuch, 6 Bände, Bremen 1875-1881, Stichwort: Spiker.
2. Vgl. Andreas Eiynck: Gräftenhöfe und Steinspeicher im Münsterland. Zur Bau- und Wohnkultur der großbäuerlichen Führungsschicht
im Spätmittelalter und der frühen Neuzeit. (Unter Verwendung
zahlreicher archivalischer Hinweise von Hans-Jürgen Warnecke).
In: G. Wiegelmann und F. Kaspar (Hg.): Beiträge zum städtischen
Bauen und Wohnen in Nordwestdeutschland (= Beiträge zur Volkskultur in Nordwestdeutschland, Band 58). Erscheint Münster 1987.
3. Vgl. Hermann Hinz: Motte und Donjon. Zur Frühgeschichte der
nordwesteuropäischen Adelsburg (= Bonner Jahrbücher, Beiheft 1).
Köln und Bonn 1978.
4. Vgl. Staatsarchiv Münster, Studienfond Münster, Nr. 4392.
5. Vgl. Bistumsarchiv Münster, Dep. Pfarrarchiv St. Lambertus,
Ascheberg, P. 6.
6. Vgl. August Lübben und F. van Alten: Der Sachsenspiegel.
Landrecht und Lehnrecht. Nach dem Oldenburger Codex picturatus
von 1336. Oldenburg 1879.

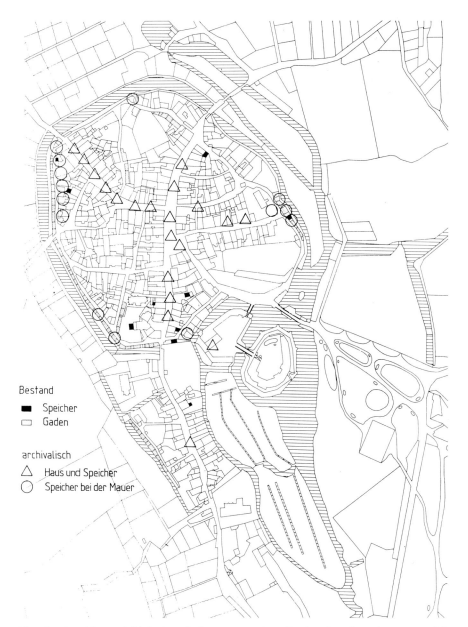

Bestand

■ Speicher
▢ Gaden

archivalisch

△ Haus und Speicher
◯ Speicher bei der Mauer

16 Verbreitungsbild der Belege aus dem Baubestand und aus archivalischen Quellen für Speicher und Gaden in Steinfurt im 15., 16. und 17. Jahrhundert.

7. Vgl. Josef Schepers: Haus und Hof Deutscher Bauern, Zweiter Band, Westfalen-Lippe. Münster 1960, Tafel 54.

8. Vgl. Andreas Eiynck: Mittelalterliche Fachwerkspeicher im Münsterland. In: Konrad Bedal (Hrsg.): Hausbau im Mittelalter II (= Jahrbuch für Hausforschung, Sonderband 1985). Sobernheim/Bad Windsheim 1985, S. 87-113, hier S. 94-100.

9. Vgl. A. Eggert und J. Schepers: Spieker, "Bauernburgen", Kemenaden. Bäuerliche Speicherbauten im Münsterland. Münster 1985.

10. Vgl. Karl Lohmeyer: Das Hofrecht und Hofgericht des Hofes zu Loen. Münster 1906, S. 47.

11. Vgl. Hofarchiv Schulze Bispink, Lette, Übergabevertrag 1557.

12. Vgl. Staatsarchiv Detmold, L 21, Nr. 171, Ehevertrag von 1537; diesen und die folgenden Hinweise verdanke ich Hans Jürgen Warnecke vom Staatsarchiv Münster.

13. Vgl. Staatsarchiv Münster, Kloster Cappenberg, Akten Nr. 68, Protokolle 1517-1572, Übergabevertrag vom 10.01.1566.

14. Vgl. Staatsarchiv Münster, Domkellnerei, Protokolle, Bd. 3. S. 42, Übergabevertrag vom 10.08.1619.

15. Vgl. Staatsarchiv Münster, Kloster St. Aegidii, Münster, Akten Nr. 134b, S. 75, Leibzuchtvertrag vom 04.02.1647.

16. Vgl. Staatsarchiv Münster, Kloster St. Aegidii, Münster, Msc. VI,5, Hofsprache 1664.

17. Vgl. Staatsarchiv Münster, Fürstentum Münster, Hofkammer VII, 95, Status colonorum Amt Wolbeck, 12.03.1667.

18. Vgl. Staatsarchiv Münster, Acta judicialia Nr. 198.

19. Vgl. Staatsarchiv Münster, Fürstentum Münster, Hofkammer VII, 11, Amt Ahaus, S. 346, 10.07.1612.

20. Vgl. Andreas Eiynck: Häuser, Speicher, Gaden. Städtische Bauweisen und Wohnformen in Steinfurt und im nordwestlichen Münsterland vor 1650. Diss. Münster 1986.

21. Vgl. Stadtarchiv Steinfurt, Abt. I, Urkunde vom 29.06.1536.

22. Vgl. Stadtarchiv Steinfurt, Abt. XV, Nr. 31.

23. Vgl. Stadtarchiv Steinfurt, Nachlaß Döhmann, Übertragung Kasemeyer, Umschlag 49, Heft III, S. 45.

24. Vgl. Bruno Schier: Zur Lösung der Speicherfrage. In: Volkskunde-Arbeit; Zielsetzung und Gehalte, Festschrift für Otto Lauffer, Hrsg. von Ernst Bargheer und H. Freudenthal, Berlin und Leipzig 1934, S. 133-157.

Stefan Baumeier
Mietshäuschen des 15. und 16. Jahrhunderts in Warendorf

Die Stadt Warendorf liegt im flachen Münsterland, 25 km östlich
von Münster. Um 1200 war ihre Ausbildung in den Umrissen der
heutigen, 32 ha großen Altstadt vollzogen, eine zweite Pfarrkirche entstanden. Die mittelalterliche Bevölkerung dürfte 2000 bis
2500 Personen umfaßt haben. Im 15./16. Jahrhundert wuchs sie auf
fast 5000 an und betrug 1818 noch über 3800. Nach der Hauptstadt
Münster war Warendorf die zweitgrößte Stadt des Fürstbistums. Die
wirtschaftliche Basis bildete vor allem vom 16. - 18. Jahrhundert
die Leinenproduktion. 1404 verwüstete ein großer Brand die Altstadt weitgehend, 1630, 1638 und 1669 verbrannten jeweils mehr
als 100 Häuser; nach dem Brand von 1741 (330 Gebäude) erfolgte
ein wirtschaftlicher Niedergang. 1816 wurde die Stadt preußisch,
und aus der einst blühenden Handels- und Gewerbestadt wurde eine
kleine Land- und Beamtenstadt (1).
Gademe, wie die kleinen Einlieger- und Mietshäuschen in Warendorf
(2) und auch sonst im ganzen Münsterland (3) in den Quellen bis
zum Ende des ersten Drittel des 19. Jahrhunderts genannt werden,
machten einen großen, teilweise sogar den größten Bestand unter
den Wohnbauten der Stadt aus. Sie wurden zumindest vom späten
Mittelalter an von den begüterten Warendorfer Bürgerfamilien als
Altenteil und zu Renditezwecken errichtet. Ihre Bewohner waren
Witwen und unverheiratete Frauen, die vielen in der Textilproduk-
tion benötigten Haushandwerker und Zuarbeiter, Tagelöhner, aber
auch die einfachen städtischen Bediensteten.
Der bisher älteste Warendorfer Gadenbeleg aus dem Jahre 1392 (4)
bezeichnet als Gaden ein kleines Beihaus, das die Hofzufahrt
neben dem Haupthaus zustellte.
1515 wird ein "kraem gademe" erwähnt, also ein Laden. Ebenfalls
für das frühe 16. Jahrhundert existieren Belege, daß auch ein
innerhalb eines Bürgerhauses abgeteilter Bereich, der als Leibzucht fungiert, Gaden genannt wird. Ein solcher Hausteil fiel

nach dem Tode des oder der Leibzüchter wieder an das Haus zurück, der Zustand als Gaden erlosch damit.

Auf den Hinterhöfen ihrer Wohngrundstücke - auch am Markt - oder in ihren innerstädtischen Gärten erbauten, verstärkt ab der Mitte des 15. Jahrhunderts, begüterte Bürger kleine giebel- oder traufständige Einzel- oder Reihenhausgademe, aus Fachwerk "getymmert", mit bis zu acht Einheiten unter einem Dach. Diese Häuschen zogen sich bei Hinterhofbebauung längs der Parzellengrenze zum Nachbarn hin, oder sie standen an der untergeordneten Hintergasse. So bestimmte der Gaden noch bis in die Mitte unseres Jahrhunderts das Bild zahlreicher Nebenstraßen, so etwa der Lilienstraße zwischen Freckenhorster- und Lange Kessel Straße oder der Gerichtsfulke zwischen Klosterstraße und Oststraße. Auch die Hinterbereiche ganzer Baublöcke, durch schmale Stichgassen erreichbar, boten ein verwirrendes Bild von Kleinhäuschen, und seit dem 15. Jahrhundert wird auch ein Großteil des Mauerringes auf der Stadtinnenseite durch Gadenneubauten, die sich an die Mauer lehnen, zugebaut.

1589 werden in der Stadt 498 Wohnhäuser und 168 Gademe gezählt. Mit wachsender Bevölkerung werden 1662 mit 477 zwar weniger Bürgerhäuser als 1589 aufgeführt, dafür aber 401 Gademe. Auffällig ist, daß das Ostviertel als vornehmster Stadtteil 1589 zwar ein Viertel aller Bürgerhäuser enthält, aber nur ein Sechstel der Gademe. Noch 1662 sind die allermeisten Gademe als Mietshäuschen im Besitz der Bürger, des Adels, der Klöster und der Stadt, wobei letztere sie durchweg für karritative Zwecke geerbt hatte. Die Höchstzahl von 15 Gademen besitzt seinerzeit die Familie Heßling. Während 1662 von den 401 Gademen nur 34 von ihren Eigentümern bewohnt sind, werden im Verlauf des 18. Jahrhunderts die meisten Häuschen an Kleinbürger und Tagelöhner verkauft. Dieser Prozess ist weitgehend im frühen 19. Jahrhundert abgeschlossen. Nach den wirtschaftlichen Rückschlägen durch die Stadtbrände von 1630 und 1638 werden auch mehr und mehr Bürgerhäuser vermietet. 1662 sind schon immerhin 1/6 aller Bürgerhäuser nicht mehr von ihren Eigentümern bewohnt.

Um diese Zeit werden vereinzelt auch schon abgewirtschaftete Bürgerhäuser mit Halben- oder Vierteldiensten aus der Schicht der einfachen Handwerker in den Steuerlisten als Gademe klassifi-

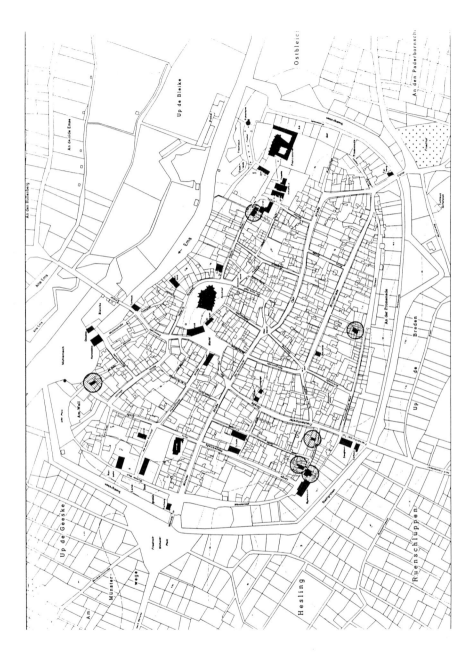

1 Warendorf nach dem Urkataster von 1829
o Untersuchte Gademe.

ziert. Die einst saubere Trennung zwischen der Bauaufgabe Gaden =
Mietshäuschen und eigenbewohntem Bürgerhaus wird verwässert durch
eine rein steuerliche Einstufung als einfache Mietwohnung.
Ein vergleichbarer Prozeß hatte schon vom 14. bis zum frühen 17.
Jahrhundert stattgefunden. Für diesen Zeitraum sind in der Stadt
zahlreiche Speicher bezeugt, hinter Häusern am Markt ebenso wie
an Nebenstraßen stehend. Durch das Überbauen der Hofzufahrten mit
Nebenhäusern, durch Aufsetzen von Speicherstöcken auf die Haupthäuser oder durch komplette Neubauten über die gesamte Parzellen-
breite werden neue Speicherräume geschaffen, die alten Speicherbauten überflüssig und zu Mietgademen umfunktioniert, vereinzelt
auch für die neue Nutzung als Gaden an Nebengassen versetzt. Ein
solcher Speicher hat sich als Doppelgaden in dem Haus Lilienstraße 23/25 erhalten. Während es etwa 1526 noch heißt "huys und
hoff myt dem spyker ... dar de wytkempesche inne woent" taucht
der Begriff Speicher im 17. Jahrhundert in den Quellen nicht mehr
auf, der Terminus Gaden hat den Terminus Speicher verdrängt.
Selbst das mittelalterliche Steinwerk 'stenwerk' hinter dem Haus
Markt 10 taucht jetzt nur noch unter dem Begriff Gaden auf.
Noch vor drei Jahrzehnten konnten im Warendorfer Baubestand mehr
als 100 Gademe nachgewiesen werden. Diese Zahl ist inzwischen
durch die Abbruchwelle der 60er und 70er Jahre stark dezimiert.
Doch noch immer ist der Bestand der Kleinhäuser so groß, daß im
Rahmen von Einzeluntersuchungen reiche Aufschlüsse für die Bau-,
Wohn- und Sozialgeschichte der "kleinen Leute" münsterländischer
Städte zu erwarten sind.
Seit der Gründung des Westfälischen Freilichtmuseums in Detmold
im Jahre 1960 wird an diesem Institut auch schwerpunkthaft Bauforschung betrieben. 1974 wurde, zunächst für die eigenen Mu-
seumsbauten, die Dendrochronologie als zusätzliches Hilfsmittel
eingesetzt (5). Als 1982 in der Stadt Lemgo das nach dem Bauge-
füge um 1550 anzusetzende Haus Kramerstraße 2 abgebrochen werden
sollte, veranlaßte der Verfasser auch hier den Einsatz der Dendrochronologie. Das Baudatum 1485 war so überraschend, daß vom
Freilichtmuseum ein systematisches Dendrochronologieprogramm zum
Fachwerkbau in Westfalen initiiert wurde. Reihenuntersuchungen in
Warendorf brachten zunächst kein Ergebnis, da die einschlägigen
Standardkurven nicht griffen. Von daher mußten eigene Münster-

2 Kurze Kesselstraße um 192o. Auf beiden Straßenseiten Gademe,
links hinten Nr. 13/15.

landkurven erarbeitet werden (6), die u.a. dem Projekt A4 im
Sonderforschungsbereich 164 an der Universität Münster zugute
kamen (7).
In Warendorf wurden inzwischen etwa 40 Häuser mittels Dendrochronologie neu datiert, einige davon auch aufgemessen und untersucht. Das wohl älteste Haus, Brünebrede 5, entzog sich bisher
einer Datierung. Die folgende Tabelle gibt eine Übersicht der
dendrochronologisch ermittelten Baudaten für die Zeit bis 1620.

Rathaus	1413
Freckenhorster Straße 34	1422
Brünebrede 46	1444
Kurze Kesselstraße 11	1458, 1558
Klosterstraße 22	1479
Krickmarkt 20 Hinterhaus	1504
Markt 15	1510, 1661
Königstraße 12, Hinterhaus	1512
Brünebrede 34	1534

Königstraße 6	1541
Markt 10	1558
Neuenhof 1, Hinterhaus	1562
Wallgasse 2/3	1566
Kurze Kesselstraße 14	1580
Kirchstraße 18	1592
Kurze Kesselstraße 2 (abgebrochen)	1594
Brünebrede 48	1598
Kricktmarkt 10, Saalnebenhaus	1599
Kurze Kesselstraße 13/15,jetzt Kopie; um	1600
Hohe Straße 24, jetzt Kopie	1601
Kurze Kesselstraße 16	1607, Erweiterung 1665
Probsteigasse 1	1607, Erweiterung 1732
Krickmarkt 10, Vorderhaus	1611
Steinweg 7	1618, Umbauten 1774,1869

Klosterstraße 22 (d) 1479:

Der schmale, zweigeschossige Wandständerbau wurde schon seit den
60er Jahren der ältesten Warendorfer Bestandsschicht an Fachwerk-
häusern zugerechnet. Mit dem rechts anschließenden, gleich
großen, im 19. Jahrhundert massiv erneuerten Haus Nr. 20 bildete
es einst eine Einheit unter einem Dach. Beide Häuser stehen auf
jeweils 6,50 m schmalen, dafür aber mehr als 30 Meter tiefen
Parzellen, die nach dem Urkataster von 1829 bis zur untergeordneten Parallelgasse, der Gerichtsfulke, reichten. Beide
Parzellen waren weitgehend mit Nebengebäuden überbaut.
Über die Bewohner sind erst für die jüngere Zeit Aussagen zu
machen. Das Haus Nr. 20 mit der Brandkatasternummer 709 wird 1763
von dem 66jährigen Tuchmacher - 'nun Spuler' - Henrich Schaprud-
de, seiner Frau sowie seinem 25jährigen Sohn - Baumseidenknecht -
bewohnt (8). 1772 wird es von drei Fach, mit 25 Fuß Länge und 20
Fuß Breite angegeben. 1800 lebt hier ein Tagelöhner, der auch
eine Kuh hält, 1816 ein Baumseidenmacher.
Ganz ähnlich verhält es sich mit der Hälfte Nr.22, Brandkatasternummer 710. 1763 wohnen hier der ledige 76jährige Werner Eimann,
der mit seinen 78 und 64 Jahre alten Schwestern sowie einem
20jährigen, als Dienstmagd deklarierten Bruderkind Kräuter sucht
und verkauft. 1816 wird als Bewohner ein Hosenmacher genannt.

Eine Bauaufnahme konnte erst während der fortgeschrittenen Entkernung 1982 vorgenommen werden, ein Bestandsaufmaß war leider nicht mehr möglich, und auch die zahlreichen Umbauten des 16. bis 19. Jahrhunderts konnten nicht mehr vollständig dokumentiert werden. Überraschend war zunächst das dendrochronologische Ergebnis, das als Baudatum das Jahr 1479 brachte und damit etwa 100 Jahre früher lag als die bisherige Einschätzung. Die Bauuntersuchung erwies zudem, daß es sich bei Nr. 22 ursprünglich nicht um die Hälfte eines Doppelhauses, sondern um die Hälfte eines ehemals fünf Fach langen Wirtschaftsbaues mit einer niedrigen Durchfahrt im mittleren Fach handelte. Das hohe Alter wurde bestätigt durch die Analyse eines für die bisherige Warendorfer Baugeschichte ungewöhnlichen Gefüges. Die 5 m hohen Traufwände sind nur durch zwei Riegelfolgen gegliedert, sonst aber völlig unterschiedlich abgezimmert. An der Vordertraufe bilden die Riegel ca. 150 cm hohe Gefache, zusätzlich gibt es lange, zurückliegende, verdeckte Kopfbänder an den Gebäudeecken sowie zu beiden Seiten der Torständer. An der Rücktraufe hingegen fehlen Kopfbänder, die Riegel bilden eine mittlere Gefachkette mit der außerordentlichen Höhe von 2,20 m, wohingegen die obere Gefachreihe nur 75 cm Höhe aufweist. Jedwede Spuren und Ausarbeitungen an Rähmen, Ständern und Riegeln für Lehmflechtwerk oder Verbohlung fehlen, so daß schon von einer Backsteinausfachung auszugehen ist. Im Querverband werden die eingezapften Geschoßbalken auch am Giebel von Kopfbändern unterstützt. Abweichend von den sonstigen Warendorfer Gefügen sind die Dachbalken zur Vordertraufe den Wandrähmen aufgelegt, an der Rücktraufe aber den Ständern 5 cm unterhalb des Rähms eingezapft, bzw. am linken Giebel dem hinteren Eckständer aufgejocht. Das komplett erhaltene Kehlbalkendach ruht zur Straße schon auf einer Sparrenschwelle und wird von einem einfachen Stuhl unterstützt. Gegenüber jüngeren Dachgefügen fallen die außerordentlich langen, tief herabreichenden Kopfbänder vom Stuhlrähm an die abgefangene Giebelsäule und zu allen vier Seiten der Stuhlsäule im dritten Gebinde auf.
Die Raumstruktur hatte 1479 folgendes Aussehen: eine breite, erdgeschoßhohe Mitteldurchfahrt teilte den Bau in drei Zonen. Die Durchfahrt war zu den seitlichen Zonen nur in der hinteren Haushälfte beidseits durch eine Fachwerkwand abgetrennt. Obergeschoß

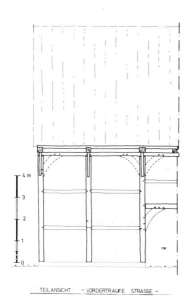

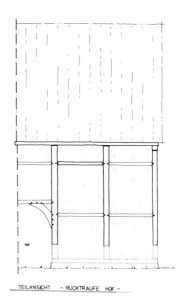

TEILANSICHT – VORDERTRAUFE STRASSE –

TEILANSICHT – RÜCKTRAUFE HOF –

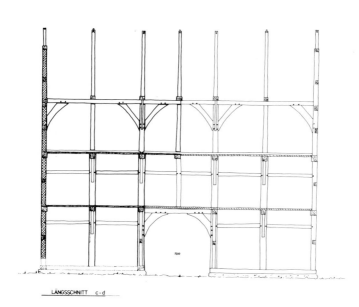

LÄNGSSCHNITT c-d

3 Klosterstraße 22, Rekonstruktion des Zustandes 1479, Teilansicht Vordertraufe Straße und Rücktraufe Hof (oben), Längsschnitt (unten)

86

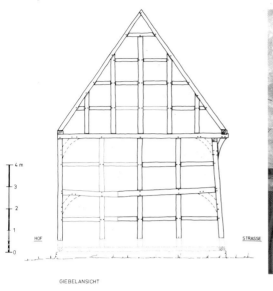

GIEBELANSICHT

4 Klosterstraße 22, Rekonstruktion des Giebels 1479.
5 Gefügeknoten: In den Rücktraufenständer eingezapfter Dachbalken, Rähm und Sparrenfuß. 6 Stuhlsäule.

und Dachraum bildeten jeweils einen großen Raum. Die Teilung des Hauses und seine Umnutzung als Doppelmiethaus erfolgte schon früh. Die Trennwand zwischen beiden Haushälften war zunächst mit Bohlen versehen (in die Traufwandständer eingeschoben). Eine Küche wurde über 1 1/2 Fach Breite und 1/3 Haustiefe in der hinteren linken Ecke eingerichtet. Um die in Warendorf übliche Raumhöhe für Küchen zu erhalten, wurden der Geschoßbalken und die Geschoßdecke in diesem Bereich entfernt. Konstruktion und Profile der dabei in der Rücktraufe angelegten Küchenfenster sprechen noch für eine Umbauzeit im 16. Jahrhundert. Die außerordentlich starken Verrußungen der Küchenrückwand bis unter die Obergeschoßdecke und der Decke selbst dürften ein Hinweis sein, daß ein besteigbarer Schornstein noch nicht vorhanden war. Das allseits unverrußte Dachwerk schließt eine Rauchableitung in den Dachraum aus, sie wird im oberen Bereich durch die Rücktraufwand stattgefunden haben. Die Küchenfenster des 16. Jahrhunderts wurden später durch hofseitige Anbauten wieder zugesetzt. Für 1777 ist ein intensiver Ausbau des Hauses und die Schaffung hofseitiger Anbauten bezeugt, die mit dem Vorderhaus zusammen 61 Fuß Tiefe ausmachten. Zu diesem Zeitpunkt könnte der große, besteigbare Schornstein eingebaut worden sein. In der anderen Haushälfte blieb die Küche trotz der Umwandlung zum Mittelflurhaus im 19. Jahrhundert in Ecklage hinten rechts erhalten. Hier wurde der große besteigbare Schornstein 1925 beseitigt: "Entfernung des großen Kamins, da der alte große Kamin in der Küche einen großen Platz einnimmt".

Wallgasse 2/3 (d) 1566:
Das niedrige, traufständige Doppelhaus steht in Nachbarschaft zu anderen Gademen etwas zurückgesetzt in der Wallgasse, einer schmalen Quergasse zwischen Brünebrede und Ostwall. Ehe die beiden Haushälften 1983 wieder in einer Hand vereint werden konnten, wurden sie von einer Witwe bzw. von einem Gastarbeiter bewohnt. Bauherr und die frühen Bewohner sind uns noch unbekannt. 1763 bewohnt die rechte Haushälfte mit der Nr. 2 (Brandkatasternummer 266) die Soldatenwitwe Mollers, die ihren Lebensunterhalt durch Spinnen bestreitet. 1774 wird der Versicherungswert des Hauses mit 40 Talern angegeben, als Bewohner der Cond. H.J. Wallmeyer,

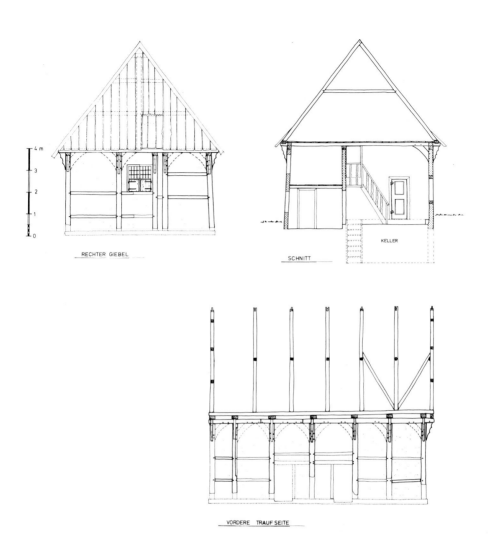

4 m
3
2
1
0

RECHTER GIEBEL

KELLER

SCHNITT

VORDERE TRAUF SEITE

7 Wallgasse 2/3, Doppelgaden. Giebel und Traufe: Rekonstruktion,
Zustand 1566; Schnitt: Bestand 1984.

1775 die Witwe Wallmeyer. 1800 lebt hier ein Tagelöhner, 1816 die
Witwe Westenhove. Die Nr. 3 (Brandkatasternummer 267 gehört 1772
der Witwe Ellendorf in Rietberg und bewohnt wird sie 1763 von dem
Spuler Christian Laumans, olim Linnentuchmacher, und seiner Frau.
Es folgen 1772 der Cond. Hölscher, 1774 der Cond. Hartmann und
1816 der Tagelöhner Pahlenkemper. Die Akten erwähnen, daß unter
der Nr. 266 im Jahre 1800 eine Ziege gehalten wurde. Beide Häuser
werden 1792 als eingeschossig, von drei Fach, 22 Fuß Breite und
15 bzw. 17 Fuß Länge angegeben. 1774 und 1816 haben die Häuser
(Haushälften) einen Versicherungswert von 40 bzw. 45 Talern.
Beide Häuser wurden im Verlaufe der Jahrhunderte mehrfach umgebaut. Am einschneidendsten war die Veränderung der Nr. 3 (links)
bei gleichzeitiger rückseitiger Erweiterung im Jahre 1777 (d).
Hier blieben praktisch nur die Dachbalken und das Dach aus der
Ursprungszeit übrig. Hingegen hatte das rechte Haus (Nr. 2) zur
bis Sanierung 1984-86 trotz starker Veränderung der Traufwände
nur geringe Substanzverluste erlitten, da im wesentlichen nur
Raumuntergliederungen unter Beibehaltung des Altzustandes stattgefunden hatten. Die geduckte Erscheinungsweise des Gebäudes
resultiert aus dem mehrfachen Anheben des Straßenniveaus, von dem
man zuletzt zwei Stufen in die Küche herabsteigen mußte. Eine
weitere Stufe führte in die rückwärtig gelegene Stube.
Wurde zunächst angenommen, daß das Dach jünger als der Wandkasten
sei, so wurde dies durch die Dendrochronologie widerlegt. Proben
von Sparren, Säule des Giebeldreiecks, Balken, Rähmen und Wandständern ergaben als einheitliches Baudatum 1566.
Die Rekonstruktion ergibt einen Baukörper von 6 Fach mit mittle-
rer Trennwand zwischen beiden Haushälften. Die Außenwände sind
nur zweifach verriegelt mit 12 cm schmalen und ständertiefen
Riegeln, die von vornherein für eine Backsteinausfachung angelegt
sind. Die oberen Gefache an der Straßentraufe haben eine Höhe von
156 cm, am rechten Giebel ist das größte Gefach sogar über 210 cm
breit und knapp 180 cm hoch. Ein fast vollständiger Kranz von
Kopfbändern umläuft das Gebäude.
Die Kopfbänder liegen ca. 8 cm zurück und werden von der hier
hochkant gestellten Backsteinaufachung verdeckt. Zwei niedrige
Türöffnungen unter einem breiten Sturz erschlossen jede Haushälfte von der Straße her, ein am rechten Giebel teilerhaltenes

8 Wallgasse 2, Vordertraufe. Gefach mit verdeckten Kopfbändern
  und zugesetzter Öffnung. Unten in der Ausfachung Bretter und
  Geschoßdecke des "Winkels".
9 Wallgasse 2, Vordertraufe: Selbes Gefach nach Entkernung.

Blockzargenfenster, oben ehemals kleinteilig bleiverglast und unten mit Holzläden versehen, beweist, daß einst recht große, aufwendige Fenster für Licht sorgten. Der schlechte Erhaltungszustand an der Rücktraufe ließ keine Aussage über einen einstigen Hofausgang zu, nachträglich war in der rechten Giebelwand ein solcher Ausgang geschaffen worden.

Das Dach kragt auf allen vier Seiten ca. 30 cm weit vor auf breiten, drei- und vierfach geschweiften Knaggen unter Dachbalken, Rähmen und verhälsten Hakenbalken. Eine der Knaggen ist mit Taustäben versehen. Das schlichte Kehlbalkendach ruht in ungebundenem System auf den Sparrenschwellen, die den Dachbalken aufgekämmt sind. Die Giebeldreiecke sind senkrecht brettverschalt.

Beide Haushälften enthielten zunächst ein gleichartiges Raumgefüge. Knapp 2/3 der Grundfläche nahm vorn die bis unter die Dachbalken reichende Küche ein. Im Gegensatz zum linken Haus ist beim rechten die Küche weiter unterteilt gewesen. Eingebaut war vorn rechts ein "Winkel", wie die zum Wohnen gedachten Küchenverschläge in den Quellen genannt werden. Der Winkel war zweigeschossig in einen höheren unteren Raum und eine niedrige Kriechbühne geteilt; der Bretterboden zwischen beiden lagerte nicht auf einem Geschoßbalken, sondern lag in der Backsteinausfachung von Vordertraufe und Winkelrückwand. Wie in der Küche waren auf der Bühne Decke und Wände durch Verrußung und Teerrückstände tiefschwarz eingefärbt, so daß entweder ein Teil der Bühne zur Küche hin offen gewesen sein müßte oder eine Heizstelle im Winkel ihren Rauchabzug hierhin hatte. Durch den Winkel war der eigentliche Küchenraum zu einem schmalen, winkelförmigen Raum geschrumpft, dessen Feuerstelle mittig vor der Wand zum Nebenhaus lag. Eine Aussparung in der Küchendecke des 16. Jahrhunderts weist auf eine Rauchabführung hin. Diese wird in einem Rauchschlot bestanden haben, da das Dachwerk völlig unverrußt ist. Rahmenspuren deuten auf einen hölzernen Schlot. In der Küche von Haus Nr. 3 konnte zusätzlich zur Straße hin ein Wasserstein als Ausguß nachgewiesen werden.Das größere hintere Hausdrittel war zweigeschossig geteilt . Die Bedielung der Geschoßdecke reichte am rechten Giebel (wie schon beim Winkel) durch die Ausfachung. Die Raumnutzung bleibt unbekannt, der gegenüber der Küche eingetiefte Untergeschoßraum mag für eine Webkammer sprechen.

Kurze Kesselstraße 13/15, um 1600:

Die Kurze Kesselstraße ist eine etwas von der Stadtmauer abgerückte Gasse im Freckenhorster Viertel. Die Straße säumten fast ausschließlich Gademe, die Seite zum Stadtinneren zumeist giebelständige, die Südseite mit den zur ehemaligen Stadtmauer gelegenen Hof- und Gartengrundstücken zumeist Traufgademe. Das Doppelhaus Nr. 13 (links)/15 (rechts) mit der Brandkatasternummer 362 ist ebenfalls in den Quellen erst wieder in der zweiten Hälfte des 18. Jahrhunderts faßbar. 1763 bewohnt die eine Seite der Wandmacher Everhard Büning mit seiner Frau und das andere Haus der Tagelöhner Dietrich Bellmann mit zwei kleinen Kindern - das dritte Kind ist zu dieser Zeit Schweinehirt in Westkirchen. Bellmann hat noch als Einlieger seine unvermögende Schwägerin und die Tagelöhnerwitwe Kock im Haus. 1772 werden der Notar Rupke - wie schon beim Haus Wallgasse 2/3 - als Eigentümer genannt, 1775 dann die Heßlings-Armen, eine bürgerliche Armenstiftung. Die Länge von 39 Fuß und die Breite von 30 Fuß entsprechen dem heutigen Baukörper. Weiter wird es von sieben Fach und mit 85 Talern Versicherungswert angegeben. 1793 ist im Haus ein Schornstein bezeugt, 1800 eine Ziege vorhanden, 1816 beherbergt es eine Tischler- und eine Wandmacherfamilie.

Nach 1817 bekamen beide Haushälften an der Rücktraufe einen eingezogenen Anbau. 1909 enthielt das Haus Nr. 13 vorn rechts die hohe Küche mit Geschoßtreppe, Fliesenboden, Deckenluke und dem besteigbaren Schornstein in der Trennwand zu Nr. 15. Hinter der Küche war die Waschküche zur Rücktraufe hin untergebracht, links von der Küche befanden sich drei hintereinander liegende Stuben und Kammern, darüber niedrige Räume. Unter der vorderen Stube war im späten 19. Jahrhundert ein Keller mit T-Träger-Decke eingebaut worden.

Auch bei Kurze Kesselstraße 13/15 konnte eine eingehende Bauuntersuchung leider erst 1982 nach weitgehender Entkernung stattfinden. Die dendrochronologische Untersuchung brachte kein gültiges Ergebnis, da nirgends Splintholz vorhanden war. Eine Bauzeit um oder kurz nach 1600 ist anzunehmen.

Das Wandgefüge von sechs Trauf- und vier Giebelfachen ist wiederum nur zweifach verriegelt, wobei die oberen Gefache an der Straßentraufe knapp 2 m, an der Rücktraufe etwas mehr als 2 m

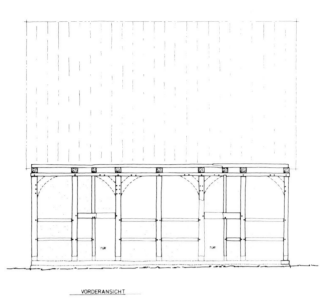

VORDERANSICHT

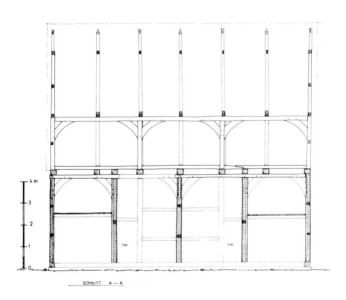

SCHNITT A — A

10 Doppelgaden Kurze Kesselstraße 13/15, Rekonstruktion um 16oo.

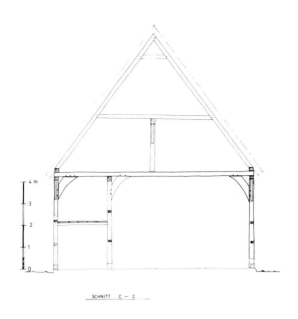

SCHNITT C — C

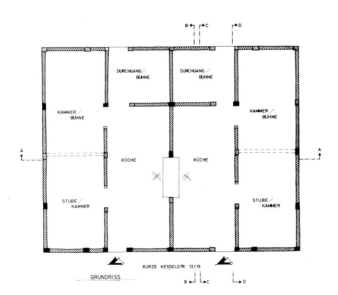

GRUNDRISS

KURZE KESSELSTR 13/15

11 Doppelgaden Kurze Kesselstraße 13/15, Rekonstruktion um 16oo.

95

hoch sind. Rillen oder sonstige Spuren für eine Lehmausfachung
fehlen. Die Stärke der Riegel beträgt in der Ansicht 10 - 11 cm
bei fast voller Ständertiefe: die Riegel sind wie bei den zuvor
genannten Bauten von vornherein für eine Backsteinausfachung
gedacht. An allen Hausecken befinden sich verdeckte, 7 cm zurückliegende Kopfbänder, zusätzlich an der Traufe Kopfbänder an jedem
zweiten Ständer, an den Giebeln ein zur Mitte weisendes Kopfband
am Bundständer für die innere Längswand. Das Dach kragt auf
keiner Seite vor. Ein einfacher Stuhl mit zwei Stuhlsäulen über
dem dritten und fünften Gebinde unterfängt die Kehlbalkenlage,
Kopfbänder gibt es nur im Längsverband.
Eine mittlere Querwand von vier Fachen trennt die beiden Häuser,
wobei im zweiten Fach ursprünglich eine beiden Häusern gemeinsame
Feuerwand vorhanden gewesen sein muß: hier waren nie Riegel
vorhanden. Später wurde an dieser Stelle für den massiven
Schornstein - mit Kaminen in jedem Haus - der Dachbalken zer-
trennt. Den zum Hausinnern gelegene 1 1/2 Fach breiten und 3 Fach
tiefen Küchen waren zum Giebel hin zweigeschossige Stuben und
Kammern, zur Hoftraufe hin zweigeschossig Hofzugang und Nebengelasse benachbart. Während die hintere Längswand konstruktiv den
Giebeln und der Mittelwand eingebunden ist, mußten für die Trennwand von Küche und Stube zur Einbindung in die Traufwände Zwi-
schenstiele in die Gefache gestellt, als oberer Wandabschluß ein
zusätzlicher Zwischen-Dachbalken eingelegt werden. Für die Belichtung sorgten relativ große Blockzargenfenster (Bleiver-
glasung/Klappen), wie sie sich an beiden Traufseiten resthaft
erhalten hatten.

Kurze Kesselstraße 2 (d) 1594:
Das kleine Häuschen Kurze Kesselstraße 2 ist zwar wie die vorher-
gehenden traufständig, aber nur ein Einzelhaus. Es wurde 1594 auf
dem Hofraum hinter dem Eckhaus Freckenhorster Straße 34 abgezimmert. Letzteres ist ein in den rückwärtigen Partien erhaltenes
eingeschossiges Wohndeelen-Giebelhaus von 1422 (d).
Da man hinter dem Haupthaus zumindest noch einen kleinen Hofraum
behalten wollte, konnte nur ein Einzelgaden Platz finden, zwischen traufständigen Bauten wegen des "Tropfenfalls" ein Traufen-
haus. Der Gaden von etwa 6,30 m Straßentraufe einschließlich der

70 cm weiten Vorkragung zum linken Nachbarn hin erhielt hinter
der Rücktraufe einen eigenen Hofraum unter dem 1,20 m weit auf
langen Kopfbänder vorkragenden Dach. Der schmale, aber tiefe
Baukörper umfaßt nur zwei weite Trauf und drei Giebelfache.
Traufen und zwei Fach des linken Giebels sind wiederum zweifach,
das hintere Feld des linken Giebels sogar nur einfach verriegelt.
Auch hier sind die schmalen Riegel wieder von vornherein für eine
Backsteinausfachung angelegt worden. Im Gegensatz zu den vorher-
gehenden Bauten finden sich an allen Gebäudeecken sichtbare,
wandbündige Kopfbänder. Die Vorkragung des linken Giebels wird
von Kopfbändern unter die drei Rähme und einen verhälsten Hakenbalken gestützt. Das Dachwerk, komplett im 18. Jahrhundert erneuert, ruht auf Sparrenschwellen. Die linke Haushälfte enthielt
in 2/3 der Haustiefe die hohe Küche, ihr rechts benachbart war
eine gleich hohe Kammer oder Stube. Ein Sturzriegel in Kopfhöhe
sonderte die hintere Küchenhälfte von der vorderen ab. Es war
nicht zu klären, ob dieser Sturz die untere Begrenzung eines
Rauchfangs oder einer Rauchbühne war. Der Wiem unter der Decke
entstammte nicht der Bauzeit. Zwischen Küche und Stube war, wie
schon bei Kurze Kesselstraße 13/15, ein Fach ohne Riegel angelegt, also als Feuerwand ausgebildet. Im hinteren Hausdrittel
schloß sich hinter der Küche ein hoher Wirtschaftsraum an, hinter
der Stube lagen, bei zweigeschossiger Aufteilung, Stall und
Bühne. Durchgreifende Umbauten erfolgten im 18. Jahrhundert. Die
rechte Giebelwand wurde aufgebrochen zugunsten einer größeren
Stube, die sich nun direkt an den Rückgiebel des Haupthauses
Freckenhorster Straße 34 lehnte. Anstelle der Feuerwand wurde ein
besteigbarer Schornstein mit Kamin geschaffen sowie ein Balkenkeller unter der Stube. Über das erweiterte Gebäude wurde ein
komplett neues Dach gezogen. 1986 wurde das Gebäude zugunsten
eines Neubaus abgebrochen.

Hohe Straße 24 (d) 1601:
Obwohl der verheerende Stadtbrand von 1741 große Teile des Ems-
und Münsterviertels in Schutt und Asche legte, blieb am Ende der
Hohen Straße vor der Stadtmauer am Emskolk ein Kleinhausensemble
verschont. Vier giebelständige Häuschen auf schmalen Kleinparzel-
len sind nur durch Soden voneinander geschieden.

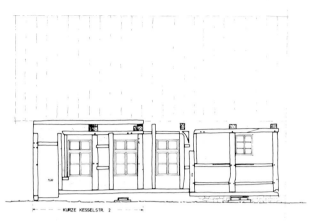

KURZE KESSELSTR. 2

BESTAND BEI AUFMASS

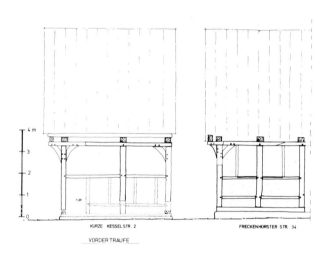

KURZE KESSELSTR. 2   FRECKENHORSTER STR. 34

VORDER TRAUFE

12 Traufgaden Kurze Kesselstraße 2 (1594) und zwei Fache des Hauses Freckenhorster Str. 34 (1422). Oben Bestand 1986, unten
   Rekonstruktion.

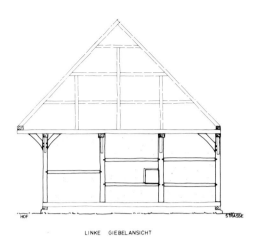

LINKE GIEBELANSICHT

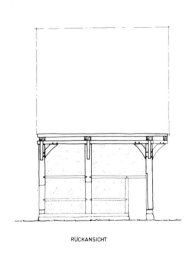

RÜCKANSICHT

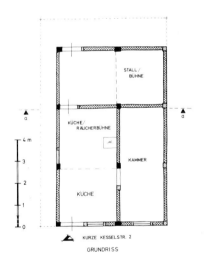

KURZE KESSELSTR. 2

GRUNDRISS

13 Kurze Kesselstraße 2. Grundriß und Giebelansicht 1594, Giebeldreieck 18. Jahrhundert.

Hohe Straße 24 (Brandkatasternummer 513) ist 1763 wahrscheinlich von dem Tagelöhner Joan Gleuninck und seiner Familie bewohnt. Ein Sohn ist Wandmachergeselle, ein anderer in Bonn verheiratet, ein dritter in Freckenhorst Schweinehirt. 1772 wie auch 1816 wird das Haus als eingeschossig, von sechs Fach, 27 Fuß Länge und 16 Fuß Breite bezeichnet. Versicherungswert von 50 Talern. 1768, 1772 und 1779 wird als Besitzer die Witwe Thier zu Münster genannt, als Bewohner Christoph Harting.

Während der durchgreifenden Sanierung 1982/83, (Ergebnis: Neubau) erfolgte die Bauuntersuchung. Der Kernbau von drei Fach Tiefe wurde im 18. Jahrhundert rückseitig um zwei Fach verlängert, das Gebäude zweigeschossig aufgeteilt. Die Geschoßbalken wurden der unteren Riegelkette aufgelegt, die Innenkopfbänder des Querverbandes beseitigt. Im 19. Jahrhundert erfolgte der Durchbau zum Seitenflurhaus, und über beide Bauteile wurde ein neues Dach gezogen. Für die Rekonstruktion ergibt sich ein dreifach verriegelter, hochwandiger, kopfband- und strebenloser einräumiger Wandständerbau von drei Giebel- und drei Trauffachen auf einer Grundfläche von 5,12 x 5,69 m mit vorkragendem Dach auf allen vier Seiten.

Eine Besonderheit ist, daß Traufseiten und Rückgiebel in den beiden oberen Gefachen eine 3 cm starke, senkrechte Brettausfachung enthielten. An der rechten Traufseite hatte sie sich erhalten, für die übrigen Seiten war sie durch saubere, 2 1/2 bis 3 cm starke Falze an Rähm, Ständern und Riegeln nachweisbar. Die 20 - 48 cm breiten Bretter liefen vor der oberen Riegelfolge, die für diesen Zweck um 3 cm zurückgesetzt war. Untereinander waren sie durch Nut und Feder verbunden und im unteren Falz sowie an den Riegeln mit Schmiedenägeln befestigt. Öffnungen im Bereich der Verbretterung waren nicht nachzuweisen. Die unteren Gefache hingegen enthielten von vornherein eine Backsteinausfachung. Die 45 cm weiten Giebel- und 30 cm weiten Traufvorkragungen ruhten auf 80 bzw 60 cm langen, 8 cm schmalen Knaggen, die unter die Dachbalken, die vorstehenden Traufrähme oder verhälsten Hakenbalken griffen. Außerordentlich sorgfältig und dicht war die Bedielung des Dachbodens vorgenommen worden. Die Bretter waren nicht nur untereinander mit Nut und Feder verbunden, sondern die Randbretter auch mit den Sparrenschwellen. Eine besonders starke,

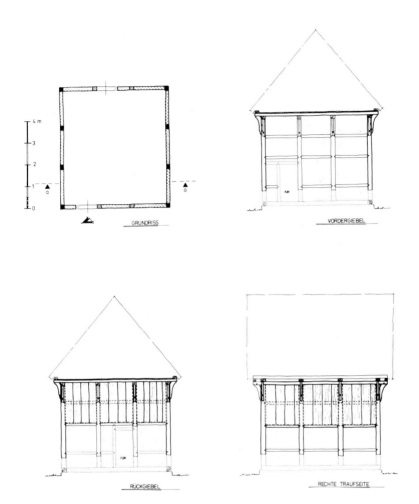

GRUNDRISS

VORDERGIEBEL

RÜCKGIEBEL

RECHTE TRAUFSEITE

14 Hohe Straße 24. Rekonstruktion des Zustandes 1601.

durch spätere Anstriche verdeckte Verrußung im Bereich des mittleren und hinteren Faches der rechten Traufwand gab den Bereich
der ehemaligen offenen Feuerstelle an. Es gab weder Anhaltspunkte
für ein Herdfundament, einen Feuerherd oder einen Funkenschirm,
so daß an eine Feuerstelle zu denken ist, wie sie die Feuerstät-
tenschätzung von 1589 beschreibt: "daß fürm par Jarn von dem
geden (Gaden) ein kostal gemacht, doch etliche steine daruf man,
wen der kostal von dannen geschafft, feur gemacht werden kan"
oder "für dz kleine gedemeken sagt sie, habe die stene nieder
gelecht".
Die Lage der Eingangstür am Vordergiebel kann durch ein Zapfenloch für einen Türriegel am linken Eckständer als gesichert
gelten. Der Sitz der Rückgiebeltür war nicht zu ermitteln, da die
zwei mittleren Ständer zu stark gekürzt waren. Eine Tür ist aber
anzunehmen, da sonst der Hofraum nicht hätte erreicht werden
können.
Für die junge Bauzeit von 1601 erscheint ein Einraumgaden zunächst ungewöhnlich. Ob das Haus von vornherein als Gaden errichtet worden ist oder ein Wirtschaftsbau war, konnte bisher nicht
geklärt werden. Für einen Gaden spricht, daß es unmittelbar
zwischen zwei ähnlich kleinen Wohnhäusern steht (links Kolkstiege
1 von d 1644, rechts Hohe Straße 22, wohl um 1600), daß der
Einraum die übliche Wohndeelen- bzw. Küchenhöhe aufweist und eine
Feuerstelle nachzuweisen ist.

Kurze Kesselstraße 14 (d) 1580:
Noch heute säumt die Nordseite der Kurzen Kesselstraße zwischen
Lange Kesselstraße und Lilienstraße eine Zeile von sechs schmalen
Giebelhaus-Gademen. Während die rechten drei im späten 19. Jahrhundert als hohe, zweigeschossige Backsteinhäuser erneuert wurden, haben sich die drei übrigen, besonders gut aber die Nr. 14
und 16 erhalten. Die gesamte Parzellenstruktur soll demnächst
aufgemessen, für die einzelnen Häuser eine Baudokumentation angefertigt werden.
Kurze Kesselstraße 14 (Brandkatasternummer 370) wird 1763 von dem
Tuchmacher und Bleicher Gerdt Kreckenberg mit Frau und Kind
bewohnt. Kreckenberg beherbergt vier weibliche Einlieger, von
denen drei Bleichermägde sind. 1781 und 1785 wird Dirk Dalmoller,

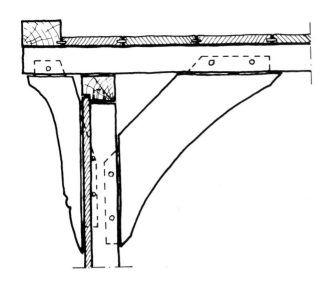

15 Hohe Straße 24. Gefügeknoten Traufvorkragung
   - Dachbalken.
16 Hohe Straße 24. Rück-
   giebel: linker Eckständer mit Giebelknagge,
   an Rähm und Ständer des
   Rückgiebels Falz für
   Verbohlung.

1816 der Schuster Anton Hollmann als Bewohner genannt. Für 1793 ist ein Schornstein im Haus belegt, 1800 wird das Gebäude als Gaden bezeichnet.

Das Wandgefüge des vier Fach tiefen und zwei Fach breiten Gebäudes ist zweifach verriegelt und abgezimmert mit wandbündigen sichtbaren Eckkopfbändern und Kopfbändern beidseits der Traufen-Mittelständer. Die sechs Sparrenpaare des Kehlbalkendaches (mit Hahnenbalken) ruhen auf Sparrenschwellen. Während das vordere Giebeldreieck zweifach auf Taustabknaggen unter den Rähmen und verhälsten Hakenbalken vorkragt, kragt das schlicht senkrecht verbretterte Rückgiebeldreieck nur auf einfachen Kopfbändern vor. Das heutige Raumgefüge stellt sich folgendermaßen dar: Ein schmales Flürchen führt in die Küche hinten rechts im Haus. Rechts des Flures liegt ein Stübchen von gut 1,60 m Raumbreite, dahinter, zur Küche hin, die schmale Geschoß- und Dachbodenstiege. In der Küche befinden sich die Hoftür, an der rechten Traufwand der Kamin mit dem besteigbaren Schornstein - der Rauchfang ist schon entfernt. Die etwas schmalere linke Haushälfte ist vorn in Stube mit Kriechkammer darüber und hinten in einen Halbkeller (Balkendecke) mit einer Upkammer darüber gegliedert. Da eine Sanierung nicht ansteht, sind detaillierte Aussagen über die erste Aufteilung nicht möglich. In das Gefüge integriert ist die Längswand links des Flures sowie die Wand zwischen linker Stube und Upkammer. Auf jeden Fall jünger (mit Fußstrebe) ist die rechte Flurwand. Dieser Befund gibt an, daß die rechte, mit 2,80 Metern etwas breitere Haushälfte ehedem ein schmaler hoher Raum mit Küchenbereich am hinteren Ende war, die linke Haushälfte zweiräumig geteilt war.
Das hochsitzende, z. T. in das Baugefüge eingezapfte Fenster links oberhalb der Haustür könnte ein Indiz sein, daß diese Hausseite schon von vornherein zweigeschossig geteilt war. Der Dachraum hat eine türhohe Giebelluke und wird belichtet durch ein aufwendiges Blockzargenfenster im Giebeldreieck mit (ehem.) Bleiverglasung und Klappen.

Für alle vorgestellten Kleinhäuser konnte nachgewiesen werden, daß sie in der zweiten Hälfte des 18. und im frühen 19. Jahrhundert durchweg von Mitgliedern der städtischen Unterschicht sowie

17 Giebelgademe Kurze Kesselstraße 16 und 14.

einfachen Handwerkern bewohnt wurden und zumeist gepachtet waren.
In den Häusern ist zudem eine starke Fluktuatioin zu beobachten.
Dies entspricht noch der Zeit des späten Mittelalters und der
frühen Neuzeit, für die aus den Quellen ähnliche Zustände zu
entnehmen sind, auch wenn die Belege keinen konkret lokalisierba-
ren Gademen zuzuordnen sind.

Solche Mietshäuschen kommen sowohl als Giebel- als auch als Traufenhäuser vor. Die bisher bekannten Giebelgademe sind Häuser mit
nur einer Wohnung, doch beherbergten sie trotzdem vielfach noch
Einlieger. Die untersuchten Traufenhäuser sind mit Ausnahme von
Kurze Kesselstraße 2 Doppelhäuser, wobei eine geschlossene Wand
jeweils beide Haushälften trennt, während die Dachböden in der
Regel durchlaufen oder nur durch eine primitive Bretterwand geteilt sind. Das Einzelhaus-Traufgadem bleibt in der Stadt ein
Sonderfall und resultiert aus dem nachträglichen Überbauen eines
engen Hofplatzes hinter einem Kaufmanns-Eckhaus.

Die meisten Gademe sind Traufenhäuser, ein Bautyp, der vom 15.
bis zum frühen 17. Jahrhundert für andere Wohnbauten, ob aus
Fachwerk oder Stein, nicht vorkommt. Selbst das Rathaus von 1413,
das seine lange Traufseite dem Markt zuwendet, war ursprünglich
giebelseitig erschlossen. Ausnahmen bilden die Niederlassung der
Clarholzer Prämonstratenser an der Probsteigasse (d=1607, Erweiterung d=1732) sowie einige Wirtschaftsgebäude. Die meisten Gademe wurden von vornherein als kleine Mietshäuser errichtet,
einige entstanden durch Umbau von Wirtschaftsgebäuden, so Klosterstraße 22, möglicherweise auch Hohe Straße 24. Die überbaute
Fläche der Gademe macht bei Hohe Straße 24 knapp 30 qm, sonst
zwischen 36 und 57 qm aus, wobei Zwischengeschosse zur Nutzfläche
noch hinzuzurechnen sind.

Die Raumgefüge der Gademe sind nur bedingt mit den gleichzeitigen
Wohndeelenhäusern der Handwerker und Kaufleute zu vergleichen.
Stellt sich 1601 Hohe Straße 24 bei extrem kleiner Grundfläche
noch als Einraumgaden dar, so zeigt das Giebelhaus Kurze Kesselstraße 14 schon ein stärker differenziertes Raumgefüge. Das Gebäude ist zweischiffig angelegt, die größere Haushälfte läuft von
Giebel zu Giebel durch und hat an ihrem hinteren Ende den Herd-
platz.

Bei den Traufgademen ist für den Untersuchungszeitraum ein deut-

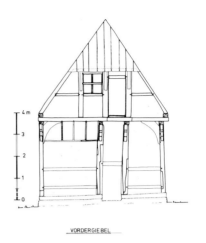

VORDERGIEBEL

18 Kurze Kesselstraße 14,
   Rekonstruktion.
19 Kurze Kesselstraße 14,
   zugesetztes Fenster von
   1584 im Giebeldreieck.

licher Wandel in Bezug auf die Lage der Küche zu konstatieren.
Die Küche ist der größte Raum des Hauses und reicht immer bis
unter die Dachbalken. Sie liegt im frühen 16. Jahrhundert noch
hofseitig orientiert hinten in einer Hausecke wie bei den Giebel-
gademen aber auch den meisten Bürgerhäusern des 15. bis 17.
Jahrhunderts. Ab der Mitte des 16. Jahrhunderts ist sie bei
Gaden-Neubauten ausschließlich vorn im Haus zur Straße angelegt
und enthält die Haustür. Im zwischenzeitlich abgebrochenen Doppelgaden Ostwall 28/30 sind die Küchen noch hausbreit und erstrecken sich über 2/3 der Haustiefe(9). Im etwas breiteren Haus
Wallgasse 3 von 1566 verhält es sich noch ebenso, in der anderen
Haushälfte Nr. 2 hingegen ist die Küche schon durch einen zur
Straße gelegenen Winkel reduziert. Das Hausdrittel oder Hausvier-
tel hinter der Küche enthält nur Nebengelasse wie Hofzugang,
Stall, Werkräume und Bühnen, aber auch Kammern und ist zumeist
zweigeschossig geteilt.
Eine konsequente Weiterentwicklung der Küche mit Winkel ist ihre
generelle Teilung in eine hohe flurähnliche Restküche und eine
zumeist zweigeschossige Wohnzone (Stube/Kammer). Bei Doppelhäu-
sern ist die Küche nun zum Hausinnern zur gemeinsamen Feuerwand
hin orientiert, die Stube in der Hausecke von Straße und Giebelwand plaziert. Die geringen Hausbreiten von bis zu drei Fachen
ließen nur schmale Küchen und Stuben zu.
Die Herdstellen der Gademe sind im 15. und 16. Jahrhundert noch
ohne Kamin und gemauerten Schornstein als offene Feuerstellen
angelegt. Herdstellen, die frei ein Stück vor der Fachwerkwand
auf dem Fußboden liegen, finden sich über den gesamten Zeitraum,
feste Feuerwände hinter der Herdstelle sind erst ab dem letzten
Viertel des 16. Jahrhunderts nachzuweisen. Für den Rauchabzug
hingegen ist keine klare Entwicklungstendenz auszumachen. Anfang
des 16. Jahrhunderts, aber auch 1601 entweicht der Rauch unterhalb der Küchendecke zur Außenwand hinaus, 1580 in den Dachraum,
1566 wird er durch einen hölzernen Rauchschlot über das Dach
geführt. Auch Rauchfänge waren nicht die Regel, nur für Kurze
Kesselstraße 2 konnte in der hinteren Küchenhälfte mit der Feuerstelle ein riesiger Rauchfang oder eine Rauchbühne festgestellt
werden.
An weiterer fester Ausstattung werden die Küchen Wassersteine

besessen haben, wie einer bei Wallgasse 3 in der Straßentraufe vorhanden war. Eigene Brunnen existieren nicht, die Häuser hatten entweder eine Brunnenberechtigung zum (ehemals) zugehörigen Haupthaus, in der Regel aber gehörten sie mit zahlreichen weiteren Kleinhäusern zu großen Brunnengemeinschaften. Für keines der untersuchten Häuser ist für die Bauzeit ein Keller gesichert, die vorgefundenen sind nachträglich eingebaut worden. Ob der giebelständige Gaden Kurze Kesselstraße 14 von vornherein einen Keller hatte, muß einer eingehenden Untersuchung vorbehalten bleiben. Keines der Gademe enthält ein Tor, wie es die häufig nicht viel größeren Wohndeelenhäuser der kleinen Handwerker haben. Alle sind durch eine vordere und wohl auch eine hintere Tür, häufig extrem niedrig, erschlossen. Für Belichtung und Belüftung sorgten ausreichend Fenster mit feststehender Bleiverglasung im oberen und Klappläden im unteren Bereich.

Besonders deutliche Entwicklungen in Bezug auf das Baugefüge sind nur am Anfang und Ende des Untersuchungszeitraumes festzustellen. Alle untersuchten Gebäude der Zeit von 1479 bis 1601 sind Wandständerbauten mit zum Teil zweigeschossigen Einbauten. Nur das früheste Gefüge, das 1479 als hochwandiger Wirtschaftsbau errichtete Haus Klosterstraße 22 wurde voll zweigeschossig mit eingezapften Geschoßbalken abgezimmert. Und auch nur dieses Haus zeigt die Eigentümlichkeit, daß die Dachbalken zur Straße zwar dem Rähm aufgelegt, zur Rücktraufe aber den Ständern wenige cm unter dem Rähm eingezapft sind.

Bis auf das jüngste sind die Wandgefüge durchweg zweifach (bei einzelnen Fachen auch nur einfach) verriegelt (ein Zapfnagel), wobei der älteste Bau an seiner Rücktraufe auch die höchsten Gefache (2,20 m), der späte Bau Kurze Kesselstraße 13/15 aber noch die zweithöchsten Gefache zeigt. Die konstruktive Wandaussteifung übernehmen ausschließlich Kopfbänder. Aus der Wand zurückspringende, durch die Ausfachung verdeckte Kopfbänder gibt es über den gesamten Zeitraum, während wandbündige, sichtbare Kopfbänder erst am Gaden Kurze Kesselstraße 14 von 1580 auftauchen - bei einem Bürgerhaus erheblich früher, z.B. Königstraße 6 von 1541. Für die Anordnung der Kopfbänder im Wandgefüge ist für diesen Zeitraum keine Entwicklung mehr festzustellen. Kopfbänder können sich an (fast) allen Ständern befinden oder in den Giebel-

ecken und paarig an jedem zweiten Ständer angeordnet sein. Beide
Grundarten und weitere Zwischenformen laufen nebeneinander her.
Die Ausfachung selbst besteht immer aus einer Backsteinausmaue-
rung. Die Riegel haben zum Zweck einer möglichst großen Back-
steinauflage fast Ständertiefe, sind dafür aber in der Ansicht
nur 10 - 12 cm breit.
Einzig der jüngste Gaden, Hohe Straße 24, besitzt ein anderes
Wandgefüge. Durch eine dreifache Verriegelung fallen die Gefache
deutlich niedriger aus, eine Ausstrebung der Wände unterbleibt.
Dafür enthalten die beiden oberen Gefache eine durchlaufende
wandbündige und eisengenagelte Brettausfachung.
Die Dachbalken liegen im Sinne eines gebundenen Systems den
Rähmen immer über den Wandständern auf, immer ist schon eine
Sparrenschwelle vorhanden - selbst schon beim Bürgerhaus Frecken-
horster Straße 34 von 1422 - wohingegen der Sparrenstand im 16.
Jahrhundert sowohl im gebundenen als im ungebundenen System vorkommt. Kehlbalkendächer ohne und mit einfach stehendem Stuhl sind
vorhanden, wobei die frühen Stühle (Klosterstraße 22 oder das
Hinterhaus von Krickmarkt 20 von 1509) außerordentlich lange
Kopfbänder zu allen vier Seiten der Stuhlsäulen zeigen, die
jüngeren Dachwerke der zweiten Hälfte des 16. Jahrhunderts hingegen kürzere Kopfbänder, die zumeist nur in die Stuhlrähme greifen. Zeigt das steile Giebeldreieck des Wohndeelenhauses Brünebrede 46 von 1444 noch eine Spitzsäule, so endet die Giebelsäule
bei allen nachfolgenden Bauten in einem hochsitzenden Kehlriegel
(so auch schon am Bürgerhaus Freckenhorster Straße 34 von 1422).
Die Anylyse der Baugefüge der Warendorfer Gademe unter Hinzuziehung einiger anderer älterer Warendorfer Fachwerkbauten ergibt,
daß diese sich zunächst weitgehend synchron zu den gleichzeitigen
münsterländischen Bauten verhalten. Kopfband-Wandgefüge sind im
Münsterland für das ausgehende 14. Jahrhundert belegt(10), die
Dachbalkenkonstruktion mit Sparrenschwelle ab der Mitte des 15.
Jahrhunderts(11). Beides ist für Warendorf ab 1422 nachgewiesen.
Auffällig in Warendorf ist das lange Nebeneinander einzelner
Gefügemerkmale während des gesamten 16. Jahrhunderts und das
Festhalten an ihnen bis weit in die zweite Hälfte des 17.
Jahrhunderts, trotz des Eindringens anderer Gefügeelemente in die
Stadt. Bei der großen Gefügekonstanz über einen Zeitraum von mehr

als 250 Jahren ist allerdings für die letzten Jahrzehnte zu beobachten, daß dies nur noch für kleine Handwerkerhäuser und Gademe gilt.

Anmerkungen

1. Paul Leidinger: Warendorf. In: Westfälischer Städteatlas, Lieferung II Nr. 15, Dortmund 1981.
2. Stefan Baumeier: Das Bürgerhaus in Warendorf. Ein volkskundlicher Beitrag zur Geschichte des Profanbaus in Westfalen, Münster 1974, S. 51 - 61, S. 203 - 205.
Stefan Baumeier: Die Häuser Wallgasse 2/3. Ein Doppelgaden des 16. Jahrhunderts. In: Warendorfer Kiepenkerl, Juli 1984, Warendorf 1984, S. 3 - 7.
3. Maria Schmidt: Das Wohnungswesen der Stadt Münster im 17. Jahrhundert, Münster 1965, S. 66 - 71.
Otto Sarrazin: Die Gademen, ein aus dem Stadtbild Münsters verschwundener Wohnhaustyp. In: Westfalen 49, Münster 1971, S. 144 - 154.
Helmut Lahrkamp: Münsters Bevölkerung 1665 = Quellen und Forschungen zur Geschichte der Stadt Münster NF 6, Münster 1972, S. 158ff.
Andreas Eiynck: Wohnbauten des 15. bis 17 Jahrhunderts. In: Lippstadt - Beiträge zur Stadtgeschichte, Lippstadt 1985, S. 440 - 443.
4. Frdl. Hinweis W. Fleitmann (Inventare der nichtstaatlichen Archive Westfalens: Warendorf, S. 224).
5. G. Ulrich Großmann: Das dendrochronologische Programm des Westfälischen Freilichtmuseums Detmold. In: Rheinisch-westfälische Zeitschrift für Volkskunde 26/27, Bonn-Münster 1981/1982, S. 264 - 268.
6. Dendrochronologie: Hans Tisje, Neu-Isenburg.
7. Fred Kaspar/ Andreas Eiynck: Baugeschichtliche Untersuchungen zur Johanniterkommende in Steinfurt. Ein Beitrag zur Entwicklung des mittelalterlichen Hausbaus in Westfalen. In Westfalen 63, Münster 1985, S. 65 - 103.
Fred Kaspar: Fachwerkbauten des 14. bis 16. Jahrhunderts in

Westfalen = Beiträge zur Volkskultur in Nordwestdeutschland 52, Münster 1986, S. 2 - 32.

8. Die Bewohner des Jahres 1763 sind - auch für die folgenden Bauten - entnommen: Mechthild Siekmann: Bevölkerung und Topographie der Stadt Warendorf 1763 = Quellen und Forschungen zur Geschichte der Stadt und des Kreises Warendorf 8, Warendorf 1984. Alle übrigen historischen Angaben: Stefan Baumeier: Bauhistorische Häuserliste der Altstadt Warendorf, Münster 1968, masch. Mskrpt. im Westfälischen Amt für Denkmalpflege Münster und im Stadtarchiv Warendorf.

9. Stefan Baumeier. 1974, Abb. 6.

10. Vgl. Anm. 7 sowie Fred Kaspar: Beiträge zur Frühgeschichte des Bürgerhauses. In: Nord-Süd-Unterschiede in der städtischen und ländlichen Kultur Mitteleuropas, hg. von Günter Wiegelmann, Münster 1985, S. 23 - 62.

11. Vgl. Andreas Eiynck: Mittelalterliche Fachwerkspeicher im Münsterland. In: Hausbau im Mittelalter II, Sobernheim/Bad Windsheim 1985, S. 87 - 113.

Abbildungsnachweis

Zeichnungen: Westfälisches Freilichtmuseum Detmold (Lehmann, Potthoff, Gerlach, Nikolay, Blandau; Rekonstruktionen: Baumeier)

Fotos: Pellinghaus, Warendorf (19)
Verlag Weber, Münster (2)
Westfälisches Amt für Denkmalpflege - Brückner (17)
Westfälisches Freilichtmuseum Detmold: Gerlach (9), Potthoff (5, 6, 8, 16)

Heinrich Stiewe

Ein Bauernhaus des frühen 16. Jahrhunderts aus dem östlichen Münsterland

Im Bereich des städtischen Hausbaus Westfalens ist es mit Hilfe der Dendrochronologie in den letzten Jahren gelungen, eine größere Anzahl von erhaltenen Fachwerkbauten des 14. und 15. Jahrhunderts zu ermitteln und damit die Kenntnisse zum spätmittelalterlichen Hausbau in bis vor wenigen Jahren nicht geahnter Weise zu erweitern (1). Weniger günstig schienen die Erhaltungsbedingungen im ländlichen Bereich zu sein, doch zeigten bereits die von A. Eiynck publizierten Speicher des späten 15. Jahrhunderts aus dem West- und Kernmünsterland, daß auch auf dem Lande wesentlich frühere Bestandsschichten als die bisher bekannten und durch Inschriften datierten, zu erwarten sind (2). Daß es sich bei diesen bislang ältesten, noch dem Spätmittelalter zuzurechnenden bäuerlichen Fachwerkbauten um Speicher handelt, verwundert nicht - gelten diese doch bereits seit langem als älteste, oft unmittelbar auf mittelalterliche Anlagen zurückgehende Hofgebäude (3).
Dagegen stammen die ältesten bekannten Bauernhäuser Westfalens erst aus der Mitte und in größerer Zahl aus der zweiten Hälfte des 16. Jahrhunderts (4). Das plötzliche Einsetzen größerer erhaltener Bestände in den Jahren 1560-1580 insbesondere im östlichen Westfalen und Lippe wurde einerseits mit Bevölkerungsanstieg und langanhaltendem bäuerlichen Wohlstand im 16. Jahrhundert, andererseits mit einem erheblichen Fortschritt des ländlichen Zimmermannshandwerks unter städtischem Einfluß zu erklären versucht (5). Erst die vermehrte Erschließung von Bestandsschichten, die in die Zeit vor 1550 zurückreichen, kann zu einer Klärung dieser Fragen und darüber hinaus zu neuen Erkenntnissen zum ländlichen Wohnbau des Spätmittelalters und der frühen Neuzeit beitragen.
Im Folgenden soll über ein kürzlich entdecktes Bauernhaus der ersten Hälfte des 16. Jahrhunderts aus dem östlichen Münsterland

berichtet werden, das über sein relativ hohes Alter hinaus für
die frühe Entwicklung des ländlichen Fachwerkbaus von einigem
Interesse sein dürfte:

Durch Zufall wurde der Verfasser im Dorf Westkirchen (Gemeinde
Ennigerloh, Kreis Warendorf) auf das äußerlich unscheinbar
wirkende Gebäude aufmerksam, dessen tief herabgezogene Kopfbandknaggen am Giebel auf ein Kerngerüst hohen Alters schließen
ließen (Abb. 1; 2). Eine daraufhin durchgeführte dendrochronologische Untersuchung ergab für die Bauhölzer des erhaltenen Kern-
gerüstes das Fälldatum "Ende 1525" (6). Damit ist von einer
Errichtung des Hauses in den Jahren 1525/26 auszugehen. Der heute
nur noch als Stall genutzte Bau ist das ehemalige Haupthaus des
früheren Hofes Beermann, Warendorfer Str. 75 in Westkirchen (7).
Während der größte Teil des alten Dorfkerns mit der Kirche am 13.
Juli 1868 einem Flächenbrand zum Opfer fiel, blieb der am nordwestlichen Rand des Ortes gelegene Hof zusammen mit dem Pfarrhof
und der Küsterei aufgrund der herrschenden Windrichtung vom Feuer
verschont (8).

In seinem äußeren Erscheinungsbild wird das Haus heute von einem
durchgreifenden Umbau des Jahres 1760 (Datierung am Sturz der
früheren Flett-Tür an der Nordseite) bestimmt, doch sind im
Innern noch wesentliche Teile des ursprünglichen Gefüges von
1525/6 erhalten: Als Kernbau läßt sich ein voll entwickelter
Vierständerbau mit Dachbalkenzimmerung von 5 Fach (6 Gebinden)
Länge rekonstruieren (Länge: 14,6 m, Breite: 10,8 m). Er besaß
eine ursprünglich etwa 4,35 m hohe und 5,5 m breite Deele und
2,25-30 m breite Seitenschiffe (Abb. 7). Die vorderen drei Fach
des Hauses werden von der Deele eingenommen; hier waren die auf
etwa 2,70 m Abstand stehenden Ständer durch eine mittlere Hillen-
riegelkette verbunden (heute durch moderne Stalleinbauten
gestört), über die Ständerköpfe ist ein 15/23 cm starkes Rähm
breitkant verlegt (Abb. 8; 9).

Die beiden anschließenden hinteren Fache bildeten das Flett des
Hauses mit einer hohen Lucht an der Südseite und einer niedrigen
nördlichen Lucht (Abb. 9; 10): Im dritten Fach der linken
Deelenseite geht das Rähm unvermittelt in einen kräftigen Unterzug (Luchtbalken) von 38/30 cm Stärke über, der an seiner Unterseite abgefast ist und von auffallend großen, gekehlten Kopfbän-

dern abgestützt wird. Auf der gegenüberliegenden Seite läuft das
Deelenwandrähm dagegen in normaler Stärke bis zur Rückwand des
Fletts durch, doch konnten hier am letzten Deelenständer die
Zapfspuren eines kräftigen, fast 40 cm hohen Unterschlagriegels
nachgewiesen werden, der von Kopfbändern gestützt wurde und eine
ebenfalls zwei Fach lange, aber nur halbhohe Lucht bildete. Die
alte Rückwand des Fletts, die zugleich den Rückgiebel des Hauses
bildete, wurde beim Umbau von 1760 beseitigt, um ein zweistöckiges Kammerfach anzubauen. Dabei wurde das alte Flett um ein
halbes Fach verkürzt und der Unterschlagriegel der niedrigen
Lucht entfernt, um an ihrer Stelle eine hohe Lucht von geringerer
Breite zu schaffen. Schließlich erhielt das Haus zu dieser Zeit
den für münsterländische Bauernhäuser typischen Wandkamin (9) und
die Flettküche wurde durch eine Scherwand von der Deele abgetrennt.

Das alte Dachwerk des Hauses ist als Kehlbalkendach zu rekonstruieren, dessen Sparren auf den Enden der Deckenbalken standen.
Es wurde beim Umbau von 1760 abgebrochen und unter Wiederverwen-
dung der meisten alten Sparren mit flacherer Dachneigung und
engerem Sparrenabstand neu aufgerichtet; dabei wurde nun auch
eine Sparrenschwelle eingefügt. Außerdem hat man die Vorkragung
des alten Torgiebels von 60 auf 36 cm verkürzt, dazu wurden die
alten Knaggen vorn abgesägt. Bemerkenswert ist, daß daneben am
rechten (erneuerten) Eckständer des Giebels eine zierliche, zweifach gekehlte Taubandknagge mit der irreführenden Datierung
"1566" in Zweitverwendung angebracht wurde (Abb. 2; 3; 4).
Auch die beiden Traufwände des Hauses wurden 1760 fast vollständig erneuert; anstelle des alten, weitmaschigen Gefüges wurde nun
dichteres Fachwerk mit zweifacher Verriegelung und Ziegelausmauerung eingefügt. Glücklicherweise blieben dabei jedoch große
Teile der alten Rähme und an der Nordseite sogar ein alter Ständer mit einem Wandkopfband erhalten, so daß das frühere Gefüge
weitgehend rekonstruiert werden kann. Außerdem konnte mit Hilfe
des nördlichen Traufrähms die ehemalige Hauslänge ermittelt werden und so der Nachweis erbracht werden, daß das Haus ursprünglich kein Kammerfach besaß - die alte Rückwand des Fletts bildete
zugleich den Rückgiebel des Hauses, der ebenso wie der erhaltene
Einfahrtsgiebel 60 cm weit vorgekragt war (Abb. 12; 13).

1 Westkirchen, Warendorfer Str.75. Einfahrtsgiebels, Zustand 1987
2 u. 3 Westkirchen Warendorfer Str. 75; Knaggen am Torgiebel:
links nachträglich gekürzte Knagge am rechten Torständer,
rechts zweitverwendete Knagge von 1566 am rechten Eckständer.

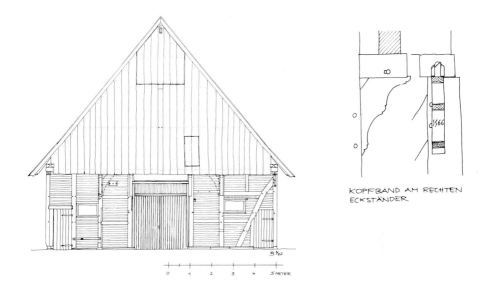

4 und 5 Westkirchen, Warendorfer Str. 75. Ansicht des östlichen
Giebels, Bestand 1987 und Rekonstruktion sowie Detailszeich-
nungen der Knaggen.

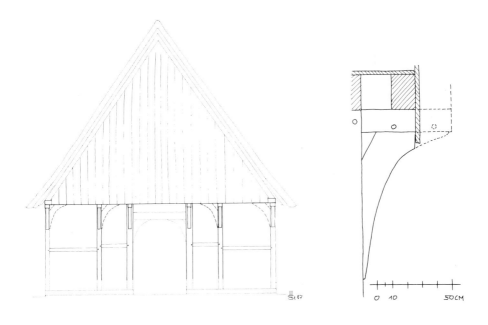

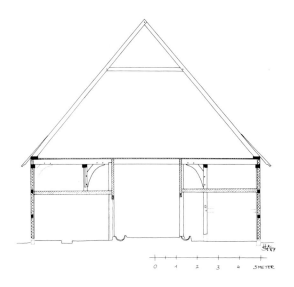

6 und 7 Westkirchen, Warendorfer Str. 75. Querschnitt im Deelen-
bereich; Bestand 1987 und Rekonstruktion

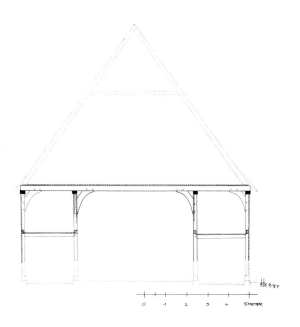

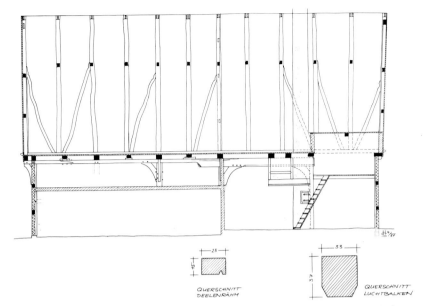

8 Westkirchen, Warendorfer Str. 75. Längsschnitt mit Blick zur
  linken Deelenseite. Bestand 1987 sowie Detailquerschnitte des
  Deelenwandrähms und des Luchtbalkens

9 Westkirchen, Warendorfer Str. 75. Längsschnitt mit Blick zur
  linken Deelenseite, Rekonstruktion (rekonstruierte Verbohlung
  durch Linien angedeutet)

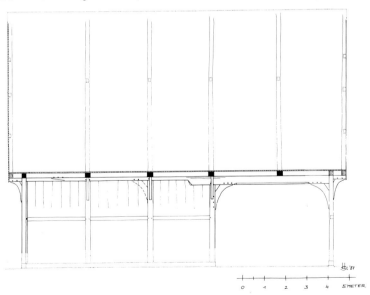

1o Westkirchen, Warendorfer Str. 75. Längsschnitt mit Blick zur rechten Deelenseite. Rekonstruktion (oben).

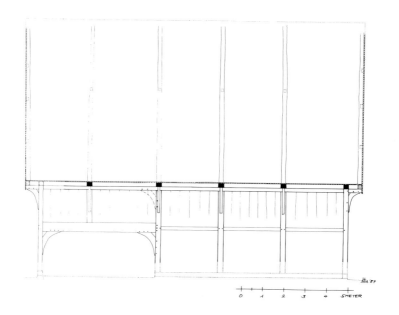

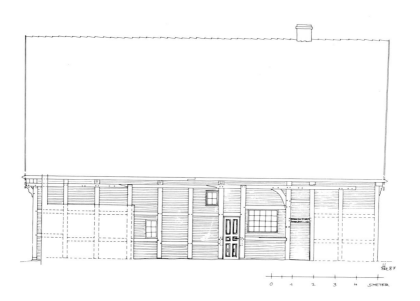

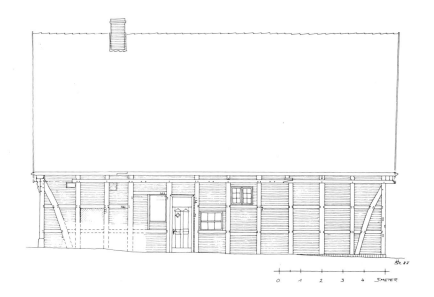

11 und 12 Westkirchen, Warendorfer Str. 75. Ansicht der nördlichen Traufwand, Bestand 1987 und Rekonstruktion

13 Westkirchen, Warendorfer Str. 75. Ansicht der südlichen Traufwand, Bestand 1987

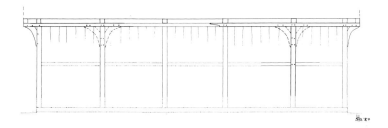

Ursprünglich bestand das Fachwerk der Traufseiten aus je sechs auf Gebindeabstand stehenden Ständern, die durch eine mittlere Riegelkette verbunden und durch gekehlte Kopfbänder mit dem Rähm verstrebt waren. Diese Kopfbänder, die auch an den Deelenwänden festgestellt werden konnten (10), waren an der Nordseite paarig, an der Südseite jedoch (soweit erkennbar) nur einseitig angeordnet und zurückliegend verzimmert (Abb. 11; 13).

Die erhaltenen Rähme von Deelen- und Traufwänden zeigen außerdem an ihrer Unterseite eine auffallend tiefe und sorgfältig ausgearbeitete Nut von dreieckigem Querschnitt (Abb. 8, Detail). Diese Nut verläuft kurz hinter der Vorderkante des Rähms und wurde offenbar hergestellt, indem man zunächst unmittelbar seitlich von den Ständern Bohrungen anbrachte und anschließend von diesen ausgehend die Nut ausstemmte. Dagegen sind die gewöhnlichen Nuten, wie sie häufig zur Befestigung von Stakhölzern für Lehmflechtwerkfüllungen verwendet wurden, in der Regel weniger tief und sorgfältig gearbeitet. Demnach handelt es sich hier offenbar nicht um Nuten für Lehmflechtwerkfüllungen; vielmehr deutet dieser Befund darauf hin, daß das Fachwerk der Deelenwände und Traufseiten des Westkirchener Hauses ursprünglich von hölzernen Bohlen geschlossen wurde, die mit ihren zugespitzten Enden in diese Nuten im Rähm eingeschoben waren und bündig mit den Vorderseiten der Ständer eine glatte Holzwand bildeten. Die zurückliegenden Kopfbänder und vermutlich auch die Riegel wurden durch diese wohl etwa 3 cm starke, zu rekonstruierende Bohlenverkleidung verdeckt.

Dagegen konnte am Einfahrtsgiebel keine derartige Bohlennut nachgewiesen werden; obwohl auch hier das Fachwerk nur eine mittlere Riegelkette und zurückliegende Kopfbänder besaß, muß von einer ursprünglichen Gefachfüllung aus Lehm oder möglicherweise auch bereits aus Backsteinen ausgegangen werden. Allerdings war das vorgekragte Giebeldreieck mit einer in die Sparren eingenuteten Verbohlung bzw. Verbretterung versehen, was durch im heutigen Dachwerk wiederverwendete Giebelsparren mit Nuten belegt werden kann.

Fachwerkwände mit eingenuteten Bohlenfüllungen dieser Art konnten in Westfalen bisher bereits häufiger an spätmittelalterlichen städtischen Bauten sowie an ländlichen Nebengebäuden nachgewiesen

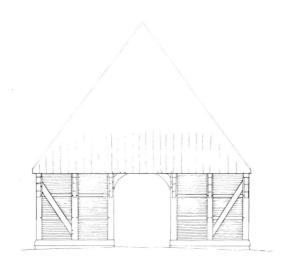

14 und 15 Gräftenhof Schulte Dernebockholt bei Albersloh, Schafscheune von 1558/59 (d). Ansicht des westlichen und des östlichen Giebels, Rekonstruktion

werden (11). Das zur Zeit älteste Beispiel eines bäuerlichen
Wirtschaftsgebäudes mit einer erhaltenen Verbohlung der Außenwände ist die Schafscheune des Gräftenhofes Schulte Dernebockholt
bei Albersloh, die dendrochronologisch auf 1558/59 datiert werden
konnte (12) (Abb. 14-17). Das Gebäude, ein Wandständerbau von 9
Gebinden, zeigt trotz späterer Umbauten (Erhöhung des Sockels mit
Einbau neuer Schwellen nach 1715 d, völlige Erneuerung des Dachwerks) noch wesentliche Teile der ursprünglichen Verbohlung an
den Traufwänden und dem hinteren Giebel. Allerdings war auch hier
- vergleichbar den Beobachtungen in Westkirchen - der vordere,
der Hofeinfahrt zugewandte Giebel nicht verbohlt, sondern wohl
bereits von Anfang an mit Backsteinen ausgefacht und damit offensichtlich als Schaufassade gestaltet. Die erhaltenen Bohlenwände
dieser Scheune bestehen aus 2,5 cm starken und 30-45 cm breiten
Eichenbohlen, die oben zugespitzt sind und in eine dreieckige Nut
im Rähm zwischen den Ständern eingeschoben sind. Die zurückliegenden Kopfbänder und Riegel des Wandgefüges werden durch die
Bohlen verdeckt, die mit den Vorderseiten der Ständer eine geschlossene, bündige Holzwand bilden. In gleicher Weise hat man
sich wohl die ursprünglichen Bohlenwände des Westkirchener Hauses
vorzustellen.
Ein weiteres, dem Westkirchener Bauernhaus vergleichbares Gebäude
steht in dem früheren Wigbold (Minderstadt) um das ehemalige
adelige Damenstift in Freckenhorst (Gemeinde und Kreis Warendorf)
(13). Bei dem Haus Gänsestraße 1 am Ortsrand von Freckenhorst
handelt es sich um einen Vierständerbau von 8 Gebinden, der
dendrochronologisch 1548/49 datiert ist und der aufgrund seiner
topographischen Lage sowie in seiner erkennbaren Bau- und Raumstruktur noch eher dem dorflich-bäuerlichen als dem klein-
städtisch-bürgerlichen Hausbau zuzurechnen ist (14) (Abb. 18-20).
Der abgebildete rekonstruierte Längsschnitt (Abb. 20) zeigt wie
in Westkirchen eine drei Fach lange Deele, an die sich ein Flett
mit einer hohen Lucht von zwei Fachen anschließt. Im Gegesatz zu
dem Westkirchener Beispiel besaß dieses Haus jedoch bereits von
Anfang an ein zweigeschossiges Kammerfach, das ursprünglich im
Obergeschoß in einen saalartigen Raum und eine kleinere Kammer
aufgeteilt war. Weiterhin springt im Unterschied zu Westkirchen
die rechte Deelenwand im ersten Fach zum Einfahrtstor hin 90 cm

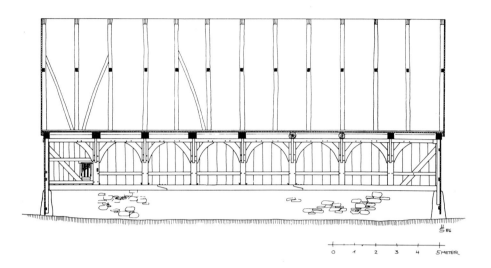

16 und 17 Gräftenhof Schulte Dernebockholt bei Albersloh, Schafscheune: Längsschnitt, Zustand 18./19. Jahrhundert, Ansicht
der südlichen Traufseite, Rekonstruktion

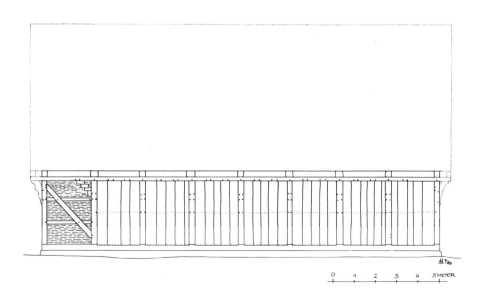

weit vor. Ob es sich bei diesem Einbau ursprünglich um einen dem
bäuerlichen Vorschauer vergleichbaren Stallraum oder um einen
städtisch beeinflußten Stubeneinbau handelte, muß noch durch
weitere eingehende Bauuntersuchungen geklärt werden (15).
Auch in seinem konstruktiven Gefüge zeigt das Haus wesentliche
Übereinstimmungen mit dem Westkirchener Bau:
Das weitmaschige Wandgefüge besaß ursprünglich zu weiten Teilen
nur eine Riegelkette und wird lediglich durch einzelne zurückliegende Kopfbänder verstrebt. Die beiden verbretterten Giebeldreiecke sind auf gekehlten Kopfbandknaggen 60 cm weit vorgekragt. Das hohe Sparrendach wird durch einen mittig stehenden
Stuhl ausgesteift, dessen Stuhlsäulen durch lange Kopfbänder mit
dem Stuhlrähm und den Kehlbalken verstrebt sind. Ob ein solcher
Dachstuhl ursprünglich auch in Westkirchen vorhanden war, kann
nicht mehr geklärt werden, da das Dachwerk beim Umbau von 1760
völlig erneuert worden ist. Schließlich konnten auch am Hause
Gänsestr. 1 in Freckenhorst in den Endbalken der Giebel sowie in
den Traufwandrähmen dreieckige Nuten beobachtet werden, doch
scheinen hier die Wände von Anfang an Lehmgefache mit Ausstakung
besessen zu haben. An der rechten Deelenwand sind noch einige
große, relativ dünne Lehmtafeln erhalten, deren engstehende,
senkrechte Staken im Rähm und in den nur 7 cm starken Riegeln
eingenutet sind. Allerdings sind diese Nuten im Unterschied zu
Westkirchen deutlich weniger tief und sorgfältig eingeschnitten;
auch stoßen sie nicht unmittelbar an die Ständer.
Dieses Beispiel zeigt, daß Lehmfachwerk- und Bohlenständerbau in
der ersten Hälfte des 16. Jahrhunderts offenbar noch nebeneinander vorkamen und es daher einer sehr genauen Bestandsaufnahme und
Untersuchung der Bauspuren bedarf, um diese beiden Bautechniken
zweifelsfrei zu unterscheiden.

Zusammenfassung
Das 1525/26 erbaute Haus Warendorfer Str. 75 in Westkirchen
gehört zu den ältesten derzeit bekannten Bauernhäusern Westfalens
und Nordwestdeutschlands. Damit konnte erstmals auch im östlichen
Westfalen ein bäuerliches Haupthaus ermittelt werden, dessen
Entstehungszeit wesentlich vor das Jahr 1550 zurückreicht (16).
In seinem weitmaschigen Gefüge läßt das Westkirchener Haus ebenso

18 Freckenhorst, Gänsestr. 1, Straßenansicht von 1927

wie die beiden weiteren angeführten Beispiele aus der Mitte des
16. Jahrhunderts einen engen Zusammenhang mit den spätmittelalterlichen Kopfbandgefügen erkennen, wie sie aus zahlreichen westfälischen Städten spätestens seit dem 15. Jahrhundert belegt
sind. Bemerkenswert ist darüber hinaus die Tatsache, daß in
Westkirchen 1525/26 bereits ein voll ausgebildeter Vierständerbau
mit einer auffallend hohen Deele errichtet wurde - ging man doch
bisher davon aus, daß bäuerliche Haupthäuser im Münsterland
"...bis in die Mitte des 16. Jahrhunderts noch als niedrige
Zweiständerbauten mit tragendem Innengerüst errichtet wurden"
(17). Auch hier werden enge Beziehungen zum städtischen Hausbau
des Spätmittelalters deutlich. Kulturräumlich verweist das Westkirchener Gefüge mit seinen auffallend breiten Knaggen am Giebel
und seinen kräftig geschwungenen Kopfbändern eher in ostwestfä-
lische Zusammenhänge als etwa das Freckenhorster Beispiel, das
mit seinen schmalen Kopfbandknaggen und schwächer gekehlten Kopfbändern stärker westlich geprägt erscheint.
Die besondere baugeschichtliche Bedeutung des Westkirchener Bauernhauses liegt aber vor allem darin, daß hier in größerem Umfang
Bohlenwände nachgewiesen werden konnten; zudem konnten erstmals
Spuren von verbohlten Deelenwänden beobachtet werden. Damit kann
hier auch aus dem Bereich des ländlichen Wohnbaus Westfalens ein

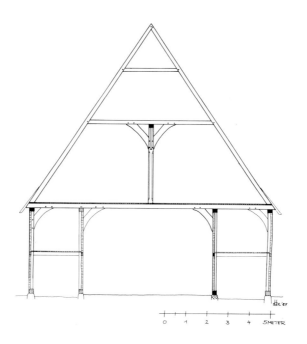

19 u. 2o Freckenhorst, Gänsestr. 1, Querschnitt vor dem 4. Gebinde und Längsschnitt mit Blick zur rechten Deelenseite, Rekonstruktion

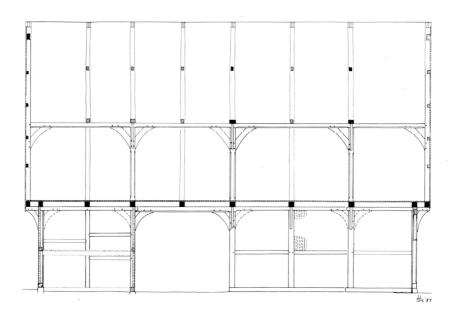

Beispiel für die Bauweise des Bohlenständerbaus beigebracht werden, deren bisher unterschätzte Bedeutung in der Entwicklungsgeschichte des mittelalterlichen Holzbaus erst jüngst von F. Kaspar überzeugend herausgearbeitet worden ist (18). Die Füllung des Fachwerks mit eingenuteten Bohlen konnte bereits am 1398/99 (d) erbauten Hauptgebäude der Johanniterkommende in Burgsteinfurt nachgewiesen werden; im städtischen Fachwerkbau Burgsteinfurts sind Bohlennuten an Fachwerkwänden bis etwa 1530 anzutreffen (19). In Warendorf war am Haus Hohe Str.24, einem kleinen giebelständigen Gaden von drei Gebinden aus dem Jahrfe 16o1 (2o) bis zur Sanierung 1982 noch eine senkrechte Verbohlung der Traufwände erhalten, die nach Baumeier (1976, 1987) in die Ständer eingenutet und vor die Riegel genagelt war (20).

Noch bis vor wenigen Jahren stand auf dem früheren Hof Greiwe in Dumte bei Borghorst (Kr. Steinfurt) ein sehr altertümliches Bauernhaus, das sicherlich ebenfalls noch in die erste Hälfte des 16. Jahrhunderts zu datieren ist (21). Es handelte sich um einen großen Zweiständerbau mit Dachbalkenzimmerung, der eine Flettdeele mit niedrigen Luchten sowie ein anschließendes Kammerfach enthielt. Die verbretterten Giebeldreiecke waren auf dreifach gekehlten Kopfbandknaggen weit vorgekragt. Zuletzt waren die Gefache - soweit erkennbar - mit Backsteinen ausgemauert, doch besaß der Bau offenbar zurückliegend verzimmerte Riegel, die erst nachträglich durch vorgenagelte Bretter ständerbündig aufgedoppelt worden sind. Weiterhin sollen sich unter den Abbruchhölzern des Hauses einige Hölzer mit tiefen Nuten befunden haben (22). Diese Beobachtungen, insbesondere die zurückliegenden Riegel, sprechen dafür, daß auch dieses Bauernhaus ursprünglich mit Bohlenwänden errichtet worden ist.

Weiterhin hatte der Verf. jüngst Gelegenheit, das ältere Kerngerüst eines Bauernhauses aus Klein-Haddorf bei Borghorst zu besichtigen, das von dort in den Ortskern von Wettringen (Kr. Steinfurt) versetzt worden ist (23). Während die Außenwände des Hauses dem 18. Jahrhundert angehören, hat sich im Innern ein wesentlich älteres Zweiständergerüst mit Dachbalkenzimmerung und ehemals geneigten Deelenständern erhalten, das noch aus der ersten Hälfte des 16. Jahrhunderts stammen dürfte. Dabei konnte am Endbalken des Rückgiebels wiederum eine ungewöhnlich tiefe,

dreieckige Nut beobachtet werden, die auf eine ursprüngliche
Verbohlung dieser Wand schließen läßt.
Auch das erst kürzlich bekanntgewordene Kerngerüst eines Bauernhauses mit Dachbalkenzimmerung aus der Nähe von Gronau im äußersten Nordwesten Westfalens an der niederländischen Grenze, das
dendrochronologisch auf 1509 5 datiert werden konnte und somit
als das derzeit älteste Bauernhaus Westfalens gelten darf, soll
ursprünglich verbohlte Wände besessen haben (24).
Im Spätmittelalter scheint der Bohlenständerbau in größeren Teilen Westfalens und Niederdeutschlands verbreitet gewesen zu sein;
seit langem ist etwa das gehäufte Vorkommen von Bohlenständerbau-
ten in der Lüneburger Heide bekannt (25). Dort ist eine größere
Anzahl von vollständig verbohlten Bauernhäusern überliefert, die
aus der Mitte bzw. der zweiten Hälfte des 16. Jahrhunderts stammen (26); auch hielt sich diese Bauweise in der Heide länger als
in den meisten anderen Regionen, wo die Bohlenwände an städtischen und ländlichen Wohngebäuden schon frühzeitig (spätestens um
die Mitte des 16. Jahrhunderts) durch Lehm- und Backsteinausfach-
ungen verdrängt wurden. Allerdings konnte sich der Bohlenständerbau auch in Westfalen an einigen ländlichen Nebengebäuden noch
bis ins 18./19. Jahrhundert halten, und verbretterte Nebengebäude
wurden in dieser Gegend noch bis weit ins 19. Jahrhundert häufig
errichtet (27).
Mit dem hier vorgestellten Bauernhaus aus Westkirchen und einigen
weiteren Beispielen wurde versucht, einige neue Ergebnisse zu
verdeutlichen, die in der Erforschung des ländlichen Hausbaus in
Westfalen unlängst erzielt werden konnten. Noch bis über die
Mitte des 16. Jahrhunderts hinaus ist ein enger Zudsammenhang mit
dem spätmittelalterlichon Fachwerkbau der Städte zu beobachten;
insbesondere konnte wahrscheinlich gemacht werden, daß parallel
zu der Entwicklung in den münsterländischen Kleinstädten der
Bohlenständerbau auch im ländlichen Wohnbau des Münsterlandes
noch bis in die erste Hälfte des 16. Jahrhunderts eine nicht
unbedeutende Rolle gespielt haben muß. Um hier zu gesicherten
Aussagen zu gelangen, ist es jedoch unerläßlich, durch vermehrten
kombinierten Einsatz von Dendrochronologie und Bauforschung auch
auf dem Lande die ältesten Bestandsschichten in größerer Breite
zu erfassen. Möglicherweise steht die ländliche Hausforschung in

Westfalen erst am Anfang von ähnlich spektakulären und weitreichenden neuen Ergebnissen, wie sie seit längerem bereits aus Süddeutschland, aber auch aus Niedersachsen und Schleswig-Holstein oder dem Rheinland bekannt geworden sind (28).

Anmerkungen

1. Zu den wichtigsten Ergebnissen vgl.:
Kaspar, F.: Fachwerkbauten des 14. bis 16. Jahrhunderts in Westfalen. Unter Mitwirkung von St. Baumeier, Ch. Dautermann, A. Eiynck, G.U. Großmann, Th. Spohn, H. Stiewe, K. Terlau (Beiträge zur Volkskultur in Nordwestdeutschland, H. 52), Münster 1986. Eiynck, A./Terlau-Friemann, K./Kaspar, F.: Der älteste Fachwerkbau Westfalens. In: Wiegelmann, G./Kaspar, F. (Hgg.): Beiträge zum städtischen Bauen und Wohnen in Nordwestdeutschland (Beiträge zur Volkskultur in Nordwestdeutschland), erscheint voraussichtl. Münster Ende 1987 (Stiftsgebäude in Asbeck von 1339d). Großmann, G.U.: Der Fachwerkbau. Das historische Fachwerkhaus, seine Entstehung, Farbgebung, Nutzung und Restaurierung. Köln 1986.
2. Eiynck, A.: Mittelalterliche Fachwerkspeicher im Münsterland. In: Hausbau im Mittelalter II (Jahrbuch für Hausforschung, Sonderband), Sobernheim/Bad Windsheim 1985, S. 87-113. Vgl. auch im selben Band: Dautermann, Ch.: Über zwei spätmittelalterliche Kirchhofspeicher aus Billerbeck, S. 115-126.
3. Vgl. Eiynck 1985 (wie Anm. 2), S. 109 sowie Eggert, A./Schepers, J.: Spieker, "Bauernburgen", Kemenaden. Bäuerliche Speicherbauten im Münsterland. Münster 1986, S. 3ff.
4. Hier nur einige bekannte Beispiele:
"um 1525" Haupthaus des Hofes Kuhlmeier in Kohlstädt, Kreis Lippe (Schepers, J.: Haus und Hof wesf. Bauern, 4. Aufl. Münster 1977, Taf. 163-164); 1558 Hof Pinke-Meier bei Mettingen, Haupthaus (ebenda, Taf. 84); 1574 Hof Schulze Lohoff bei Laer, Kr. Steinfurt (Aufmaß A. Eiynck); 1575 Hof Schulte Steinhorst-Pellengahr bei Ascheberg (Eiynck 1985, Wie Anm. 2, S. 113, Anm. 52.
5. Vgl. Kaspar 1986 (wie Anm. 1), S. 8ff; sowie Stiewe, H.: Lippische Bauernhöfe des 16.-19. Jahrhunderts (Schriften des Lippischen Landesmuseums, Bd. I), Detmold 1985, S. 9.
6. Dendrochronologische Datierung durch das Büro Tisje, Neu-Isenburg (finanziert mit Forschungsmitteln des Westf. Amtes für

Denkmalpflege, Münster).

7. Für tatkräftige Unterstützung beim Aufmessen und der Untersuchung des Gebäudes danke ich Herrn Andreas Eiynck, Münster; ebenso Herrn Fred Kaspar, Münster, für freundliche Unterstützung und konstruktive Diskussion der Ergebnisse.

8. Zur Ortsgeschichte von Westkirchen vgl.:
Hölker, K. (Bearb.): Bau- und Kunstdenkmäler von Westfalen, Kreis Warendorf, Münster 1936, S. 501ff; sowie Männerchor Westkirchen (Hrsg.): Westkirchen in Zeit und Bild, Westkirchen 1970.

9. Nach Angaben der Besitzer war der Kamin an der nicht mehr erhaltenen Sturzbohle des Rauchfanges inschriftlich 1761 datiert. Die starke Verrußung des Kerngefüges zeigt, daß das Haus vorher ein offenes Herdfeuer ohne Schornstein besaß.

10. Die rechte Deelenständerreihe ist im Stallteil in ihrem oberen Teil z. Zt. nicht zugänglich.

11. Vgl. dazu den Beitrag von F. Kaspar in diesem Band sowie Kaspar, F.: Vom Stabholz- zum Fachwerkbau. Überlegungen zur Frühgeschichte des Holzbaus in Nordwestdeutschland. In: Wiegelmann/Kaspar (Hgg.) 1987 (wie Anm. 1).

12. Aufmaß durch den Verfasser nach einem Hinweis von Dr. F. Kaspar im Auftrage des Westf. Amtes für Denkmalpflege, Münster; eine Besprechung des Gebäudes in größerem Zusammenhang erscheint bei Kaspar 1987 (wie Anm. 11).

13. Zur Geschichte des Wigboldes und der Stadt Freckenhorst vgl. Bau- und Kunstdenkmäler von Westfalen (wie Anm. 8), S. 49-56.

14. Ein Teilaufmaß des Gebäudes wurde dem Verf. dankenswerterweise von Dr. F. Kaspar und Dr. A. Eiynck zur Verfügung gestellt.

15. Eine eingehende Bestandsaufnahme und bauhistorische Untersuchung des Gebäudes durch den Verf. ist vorgesehen. Dabei sollen noch offene Fragen wie etwa die ursprüngliche Form der linken Flettlucht sowie die späteren Umbauten möglichst geklärt werden.

16. So konnte etwa im Kreis Lippe, der für seinen reichen Bestand der 2. Hälfte des 16. Jh. bekannt ist, bisher kein Bauernhaus der Zeit vor 1550 ermittelt werden. Das z. Zt. älteste datierte Bauernhaus Lippes ist das Haupthaus des Meierhofes in Leopoldshöhe-Asemissen von 1555/56 d; ferner wurde auf dem Hof Haverich in Lage-Wellentrup 1765 beim Bau eines Leibzuchthauses das Gerüst eines Haupthauses von 1553 wiederverwendet (beide Gebäude vom

Verf. aufgemessen). Das bei Schepers (1977, wie Anm. 4) "um 1525" datierte Zweiständer-Haupthaus des Kuhlhofes in Kohlstädt konnte bisher noch nicht dendrochronologisch überprüft werden.

17. Zit. nach Eiynck 1985 (wie Anm. 2).

18. Kaspar, F./Eiynck, A.: Baugeschichtliche Untersuchungen zur Johanniterkommende in Burgsteinfurt. Ein Beitrag zur Entwicklung des mittelalterlichen Holzbaus in Westfalen. In: Westfalen 63, 1985, S. 65-103; Kaspar 1986 (wie Anm. 1); Kaspar 1987 (wie Anm. 11); vgl. auch den Beitrag von F. Kaspar in diesem Band.

19. Kaspar/Eiynck 1985 (wie Anm. 18); zu Burgsteinfurt vgl. außerdem Eiynck, A.: Häuser, Speicher, Gaden. Städtische Bauweisen und Wohnformen in Steinfurt und im nordwestlichen Münsterland vor 1650 (Diss. masch. schr.) Münster 1986. Z.B.: Bütkamp 18 (1495 d), Gaststege 4 (um 1500), Kirchstr. 19 (1519 d).

20. Vgl. Baumeier, S.: Das Bürgerhaus in Warendorf. Ein volkskundlicher Beitrag zur Geschichte des Profanbaus in Westfalen, Münster 1974, S. 59 und 107 sowie Abb. 172. (Die dendrochronologische Datierung (1601) wurde aus dem Beitrag von S. Baumeier in diesem Band übernommen, s. S. 97 ff.; Red.) - Auch in Telgte konnte in dem um 1800 umgebauten Hause Königstr. 35 "als Kerngerüst ein eingeschossiger Dachbalkenbau von mindestens 5 Gebinden mit verdeckten Kopfbändern und tiefer Nut im Rähm" (der linken Traufwand) beobachtet werden (zit. nach Kaspar, wie Anm. 1, S. 219). Der Kernbau des Hauses ist 1500 (d) datiert.

21. Freundliche Mitteilung von A. Eiynck, Münster. Rekonstruierendes Aufmaß und bei Foto Schepers (wie Anm.4), Taf.36f.,Abb.93.

22. Schepers (a.a.O.) hält die Aufdoppelungen der Riegel für ursprünglich und bezeichnet sie als "nutbildende Bohlen", die "für die Austakung der Lehmgefache ... auf Riegelbohlen genagelt" seien. Andererseits rekonstruiert er aber am Einfahrtsgiebel im oberen Teil der Kübbungen eine Verbretterung bzw. Verbohlung, die vor die mittleren Riegel genagelt ist. Schließlich sollen beim Abbruch im Januar 1976 eine Reihe von Hölzern mit dreikantigen Nuten zutage gekommen sein (freundliche Mitteilung von Herrn Bauunternehmer W. Gövert, Borghorst).

23. Gemeinsame Besichtigung mit A. Eiynck, Ch. Dautermann und H. Michels im Mai 1987. Ein Aufmaß des Hauses ist bei J. Schepers (wie Anm. 4), Tafel 35 wiedergegeben.

24. Vgl. Zeitungsbericht in den "Westfälischen Nachrichten" (Münster) vom 2. Mai 1987. Das Haus wird zur Zeit von Erhard Preßler (Interessengemeinschaft Bauernhaus e.V. Emsland) bauhistorisch untersucht.
25. Zur ursprünglichen Verbreitung des Bohlenständerbaus vgl. Kaspar (s.Anm. 11); zur Lüneburger Heide vgl. Eitzen, G.: Holzbauten der Lüneburger Heide. In: Lüneburger Blätter 1950, 30-45.
26. Durch neuere Untersuchungen des Landwirtschaftsmuseums Lüneburger Heide in Hösseringen, Kr. Uelzen konnten zwei weitere frühe Bauernhäuser mit Bohlenwänden ermittelt werden: Lintzel, Kr. Uelzen, Hof Sohl (1550/51 d, Aufmaß H. Michels, Münster), sowie Wettenbostel, Kr. Uelzen, Hof J. Jürgens (1574/75 d, Aufmaß durch Verf.).
27. Vgl. Kaspar (wie Anm. 11 und 18).
28. Zu Süddeutschland vgl. u. a.: Bedal, A.: Neue Materialien zum Firstsäulenbau im Kraichgau. In: Hausbau im Mittelalter (Jb. f. Hausforschung 33), Sobernheim/Bad Windsheim 1983, S. 299-317; Bedal, K.: Bäuerliche Bauten des späten Mittelalters in Nordbayern, ebenda, S. 377-422; Becker, B.: Dendrochronologie in der Hausforschung am Beispiel von Häusern Nordbayerns, ebenda, S. 423-441; Kirchner, W./W.: Spätmittelalterliche Bauernhäuser im Bereich von Altmühl und Donau, ebenda, S. 319-376.
Zu Niedersachsen und Schleswig-Holstein vgl. u.a.: Bedal, K.: Ländliche Ständerbauten des 15.-17. Jahrhunderts in Holstein und im südlichen Schleswig, Neumünster 1977; Grote, R.-J.: Der ländliche Hausbau in den Vierlanden unter der beiderstädtischen Herrschaft Hamburgs und Lübecks bis 1869. Diss. Hamburg 1982. Holst, J.-Ch.: Zwei kleinstädtische Hallengerüste von 1410 und 1411 in Mölln/Lauenburg. In: Hausbau in Lübeck (Jb. f. Hausforschung 35, 1984/86), S. 237-256. Zum Rheinland vgl. vor allem: Eitzen, G.: Niederrheinische Bauernhäuser des 15. bis zum Beginn des 18. Jahrhunderts (Führer und Schriften des Rheinischen Freilichtmuseums u. Landesm. f. Volkskunde in Kommern, 19) Köln/Bonn 1981.

Abbildungsnachweis
Abb. 18: Westf. Amt für Denkmalpflege, Münster, Bildarchiv.
Abb. 19-20: Zeichnung vom Verf. nach Aufmaß Kaspar / Eiynck (mit eigenen Ergänzungen). Übrige Abbildungen vom Verfasser.

Jahrbuch für Hausforschung 36/37 1986/1987

Klaus Püttmann

Aspekte der Fassadengestaltung im profanen Holz- und Steinbau zwischen 1500 und 1700

1873 erschien bereits die zweite Auflage von J. B. Nordhoff: "Der Holz- und Steinbau Westfalens" (1). Nordhoff war damit einer der ersten, der sich neben dem traditionellen Steinbau auch dem Holzbau systematisch zu nähern versuchte. Schon im nachfolgenden Jahrzehnt folgten ihm zahlreiche Autoren, die nun ihr Augenmerk der Holzbaukunst widmeten. Verwiesen sei hier nur auf die bereits überregionale Behandlung Carl Lachners von 1887: "Geschichte der Holzbaukunst in Deutschland" (2).

In dieser Zeit rückt also die Fachwerkarchitektur in den Blickpunkt des Forschungsinteresses und bemerkenswerterweise von Beginn an als eine klar abgesetzte Gruppe neben dem Steinbau. Es wurden jetzt Gebiete mit vorwiegendem Holzbau unterschieden von jenen mit maßgeblichem Steinbau. Im Steinbau wiederum differenzierte man zwischen Backstein-, Bruchstein- und Quaderbauweise, und zwar nicht allein um ihrer unterschiedlichen Konstruktion willen, sondern verstärkt unter dem Aspekt ihrer ästhetischen Wirkung.

Es erscheint daher nicht unerheblich, daß diese klaren Trennungen in eben jener Zeit angelegt werden, die eine Materialgerechtigkeit als ästhetisches Mittel der Architekturgestaltung propagierte. Diese Auffassung "befreite" damals auch zahlreiche Steingebäude von ihrem eigentlich originalen Verputz, um in den zweifelhaften Genuß jener Materialwirkung zu kommen. Eine der Konsequenzen dieser Sicht ist auch das Lob des hohen Gestaltungswertes des Materials - Holz - im historischen Fachwerkbau. Die Bedeutung der Materialwirkung ist jedoch gerade hier wohl falsch beurteilt worden. Inzwischen wird dieses Thema, insbesondere in der Forschung, wesentlich differenzierter gesehen, doch läßt sich gerade in der Praxis nur langsam ein Umdenkungsprozeß feststellen.

Im folgenden seien einige Gedanken zusammengefaßt, die hier zu

einer weiteren Differenzierung beitragen mögen; und zwar in der
Bewertung von historischer Fassadengestaltung, deren ursprünglichen Absichten und auch der zugrunde liegenden Baumentalität.
Innerhalb des spätmittelalterlichen und frühneuzeitlichen Fachwerkbaus lassen sich für die Fassaden zunächst zwei Gestaltungs-
weisen unterscheiden. Zum einen jene, die das Holz als gleichsam
formbares Element nutzt. Hier verwendet man beispielsweise gebo-
gene Fußbänder, zum Teil mit "Nasen" versehen, und nimmt immer
wieder eine seitliche Beschnitzung der Holzteile vor. Dies tritt,
wie wir wissen, vor allem in den süddeutschen Landschaften ver-
mehrt auf. Erweitern ließe sich diese Gestaltungsabsicht letztlich auch um Elemente wie die K-Strebe und das Andreaskreuz, bei
denen die Fassade ebenfalls mit den Holzteilen selbst "ornamen-
tiert" wird. Hier kommt dem Holz ein wesentlicher Gestaltungswert
zu. Davon absetzen läßt sich hingegen jene Vorgehensweise, bei
der das in der Fassade auftretende Holz als Oberfläche gesehen
wird. Diese Fläche kann auf technisch einfache Weise bearbeitet
werden und als Reliefträger dienen. Hier nutzt man Ständer,
Riegel, Brüstungsbohlen, Schwelle, Torbögen und Knaggen. Diese
beiden voneinander abgesetzten "Methoden" mischen sich durchaus,
erscheinen mitunter an ein und demselben Bau und so soll auch
nicht eine umfassende Systematisierung hier angestrebt werden,
sondern ein Einkreisen des zweitgenannten Phänomens.
Als Beispiel eines Fachwerkbaus, dessen Fassade diese Relieferie-
rung aufweist, sei zuerst auf die Ratsweinschänke in Hildesheim
von 1612 verwiesen (Abb. 1). Sie macht deutlich, welche Wirkung
die Umwandlung der Fachwerkteile in Reliefträger erzielen kann.
Mit Hilfe der Balustersäulen zwischen den Fenstern, den kleinen
Konsolknaggen, den Reliefplatten unter den Fenstern ist hier der
Fachwerkbau quasi "verschwunden" und es wird eine äußerst vorneh-
me Steinfassade vorgespiegelt. Gleiches gilt zum Beispiel auch
für das Haus Wedekind von 1598, ebenfalls in Hildesheim (Abb. 2).
Bei dieser Ornamentierung läßt sich damit jene Übernahme von
Motiven aus dem Steinbau feststellen, von der vielfach betont
wird, daß sie mit der Wende zum 17. Jahrhundert im Fachwerkbau
einsetzt. Die vorliegenden Gebäude haben diese einzelnen Motive
zu einem vollständigen Konzept zusammengefügt.
Als weitere Dekorelemente, die vom Steinbau ausgehen und im

1 Hildesheim,
  Ratsweinschänke

2 Hildesheim,
  Haus Wedekind

3 Halberstadt,
  Breiterweg 3o

Fachwerkbau um 1700 häufig erscheinen, sind insbesondere der Zahnschnitt, der Eierstab und der Bogenfries zu nennen. Sie alle sind bekannt aus der steinernen Renaissance-Architektur. Die Tendenz zur "Versteinerung" der Fachwerkfassaden läßt sich in dieser Zeit zunächst allgemein beobachten, das Kammerzellhaus in Straßburg mag hier als süddeutsches Beispiel genannt werden. Doch gibt es einen sehr deutlichen Schwerpunkt dieser Tendenz in dem Gebiet zwischen Magdeburg, Halberstadt über Braunschweig bis nach Osnabrück. Damit eigentlich in einem bisher kulturell nicht definierten Raum. Für diesen Raum seien nun zwei Fragen aufgeworfen:
1. Ist die Orientierung des Fachwerks am Steinbau wirklich nur eine vorübergehende, zeitlich eng begrenzte Erscheinung?
2. Inwieweit wird eine "Verschleierung" des eigentlichen Baumaterials vorgenommen, mit welchen Mitteln und vor allem welcher Absicht?
Um den zeitlichen Rahmen abstecken zu können, muß der Blick auf die Anfänge der reliefartigen Fachwerkornamentierung überhaupt gerichtet werden. In Ost-Westfalen liegen diese im 16. Jahrhundert und erreichen im Grunde erst in dessen zweiter Hälfte mit der Stilepoche der Renaissance einen nennenswerten Umfang. Weiter östlich jedoch ändert sich das Bild erheblich. Hier finden sich Belege dieser Dekorationsweise bereits in großer Zahl aus dem Spätmittelalter, d. h. in gotischer Formensprache. So besitzt das Haus Breiterweg 30 in Halberstadt (Abb. 3) - wohl Anfang des 15. Jahrhunderts entstanden - Knaggen, die in völligem Gegensatz zur eigentlich zeitüblichen, langen, einfach gekehlten Form stehen, indem sie geradezu perfekt maßwerkbesetzt Steinkonsolen imitieren. Aus dem frühen 16. Jahrhundert lassen sich nun Belege finden, bei denen die Motive der gotischen Steinarchitektur bereits die gesamte Fassade bestimmen. So sind die Braunschweiger Häuser, Hagenbrücke 12 von 1523 und Reichsstraße 7, das ähnlich zu datieren ist (Abb. 4 und 5), reich mit Laubstab, Maßwerk, Dreipässen und Krabben besetzt, sowohl Ständer als auch Knaggen und Brüstungsbereiche sind in ein Gesamtkonzept einbezogen. Selbst die Brüstungsbohlen, deren Entstehung zumeist erst mit dem Renaissancedekor gesehen wird, sind hier schon für den gotischen Dekor in Anspruch genommen, so z. B. an dem Haus Alte Waage 20 in Braunschweig, entstanden um 1530 (Abb. 6).

4 Braunschweig, Hagenbrücke 12

5 Braunschweig, Reichsstraße 7   6 Braunschweig, Alte Waage 2o

Wir kennen nun den aufwendigen Steindekor mit gotischem Maßwerk
etc. vor allem aus dem Kirchen- und Rathausbau, gerade Münster
bietet hier geeignete Beispiele, doch auch für den privaten
Wohnbau sind Belege erhalten (3). Eine nicht unwichtige Differenz
wird insofern bestehen, als daß die steinernen Bürgerhäuser zumeist sparsamer in der Dekoration waren. Das Braunschweiger Haus
Reichsstraße 1 - um 1520 - (Abb. 7) mag hier als Beispiel angeführt sein. Insbesondere für den Privatmann war die Ausführung
jener reichen Ornamentierung zwangsläufig sehr aufwendig; es sei
denn, er errichtete einen Fachwerkbau, der wesentlich leichter
mit den eindrucksvollen Formen zu versehen war.
Eine ganz wesentliche Bedeutung kommt in diesem Zusammenhang auch
der farbigen Behandlung zu. So ist zu vermuten, daß die glatten
Flächen häufig gefaßt waren, so daß z. B. Maßwerkfriese, in der
"billigeren" gemalten Form, die bestehende Dekoration ergänzen
konnten. Auf der anderen Seite hängt die Wirkung der Ornamente in
der Fachwerkfassade ganz wesentlich von ihrer Farbfassung ab.
Eine grelle, glänzende Farbigkeit, wie sie heute gern verwendet
wird, scheint wenig am Platze, vielmehr ist an die stumpfe Farbigkeit der Kalkschlemme zu denken, wie sie auch im Steinbau
gebraucht wurde. So führt die Farbfassung Steinfassade und Fachwerkfassade unter Umständen in ihrer Wirkung sehr nah zusammen.
Ein Beispiel solcher Farbgebung soll noch an einem späteren Bau
gezeigt werden. Damit läßt sich zunächst festhalten, daß es
prinzipiell schon sehr früh zu einer Fluktuation der Ornamentik
vom Stein zum Fachwerk kommen kann, daß darüber hinaus wohl
selten an Materialgerechtigkeit gedacht wird, sondern vielmehr
ein eher unbeschwerter Umgang mit den Möglichkeiten vorliegt.
Jene gotischen Dekorformen, wie Maßwerkfriese, Aststab, Vorhang-
bögen etc., sind im aufwendigen profanen Steinbau ebenso "inter-
national" verbreitet wie im Kirchenbau. Belege finden sich letztlich in ganz Europa. Hingegen scheint die frühe Übersetzung des
Steindekors in den Fachwerkbereich, also schon beginnend im 15.
Jahrhundert, ein eher begrenztes Phänomen zu sein. In Deutschland
beschränkt es sich weitgehend auf das genannte Gebiet zwischen
Magdeburg und Osnabrück, wobei sich quasi ein ost- west-verlau-
fender Streifen zwischen dem nördlich gelegenen Backsteingebiet
und südlicheren Landesteilen wie z. B. Hessen mit seinem ganz

7 Braunschweig,
  Reichsstraße 1

8 Stadthagen,
  Niedernstraße 42

9 Quedlinburg, Breite Str. 4o-42

andersartigen Fachwerk abzeichnet. Dem Osten wird dabei eine Vorrangstellung zukommen, während es nach Westen hin zumeist mit zeitlicher Verzögerung auftritt, um schließlich in Westfalen "auszulaufen". Das Münsterland z. B. kennt diese Formen bereits fast nicht mehr. Gerade für die frühe Zeit muß diese Fachwerkornamentik im wesentlichen den Städten vorbehalten gewesen sein. Hier ist wiederum bemerkenswert, daß neben den Hochburgen wie Halberstadt und Braunschweig auch die im Mittelalter bedeutenden Hellwegstädte Soest und Dortmund Belege aufweisen. So haben sich allein in Soest fünf Fachwerkschwellen mit Maßwerkfriesen erhalten.

Wenden wir uns nun jenen Dekorformen zu, die im Verlaufe des 16. Jahrhunderts insbesondere in dem vorgenannten Gebiet erscheinen und große Verbreitung finden. Neben Rudimenten der gotischen Epoche, wie z. B. dem Aststab und dem Treppenfries werden jetzt Motive wie das Tauband, die Fächer- oder Muschelrosette und der Perlstab aufgenommen. Das Tauband, schon an den romanischen Taufsteinen dieser Region zu finden, die Muschel als festes Gestaltungselement früher Renaissancearchitektur und der Perlstab mit seinen Wurzeln in der antiken Baukunst sind zunächst als Motive Derivate der Steinornamentik. Diese Ableitung besteht damit für die genannten Motive prinzipiell und unabhängig von nachfolgenden Einschränkungen. So reduziert sich z. B. bei einem Bauernhaus, das einige Elemente wie eine taubandgeschmückte Schwelle und einzelne Fächerrosetten aufweist, der Bezug zur Steinarchitektur offensichtlich fast völlig. Er ist nicht mehr im Bewußtsein des Bauherrn wie des Schnitzers. Die Ornamente werden hier nur mehr zum modischen Design, das man übernehmen will. Dies sind jedoch die Ausläufer jener Entwicklung und nicht ihre Initiierungsstücke, so daß sie über den Beweggrund ihrer Entstehung nichts aussagen.

Wie eng die Verbindung zum Steinbau bleiben kann, läßt der Stadthagener Bau Niedernstraße 42 erkennen (Abb. 8). Seine rekonstruierte Farbigkeit zeigt auch hier ein Zurückdrängen der Holzkonstruktion und, gerade im unteren Bereich, eine von der Konstruktion unabhängige Ornamentierung. Diese konnte ebenso gut an einem Steinbau auftreten.

Am ehesten müßte sich eine Hervorhebung des Baumaterials Holz

auch in dieser Zeit an den Knaggen zeigen lassen, sind sie doch
originärer Bestandteil des Fachwerkbaus. Die vorherigen Ausfüh-
rungen zeigten, daß in den "Hochburgen" des umrissenen Gebietes
diese schon früh "rücksichtslos" umgeformt wurden. Für weite
Teile des Raumes lassen sich im 16. Jahrhundert weit einfachere
Knaggenformen feststellen, doch auch diese entwickeln in gewisser
Weise eine "Steinmentalität". Bereits die mehrfache Kehlung der
Knaggen widerspricht genau genommen dem Verlauf der Druckkräfte,
die das Holz abfangen soll. Zugleich werden sie sofort mit Tau-
bändern und Reliefs besetzt und wandeln sich alsbald in kleinere
Voluten- und Konsolknaggen. Schließlich sind sie völlig durch die
knaggenlose Stichbalkenvorkragung ersetzt, die dem Bau den "Ma-
kel" des einfachen Fachwerkbaus völlig nehmen kann. Auch die für
Quedlinburg typische Form belegt hier den spielerischen, ja un-
konstruktiven Umgang mit dem Stichbalkenkopf (Abb. 9).
Am ehesten als klassische Formen der Fachwerkgestaltung lassen
sich die Schnürrollen - zumeist auf Füllhölzern - begreifen. Sie
treten in der Steinarchitektur so nicht auf. Doch auch hier läßt
sich feststellen, daß die dortigen Motive im einzelnen, d. h.
Kehle/Wulst, Kerb- oder Schuppenband, Rhombenband und Perlstab,
wiederum bereits unabhängig von der Fachwerkschnitzerei existieren und hier quasi zweitverwendet sind. Allein durch die Tatsache, daß die Füllhölzer selbst - eben als Konstruktionsbestand-
teil - eine Sache des Fachwerkbaus sind, entwickeln sie eine
gewisse Eigendynamik. An dem Wiedenbrücker Haus Neupförtnerwall 5
von 1615 (Abb. 10) läßt sich zeigen, daß auch bei sparsamer
Dekorierung noch lange nicht das Fachwerk an Bedeutung gewinnen
soll. Wenn man hier für die Füllhölzer und die Schwelle eine
durchaus mögliche einfarbige Fassung annimmt, würde wieder -
gerade bei diesen Motiven - ein Natursteincharakter evoziert.
Zusammen mit der Ziegelausmauerung ergäbe sich nun eine Sand-
stein/Backstein-Kombination, wie sie gerade in Westfalen in dieser Zeit modern wird.
Ein weiteres Beispiel für die Übernahme von bereitstehenden
Schmuckformen ist das Beschlagwerkornament. Hier existieren - und
gleiches gilt auch für eine Reihe vorhergenannter Motive - frühe
Beispiele auch an Truhen, Altären und Emporen oder Kaminrahmungen
jener Zeit. Diese sind jedoch ebensowenig Ausgangspunkt für die

Verbreitung moderner Formen, wenn auch sicherlich Katalysatoren. Zurückgegriffen wird bei den Möbeln, der Kleinarchitektur, wie den Fachwerkfassaden, auf Vorlagenbücher, Ornamentstiche und gebaute Vorbilder. So verbreitete sich das Beschlagwerkornament in starkem Maße durch die Vorlagenstiche des holländischen Kupferstechers Vredemann de Vries. Es wurde auffälliger Schmuck zahlreicher Adelssitze der Renaissance, insbesondere im norddeutschen Raum, und erreichte schließlich auch die Bürgerhäuser. Hier wie dort erscheint es in der Steinarchitektur häufig als feingearbeitete Rahmung der Fenster und Türen, sowie an Giebeln und Ausluchten. Die Erstellung dieser Steinreliefs war zwangsläufig besonders aufwendig und zeugte daher auch von besonderem Reichtum. Mit der Übernahme des Beschlagwerks in die Fachwerkfassade - auf deren Ständer, Riegel- und Brüstungsbohlen - war es möglich, eine weit großzügigere Reliefierung vorzunehmen. Damit übertraf die Fachwerkfassade den Steinbau in ihrem Reichtum an Ornamentik. Da nun die Formen dieselben waren, stellt sich die paradoxe Situation ein, daß gerade die Fachwerkbauten in besonderem Maße aufwendige Steinfassaden zeigen konnten. Besonders deutlich wird dies an Gebäuden, deren Fassade beide Materialien aufweist, wie z. B. bei dem Haus Papenstraße 32 in Lemgo (hier ist dem steinernen Bau ein Fachwerkgiebel aufgesetzt) (Abb. 11 und 12). Dieses Beispiel zeigt noch ein weiteres. Erst in neuester Zeit wieder in ihren Urzustand zurückgeführt besitzt die Fassade eine Farbfassung, die aus noch vorhandenen Befunden rekonstruiert wurde. Hier adaptiert nun in starkem Maße die Farbigkeit der Fachwerkornamentik jene der Steinarchitektur. Der Unterschied zwischen den Materialien ist aufgehoben und auch nur so wird die Fassade zu einer Einheit.

Bereits die wenigen gezeigten Beispiele und die Auflistung der verwendeten Motive lassen erkennen, daß eine Trennung zwischen "reiner" Holzarchitektur und dem Steinbau hier in dieser Weise gar nicht beabsichtigt war. Wir müssen vielmehr davon ausgehen, daß in dem genannten Gebiet zunächst die Steinarchitektur und ihre Dekorformen als vornehm galten, doch in aufwendiger Form gerade für den Privatmann regelrecht zu teuer waren. Dieser wollte jedoch auf eine reiche Ornamentik nicht verzichten. Die leichte Bearbeitungsweise des Holzes bot zudem die Möglichkeit,

10   Wiedenbrück, Neupförtnerwall 5
11, 12   Lemgo Papenstraße 32

ganze Themenprogramme anfertigen zu lassen und somit auch eine weitere Form der Selbstdarstellung wahrzunehmen. Ich kann hier nur andeuten, daß die reichhaltigen bildlichen Szenen, die sich an den städtischen Fachwerkfassaden des 16. Jahrhunderts häufig finden, oftmals recht konkrete und vor allem aktuelle Aussagen vermitteln sollten und diese den Bauherren sehr wichtig waren. Darüberhinaus scheint sich zu ergeben, daß gerade jenen Schichten und Personen, denen in dieser Zeit ein wirtschaftlicher und sozialer Aufstieg gelang, an einem schnellen Zugriff auf adäquate Repräsentation gelegen war, wie ihn der Steinbau nicht bieten konnte. Wenn wir nun berücksichtigen, daß sowohl im Stein- wie im Fachwerkbau eine farbige Fassung der Außenhaut vorgenommen wurde, mußte das tatsächliche Baumaterial für die Wirkung eine untergeordnete Rolle spielen. Derjenige, der schnell diese neuen wirkungsvollen Dekorationen vorweisen wollte, griff hier somit zum Fachwerkbau. Der Mentalität jener Zeit entsprach damit vielmehr, die Verwirklichung einer "Idee" zu erreichen, als sich Skrupeln über Materialgerechtigkeit hinzugeben.

Anmerkungen

1. J. B. Nordhoff, Der Holz- und Steinbau Westfalens, Münster 1873.
2. Carl Lachner, Geschichte der Holzbaukunst in Deutschland, Leipzig 1887.
3. Bezüglich des Steinbaus in Münster bieten noch immer die Inventarbände Max Geisbergs (Bau- und Kunstdenkmäler Westfalens, Bd. 41, bearb. v. M. Geisberg, Münster/Paderborn 1932-41) die gründlichste Übersicht.

Thomas Spohn

Arbeiterwohnungen außerhalb der Städte des Ruhrgebietes vor 1850

Vorbemerkungen

Die "Kolonie" ist die charakteristische Form des Wohnungsbaus für Industriearbeiter im Ruhrgebiet. Im Gegensatz zu anderen Industrieregionen (1) setzte sich im "Revier" der Bau von Arbeitersiedlungen durch die Arbeitgeber, vor allem durch Hüttenwerksbesitzer und Bergwerksgesellschaften, als dominierende Siedlungsform durch. Beginnend in den 1850er Jahren nahm die Zahl der von den Werken errichteten und an Belegschaftsmitglieder vermieteten Wohnungen rasant zu: bereits 1873 waren 5.930 Wohneinheiten im Besitz allein der Zechen vorhanden, die Zahl stieg auf 52.899 im Jahre 1907 und schließlich auf 169.616 im Jahre 1932 (2). 1873 waren von den 279 existierenden Zechen 69 im Besitz von Werkswohnungen; 1890 hatte sich die Zahl der Zechen auf 169 verringert, von denen nun bereits 115 Werkswohnungen besaßen (3).
Die überwiegende Mehrzahl der Werkswohnungen entstand in Kolonien mit z. T. mehreren Hundert Wohneinheiten. In unterschiedlicher Anlage sowohl der Siedlung als Ganzer als auch der einzelnen Gebäude konzipiert, ist den Kolonien gemeinsam, daß sie in unmittelbarer Nähe der Arbeitsstätten errichtet wurden. Da diese oft in unbebauten Gegenden entstanden, stellen die Siedlungen eigenständige Gebilde ohne Anknüpfung an frühere Siedlungen dar, versehen mit einer eigenen Infrastruktur. Insbesondere der Bergbau provozierte so eine Besiedlung, "die sich der Definition sowohl von 'Stadt' als Verdichtungsraum, in dem bestimmte 'städtische' Leistungen konzentriert sind, als auch von 'Land' als vorwiegend agrarisch genutztem Gebiet, entzieht." (4)
Über die Geschichte dieser Form des Arbeiterwohnungsbaus nach 1850 sind in den letzten Jahren zahlreiche Darstellungen erschienen, wobei die beginnende Bedrohung durch Abriß häufig Anlaß zur Beschäftigung mit den Kolonien war. Neben Untersuchungen zu jeweils einzelnen Kolonien (5) liegen auch Zusammenfassungen

aller Kolonien in jeweils einem Ort vor (6). Die typologische
Entwicklung der Siedlungen, sowohl ihrer Gesamtanlage als auch
ihrer einzelnen Bauglieder, scheint in übergreifenden Darstellungen hinreichend erfaßt (7). Daneben sind in den letzten Jahren in
großer Zahl Arbeiten erschienen, die die Lebensweise in den
Kolonien z. T. sehr eindringlich beschreiben (8), wobei freilich
der Zeitraum der Betrachtung kaum in die Zeit vor 1900 zurück
reicht.
Weit schlechter ist die Zeit vor 1850 untersucht, wenngleich
einzelne Autoren hierzu Bemerkungen beisteuern (9). Die verschiedenen Aussagen seien hier zusammengetragen, um danach die Fragestellung dieses Aufsatzes zu bestimmen.
Es erscheint nach der Literatur unstrittig, daß die Bergleute bis
etwa 1800 auf dem Lande Unterkunft fanden (10). Die danach zuwan-
dernden Bergleute konnten ebenfalls noch im ländlichen Bereich
siedeln bzw. sie fanden Wohnung in den Städten des Hellwegs, als
die Nordwanderung des Reviers die Hellweg-Zone erreicht hatte.
Erst in der Zeit nach 1850 nahm der Bedarf an Arbeitskräften und
damit die Bevölkerungszahl so rasant zu, daß der Bau von Werkswohnungen in großem Umfang betrieben wurde. Verstärkt wurde der
Bedarf an neuen Wohnungen dadurch, daß ab 1860, bedingt durch die
anhaltende Nordwanderung des Bergbaus (siehe dazu unten), mit der
Emscherzone eine Region erreicht wurde, die vordem versumpft und
nahezu siedlungsleer gewesen war.
Von diesen generellen Aussagen ausgehend vermutete man bisweilen,
daß bis in die 1860er Jahre die Mehrzahl der Bergleute im eigenen
Haus, auf dem eigenen Kotten lebte (11). Demgegenüber wurde
darauf hingewiesen, daß zwar möglicherweise die Mehrzahl der
Bergarbeiterfamilien jeweils ein ganzes Haus bewohnen konnte,
also relativ günstige Wohnverhältnisse hatte, daß diese Häuser
aber nur zum geringen Teil Eigenbesitz waren: nach einer Liste
sämtlicher Bergleute der Region war im Jahre 1755 nur 1/3 von
ihnen im Besitz eines eigenen Kottens. Der Rest hat also zur
Miete gewohnt (12).
Aber auch nach derartigen Richtigstellungen bleibt das Bild vom
Wohnen vor 1850 denkbar blaß. Das hat seine Ursachen sicher in
den nur wenigen schriftlichen Quellen, die von Arbeitern aus der
Zeit vor 1850 überliefert sind. Daneben sind aber eigenartiger

148

Weise auch erhaltene Bauten kaum näher untersucht. Die zitierten Arbeiten haben wenig mehr als flüchtige Beobachtungen zur Grundlage; insgesamt sind maximal 10 Bauten wenigstens mit ihren Grundrissen dokumentiert, genauere Bauuntersuchungen fehlen sogar von Kotten im Eigenbesitz der Bergleute völlig! So ist es auch weiter nicht verwunderlich, daß die Suche nach frühen Mietwohnungen noch überhaupt nicht aufgenommen wurde. Sofern deren Existenz nicht abgestritten wird, herrscht die Ansicht vor, daß Bergleute zur Miete bei den Bauern gewohnt hätten; als Behausung werden z. B. Backhäuser, ehemalige Altenteile etc. angenommen. Die Suche nach frühem Mietwohnungsbau wird vorrangig den Weg der archivalischen Forschungen gehen müssen. Angesichts der recht kleinen Belegschaften kann sich Mietwohnungsbau meist wohl nur in Form von 1- bis 2-Familienhäusern niedergeschlagen haben. Derartige Häuser sind natürlich baulich nicht von den Häusern im Eigenbesitz von Arbeitern zu unterscheiden.

Einige wenige Bauten sind jedoch vom Bautyp her als frühe Mietwohnungen erkennbar: es handelt sich um die sog. "Langen Reihen" oder "D-Züge", also um eine Reihung von mehr als zwei Wohneinheiten. Die beiden bekannt gewordenen Beispiele sollen auch hier noch einmal vorgestellt werden. Es handelt sich dabei nicht um Mietwohnungsbauten für Bergarbeiter, sondern für Schmiede bzw. Salinenarbeiter. Bauherr war in beiden Fällen der preußische Staat. Es scheint, als hätten vor 1850 nur staatliche Unternehmen Belegschaftsgrößen erreicht, die die Verwendung dieses Typs von Mietwohnungsbauten im ländlichen Raum sinnvoll machten.

Angesichts der recht vagen Forschungslage überrascht es kaum, daß die Diskussionen über die Vorbilder der Häuser in den "Kolonien" weitgehend spekulativ bleiben. Dort beobachtet man zu Beginn ein Nebeneinander von Ein-, Zwei- und Mehrfamilienhäusern (letztere um 1860 bevorzugt als "Lange Reihe" errichtet) während sich gegen Ende des Jahrhunderts fast allgemein der "Kreuzgrundriß" durchgesetzt hat. Hierbei liegen je zwei Wohnungen nebeneinander bzw. hintereinander, so daß jede Wohnung einen eigenen, separaten Zugang besitzt; zwei von der Straßenseite, zwei von der Gartenseite aus.

Für die Bauten der 1850er und 1860er Jahre werden mehrheitlich die Kötterhäuser als Vorbilder angeführt (13), wobei z. T. sogar die "Langen Reihen" lediglich als Reihung von Kötterhäusern angesehen werden (14). In der Minderheit bleibt eine Meinung, die die Vorbildfunktion der Kötterhäuser verwirft, da deren Struktur zu wenig einheitlich sei, und dagegen die Vorbildfunktion der zeitlich früher einsetzenden Arbeiterwohnungsbauten in England, Belgien und Frankreich hervorhebt (15). Als Vorbilder für die "Langen Reihen" werden teilweise auch militärische Bauten, städtische Mietshäuser und Schnitterkasernen anderer Regionen herangezogen (16).

Was die Entstehung von Häusern mit Kreuzgrundrissen betrifft, so wird ganz allgemein die Vorbildfunktion der seit 1851 sehr bekannt gewordenen Siedlung "cite ouvriere" in Mühlhausen/Elsaß akzeptiert (17). Hinweise auf Kreuzgrundrisse bei preußischen Landarbeiterwohnungen werden nirgends weiter verfolgt (18).

In Auseinandersetzung mit diesen Auffassungen soll im Folgenden vor allem zwei Fragen nachgegangen werden. Zum einen werden die dokumentierten Bauten auf ihre mögliche Vorbildfunktion für die späteren "Kolonien" befragt, zum anderen sind die Bauten zu interpretieren im Hinblick auf die Lebensweise der Bewohner.

Zu diesen Zwecken wurden einige bereits bekannte Bauten genauer als bisher dokumentiert und um weitere Beispiele ergänzt. Insgesamt handelt es sich um eine eher zufällige Auswahl aus der Fülle der noch erhaltenen Bauten, Ergebnis einer ersten Sichtung des Materials im ländlichen Bereich. Ausgeklammert aber bleibt auch hier der gesamte städtische Bereich (19). Dessen große Bedeutung - sowohl quantitativ, d. h. in Bezug auf die Menge der in der Stadt lebenden Arbeiter, als auch im Hinblick auf die zu vermutende enge Verbindung zwischen Arbeiterwohnungen im ländlichen und städtischen Bereich für die Herausbildung der Werksbauten - ist durch gelegentliche Fußnoten nur ganz ungenügend berücksichtigt. Ebenso wie die Verdichtung des ländlichen Materials muß aber auch die Aufarbeitung der städtischen Bauten umfangreicheren zukünftigen Arbeiten als Aufgabe gestellt werden.

1. Die Industrialisierung des Ruhrgebietes

Die Aussagen zu den einzelnen Arbeiterbehausungen bleiben ohne die Kenntnis der regionalen Geschichte unverständlich. Die notwendigen Grundlagen seien vorangestellt.

Die heute hoch verdichtete industrialisierte und relativ einheitliche Region "Ruhrgebiet" ist ein Produkt eben der Industrialisierung des 19. und 20. Jahrhunderts. Erst durch die Ausbreitung von Bergbau und Montanindustrie, den beiden "Standbeinen des Reviers", sind fünf höchst unterschiedliche Teilräume Westfalens und des Rheinlandes zusammengewachsen. Zu unterscheiden sind das enge Tal der Ruhr mit dem südlich angrenzenden Niederbergischen Hügelland, das nördlich der Ruhr gelegene Ardeygebirge mit dem sanft abfallenden, fruchtbaren Hellweg und von Süden nach Norden aufeinanderfolgend die Emscherzone, der vestische Höhenrücken und die Lippe-Zone (20).

Das Niederbergische Hügelland weist recht schlechte Böden und nur mäßige landwirtschaftliche Erträge auf. Dagegen ist hier bereits in frühgeschichtlicher Zeit Eisengewinnung und -verarbeitung nachweisbar (21). Die ersten Belege der Kohlegewinnung stammen aus dem Mittelalter. Hier, südlich der Ruhr, streichen die kohleführenden Schichten an der Erdoberfläche aus, sind also im Tagebau und mit einfachen Stollen abbaubar. Dieser Kohleabbau geschah wohl durch die ansässige ländliche Bevölkerung. Sie lebte auf Einzelhöfen. Dörfer fehlten im Hügelland ebenso wie städtische Siedlungen; einige Minderstädte ("Freiheiten") lagen entlang der mittleren Ruhr.

In der Hellwegzone spielte der Bergbau dagegen bis in die 1830er Jahre eine relativ geringe Rolle. Dies hat seinen Grund in den geologischen Verhältnissen: die südlich der Ruhr zu Tage tretenden "Flöze" liegen je weiter nördlich umso tiefer, sind also bereits in der Hellwegzone von einer 300 m starken Gesteinsschicht (Mergel) bedeckt, deren Mächtigkeit in der Lippe-Zone dann um 1000 m beträgt. Erst als es durch technische Verbesserungen gelang, der Belüftungs- und vor allem Entwässerungsprobleme insbesondere durch Einsatz von Dampfmaschinen Herr zu werden (22), konnte zum Tiefbau übergegangen werden. Um 1837 wurde nördlich der Ruhr erstmalig die Mergeldecke durchstoßen (23). Damit konnte die Hellweg-Zone mit den tiefer liegenden Flözen in den Bergbau einbezogen werden. Es begann die Nord-Wanderung des Bergbaus, der in einzelnen Fällen bereits in den 1860er Jahren die Lippe erreichte, die bis in jüngste Tage nördliche Grenze des

Kohleabbaus blieb. Nicht vergessen werden sollte allerdings, daß trotz der stürmischen Entwicklung noch um 1850 im Textilgewerbe doppelt so viele Menschen beschäftigt waren wie in der Schwerindustrie(24).

Vor 1837 war die Hellweg-Zone vorrangig eine höchst fruchtbare Agrarlandschaft mit Einzelhöfen, vorwiegend aber mit Dörfern und einer dichten Kette von Städten. Von diesen hatten einige (insbesondere Dortmund und Essen) zur Hansezeit eine wichtige Rolle gespielt, waren aber im 17. Jahrhundert auf die Rolle nur regional wichtiger Landstädte herabgesunken (25). Durch diese Städte wurde der regionale Austausch zwischen der Agrarlandschaft Hellweg und dem südlichen, industriell geprägten Bergland organisiert. Weitgehend menschenleer war dagegen die Zone um die sumpfige Emscherniederung. Recht dünn besiedelt waren auch der karge Vestische Höhenrücken (mit der Stadt Recklinghausen als Mittelpunkt) sowie die Lippe-Niederung, die zudem Grenzlandschaft zwischen zwei Territorien war.

Territorialgeschichtlich bedingt läuft noch heute die Grenze zwischen Westfalen und dem Rheinland zwischen Bochum und Essen mitten durch das Ruhrgebiet. Der hier näher zu betrachtende westfälische, östliche Teil wurde mehrheitlich eingenommen vom Territorium der Grafschaft Mark. Eingesprenkelt lagen die kleine Grafschaft Limburg und die Reichsstadt Dortmund. Der Vestische Höhenrücken hat seinen Namen von dem zu Kurköln gehörenden Vest Recklinghausen. die Lippe ist Grenze zum Fürstbistum Münster. Die Grafschaft Mark ist ein Ergebnis der Kämpfe westfälischer Adeliger gegen den Erzbischof von Köln im 13. Jahrhundert (25). Durch Erbfolge wurde sie 1391 bzw. 1461 mit dem Herzogtum Cleve vereinigt, wobei letzteres Sitz der herrschenden Gewalten blieb. Diese Randständigkeit der Grafschaft Mark, die u. a. zur Folge hatte, daß im Zeitalter des Absolutismus kein zentraler Herrschaftssitz installiert wurde, verstärkte sich noch, als Cleve-Mark 1609 an Brandenburg-Preußen fiel. Cleve und Mark waren bis ins späte 18. Jahrhundert die recht unbedeutenden westlichen Provinzen des wachsenden Reiches - interessant vorrangig als Reservoir für Kriegsmaterial: Eisen, Geld und Menschen.

Auf diesem Territorium wurde südlich der Ruhr bis ins 18. Jahrhundert der Bergbau an vielen Stellen in bescheidenem Ausmaß betrieben. Die ersten vollständigen Angaben aus dem Jahr 1754 nennen 110 Kohlenpütte mit insgesamt 688 Bergleuten. Die größte Belegschaft umfaßte 22 Mann, der Durchschnitt betrug 6 Mann (26). Ganz allgemein ist zu lesen, daß anfänglich das Kohlegraben reiner Nebenerwerb gewesen und eher nebenher von Landarbeitern ausgeübt worden sei; erst später sei die Tätigkeit als Bergmann wichtiger geworden, die Landwirtschaft aber sei immer zumindest zweites Standbein geblieben (27). Während diese Entwicklung nirgends faktisch nachgewiesen wird, kann als gesichert gelten, daß bis ins 18. Jahrhundert die Bauern Eigentümer der Gruben waren. Einer der größten "Gewerken" war der Besitzer des in der Hausforschung so bekannten (28) Hofes Großer Siepen in Sprockhövel-Herzkamp (29). Allerdings wurden seit 1609 die Rechte vom Staat nur noch gegen Abgabe verliehen. Von Seiten des Staates erfolgte als nächster Schritt die neue Bergordnung von 1737, die diejenige des Jahres 1542 ablöste. Nach einer Revision 1766 behielt sie bis 1865 Gültigkeit (30). Es ist sicher nachgewiesen, daß das Interesse des Staates weniger dem allgemeinen Aufschwung des Kohleabbaus galt, sondern vielmehr begrenzt war auf die Sicherung der Kohlezufuhr zu dem seit 1774 in staatlicher Regie geführten Salzwerk in Königsborn. Dort wurden neben anderen baulichen Veränderungen auch Arbeiterwohnungen gebaut (siehe Beispiel 5). Im Jahre 1799 wurde hier zum Pumpen der Sole die erste Dampfmaschine Westdeutschlands in Betrieb genommen (31).

Die Schiffbarmachung der Ruhr 1780 (32), die ursprünglich ebenfalls den besseren Abtransport des Salzes im Visier hatte, führte zu einer allgemeinen Verbesserung der Verkehrsverhältnisse (der Ruhrschiffahrt folgten neben einigen Straßenbauten 1828 Pferdebahnen und ab 1848 Eisenbahnen). Damit wurde die Nachfrage nach Kohle verstetigt, was die erst allmähliche, dann aber immer raschere Expansion des Bergbaus zur Folge hatte. Es ist zu lesen, daß der im selben Tempo wachsende Bedarf an Arbeitskräften bis in die 1840er Jahre durch die einheimische Bevölkerung gedeckt worden sei (zweitgeborene Bauernsöhne u. ä.), bis 1870 durch die Zuwanderung aus benachbarten Regionen und erst danach durch die massenhafte Anwerbung in den ostelbischen Landschaften (33). Zumindest der erste Teil dieser Aussagen ist falsch: schon im Jahre 1754 waren von den 688 Bergleuten der Grafschaft Mark 57

aus anderen Territorien gebürtig. Bis 1800 war die Zahl der
Auswärtigen auf 1/3 der Gesamtzahl angestiegen (34). Diese Zahl
weist bereits deutlich auf das bereits im 18. Jahrhundert hohe
Maß an "Professionalität" im Bergbau hin, läßt Zweifel aufkommen
an der Richtigkeit der oben wiedergegebenen Meinungen zur Lebens-
und Wirtschaftsweise der Bergleute dieser Zeit.
Die weitere Entwicklung nach den 1830er Jahren wurde oben bereits
skizziert: verbesserte Technik führte zu verbesserten Abbaumög-
lichkeiten, vermehrter Kapitaleinsatz war angesichts steigender
Förderleistungen einträglich, ständig wachsende Belegschaften
förderten immer größere Mengen an Kohle, die Bevölkerungszahl
wuchs. Wenige Zahlen mögen genügen: die Einwohnerzahl der heutigen Stadt Oberhausen stieg von 700 im Jahre 1843 auf 5.600 im
Jahre 1860 (35); im gesamten Ruhrgebiet stieg die Einwohnerzahl
zwischen 1871 und 1900 um 203 %, wobei einige Regionen weit
überdurchschnittliche Zuwachsraten aufzuweisen hatten (z. B.
Gelsenkirchen, Bochum und Dortmund mit jeweils um 350 %) (36).
Insbesondere in den drei zuvor dünn besiedelten nördlichen Zonen
Emscher, Vestischer Höhenrücken und Lippe wurden die Bevölke-
rungsmassen in "Kolonien" untergebracht. Ledige Bergarbeiter
wohnten in Schlafhäusern (37), mehrheitlich aber als Kostgänger
in den Häusern der Bergarbeiterfamilien (38). Aber auch die
südlichen Zonen hatten bis ins späte 19 und frühe 20. Jahrhundert
am Aufschwung Anteil. Hier schlug sich der Bevölkerungsanstieg
aber eher in der Verdichtung der ländlichen Bebauung (siehe
Beispiele 2 und 3) und der Vergrößerung der Städte nieder.
Abschließend sei noch einmal auf das zweite Standbein des Ruhrgebietes, die Montanindustrie, zurückgekommen. Wie erwähnt, sind
Eisengewinnung und -verarbeitung südlich der Ruhr bereits in der
Frühgeschichte nachzuweisen. Bis ins 18. Jahrhundert war dieser
Wirtschaftszweig im märkischen Sauerland und Niederbergischen
Hügelland weitaus bedeutender als der Kohlebergbau. Für Klingen-
schmiede, Facharbeiter der Rüstungsproduktion, wurden durch den
preußischen Staat die frühesten derzeit faßbaren Mietwohnungsbauten der Region, ja ganz Westfalens, errichtet (siehe Beispiel 4).
In der Folge ist es gerade die Verbindung beider Wirtschaftszwei-
ge, die der Industrialisierung des Ruhrgebietes ihr Gepräge ver-
leiht. Das Bevölkerungswachstum ist also auch auf den Aufbau und

die Expansion der Hüttenwerke zurückzuführen.

2. Die verschiedenen Bautypen des Arbeiterwohnungsbaus seit dem späten 16. Jahrhundert

2.1. Bergmannskotten

Die noch in großer Zahl erhaltenen Bergmannskotten sind bis heute kaum Gegenstand der Hausforschung gewesen. Man hat sich mit einigen wenigen, in ihrer Entwicklung nicht erfaßten Grundrissen zufrieden gegeben. Dies führte zu der - wie zu zeigen sein wird: falschen - Auffassung, daß die Grundrisse der Bergmannskotten sich nicht von denen der vorrangig landwirtschaftlich tätigen Kötter unterschieden (39). Eine Ausnahme macht hier nur das Werk von Lange (40), das allerdings nur noch in einem Korrektur-Exemplar vorhanden ist. Hier findet sich ein Dutzend Kotten recht gut dokumentiert und hier findet sich auch die Aussage, die dominante Form des Bergmannskottens sei der nahezu quadratische Bau mit nur kleinem Stallteil.

Die frühesten Belege von Bergarbeiterkotten stammen aus dem frühen 18. Jahrhundert. So verpachtete der Abt von Werden im Jahre 1709 einen Kotten mit der ausdrücklichen Bedingung, daß der Erbauer des Kottens und seine Erben im Bergbau tätig sein müssen (41). Wie aus der Geschichte der recht gut erforschten Kötter-siedlung Wengern-Trienendorf (42) abzulesen ist, wurden von großen Bauernhöfen schon früh Kotten in Erbpacht vergeben. Hier werden 1645 3 zum Hof Schulze-Elberg gehörige Kotten aufgeführt (43). Der verstärkte Bau von Kotten erfolgte nach der Markenteilung und erreichte seinen Höhepunkt im Gefolge der oben skizzierten industriellen Entwicklung um die Mitte des 19. Jahrhunderts (44). Zu dieser Zeit kam es auch anderorts zu einer starken Verdichtung der Kotten und zur Bildung regelrechter Bergmannskötter-siedlungen (45).

Die Entwicklung im Oberamt Hörde ist in absoluten Zahlen greif-bar. Hier wurden zwischen 1750 und 1827 372 neue Hofstellen errichtet. Von diesen 372 Neusiedlern wurden 107 explizit als Bergmänner bezeichnet, in rund 150 weiteren Fällen fehlt die Berufsangabe, wobei es sich zum größten Teil ebenfalls um Arbei-ter gehandelt haben dürfte (46). Aus dem Jahre 1837 liegen Be-

richte der Bürgermeister von Hörde und Aplerbeck vor, in denen
sie sich zum Nutzen oder Schaden der Bergmannskotten äußern.
Darin kommen sie durchweg zu positiven Urteilen. So heißt es im
Bericht aus Hörde: "Der Bergbau, der hier sehr stark auf Stein-
kohlen betrieben wird, beschäftigt eine große Zahl von Menschen,
für welche Wohnplätze beschafft werden mußten. Die Teilung der
Gemeinheiten gab hierzu die beste Gelegenheit, indem die den
Interessenten dadurch zugefallenen, wegen ihrer Abgelegenheit
oder dem Zustand des Bodens oft nutzlosen Parzellen sich nicht
besser rentieren konnten, als wenn sie in Erbpacht ausgetan, von
Bergleuten, Tagelöhnern oder Handwerkern mit einem Haus bebaut
und der Boden mit der Hand kultiviert wurde... (Sie) gewinnen ihm
einen Ertrag ab, den der Bauer bei größerer Ausdehnung seiner
Ökonomie nie zu erreichen im Stande ist. Solange daher noch
Grundstücke vorhanden sind, die wegen ihres schlechten Bodens
oder ihrer Entlegenheit wegen von den Höfen nicht mit Vortheil
können bearbeitet werden und solange der Bergbau wie bisher im
Zunehmen ist, unterliegt es keinem Zweifel, daß noch viele sich
anbauen können." (47). Nach derselben Quelle umfaßten die Kotten
jeweils 1 1/2 Morgen. 384 Kötter bearbeiteten das Land mit der
Hand, 200 ließen es von den Bauern mit Pferden bestellen.
Derartige Aussagen, vorschnell als Beweis auch für die Zustände
vor 1800 genommen, führten - beeinflußt vom heutigen Aussehen der
Bergmannskotten - zu Auffassungen wie der folgenden, mit denen es
sich in diesem Abschnitt auseinanderzusetzen gilt: "Die alten
Ruhrbergleute waren zumeist nachgeborene Bauernsöhne, die noch
eine kleine Landwirtschaft betrieben, die ihnen und ihren Fami-
lien eine ausreichende Ernährung sicherten. Der Bergarbeit gingen
sie nur in den Zeiten nach, die nicht mit landwirtschaftlicher
Arbeit ausgefüllt war... Dieses Doppelleben blieb auch auf ihre
Wohnungen nicht ohne Einfluß... Selbst die kleinsten und ältesten
Häuser enthielten schon drei Räume... die sich um eine kleine
Diehle gruppierten. Angebaute Stallungen vervollständigten das
Anwesen." (48).

Beispiel 1: Bergmannskotten in Essen-Heisingen von 1743
Die Baugeschichte dieses Kottens ist durch archivalische Forschungen bekannt (49). Der Kotten selbst ist nicht mehr erhalten,

die Grundrisse der verschiedenen Bauphasen sind aber aus den Akten rekonstruierbar.

Im Jahre 1743 gestattete der Abt von Werden dem Ehepaar Viehr, "in der Nähe des Fährkottens, auf dem Ort, wo früher die Glashütte gestanden, ein Häuschen zu bauen, auch das dabei gelegene offene Plätzchen zum Garten zu aptieren." Das Haus bestand aus zwei Stuben von je 12 qm, Flur und Ziegenstall sowie Küche (ABCD). Der Mann arbeitete im Bergbau. Der Viehr stammte aus eingesessener Familie, die selbst Bergwerksanteile besaß. Er war in der Lage, seinen Kotten 1782 erheblich zu erweitern; die Küche wurde vergrößert, zwei weitere Stuben wurden angelegt (ABEF). Erst für das Jahr 1822 ist aber eine deutliche Erweiterung der landwirtschaftlichen Tätigkeit belegt, noch 1782 war außer dem Garten keine landwirtschaftliche Nutzfläche vorhanden. Erst nach Aufteilung der Gemeinheiten konnte der Besitzer des Kottens Land erwerben und sich eine Kuh anschaffen. Darauf ist der Anbau eines Wirtschaftsteils im Jahre 1822 zurückzuführen. Erneut wurde auch der Wohnteil etwas vergrößert (AGHDKJ). Die Grundfläche des Wohnteils wurde so von 37,4 qm 1743 über 70,8 qm 1782 auf 82,2 qm 1822 erweitert, die Gesamtfläche von 41,6 qm über 80,0 qm auf 111,7 qm.

An der Baugeschichte dieses Kottens läßt sich verfolgen, wie ein fast ausschließlich vom Kohlegraben lebender Bergmann allmählich zu einem gewissen Wohlstand kam, der ihm nicht nur die Vergrößerung seines Wohnhauses, sondern auch den Aufbau einer eigenen, wenn auch recht bescheidenen, Landwirtschaft erlaubte. Dies führte dazu, daß der Besitzer des Kottens nur noch gelegentlich als Bergtagelöhner arbeitete. So ist schließlich archivalisch nachweisbar, daß er die Tätigkeit im Bergbau ganz aufgab und im Kotten eine Schreinerei eröffnete.

Beispiel 2: Bergmannskotten in Dortmund-Loh, Benninghofer Str. 266, von 1827
Im heutigen Dortmunder Stadtteil Loh entstand ab 1826 eine Bergmannsköttersiedlung, die bis 1897 auf insgesamt 27 Kotten angewachsen war. Das ehemals dem Stift Hörde zugehörige Land war nach der Säkularisation an den preußischen Staat gefallen, der es an Bauwillige vergab. Von den 27 Köttern waren 25 Bergleute, die

anfänglich überwiegend auf der nahe gelegenen Zeche Elisabeth in Berghofen, aber auch auf anderen Zechen arbeiteten (50). Der hier zu besprechende Kotten wurde in den Jahren nach 1826 von dem Bergmann Andreas Hohmann errichtet. Er stammte aus Bölhorst bei Minden und erwarb das Land auf Erbpachtbasis. Sein Sohn Wilhelm ist 1867 als Eigentümer genannt, 1894/95 der Enkel Heinrich, beide ebenfalls Bergleute.

Der stark abgängige, seit Jahren unbewohnte Bau präsentiert sich in seinem jetzigen Zustand als ein - allerdings sehr kleines - Bauernhaus mit Eingangstür im Wohngiebel und Einfahrtstor zu einer kleinen Dehle im Wirtschaftsgiebel. An der westlichen Traufwand erscheint das Dach durch Stallanbauten stark abgeschleppt (Abb. 1). Zu dem Anwesen gehören heute ein weiteres, teils in Bruchstein, teils in Backstein errichtetes Stallgebäude, ein zwischen beiden Bauten gelegener Brunnen sowie ein Toilettenhäuschen vor dem Wirtschaftsgiebel. Am Hauptbau sind zwei größere Bauphasen klar erkennbar. Dabei ist nicht nur eine einfache Erweiterung des Hauses, sondern eine recht grundlegende Umstrukturierung des Grundrisses erfolgt.

Der Kotten wurde nach 1826 als geschossig abgezimmerter Fachwerkbau von 5 Gebinden über nahezu quadratischem Grundriß (Abb. 4) errichtet. Alle Außenwände wiesen jeweils 4 Gefache auf (Abb. 1 und 3), die regelmäßig durch vier Riegel gegliedert waren. Die beiden obersten Riegel sind teilweise einfach, die anderen Riegel sind doppelt mit dem Ständer vernagelt. Die auf einem Bruchsteinfundament liegende Schwelle ist in die Eckständer eingezapft. Unregelmäßig geschwungene Schwell-Rähm-Streben waren in allen Eck-Gefachen angeordnet. Zumindest an den beiden heute freiliegenden Wänden lassen sich in den mittleren beiden Gefachen jeweils originale Fensteröffnungen rekonstruieren. Deren Lage läßt zweifelsfrei erkennen, daß zumindest hinter diesen beiden Wänden das Haus von Beginn an zweigeschossig unterteilt war. Der Bau weist eingehälste Dachbalken auf. Die Dachsparren stehen auf dem Wandrähm auf. Jedes Sparrenpaar ist durch einen Kehlbalken verbunden. Die steilen Giebeldreiecke waren und sind (allerdings auch am Wohngiebel nicht mehr original) verbrettert.

Das Haus wurde ursprünglich nicht wie heute durch den Wohngiebel, sondern von der östlichen Traufwand durch eine Tür im rechten

1 Dortmund-Loh, Benninghofer Str. 266. Wohngiebel Zustand 1986.
2 Östliche Traufwand im Zustand 1986.
3 Östliche Traufwand. Rekonstruktion.

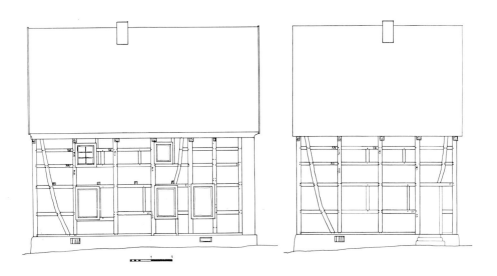

Eckgefach betreten. Die hier angeordnete Strebe endet vom Rähm
kommend auf dem Türsturz. Man betrat so ein Haus, das im Erdgeschoß in vier nahezu gleich große, fast quadratische Räume aufgeteilt war. Der Eingangsraum war zugleich Küche. Linkerhand gelangte man in den einzigen zur damaligen Zeit unterkellerten
(Balkenkeller) Raum. Nur von dieser Stube aus war der ehemalige
Schlafraum zu betreten. Zurück in der Küche gelangte man durch
eine eindeutig nachweisbare, rechts der Herdstelle gelegene Tür
in den kleinen, von außen nicht erschlossenen Stall. Kurz nach
1850 (mündliche Überlieferung der Eigentümer) wurde der Bau vergrößert und verändert (Abb. 2 und 5). Durch Anbau zweier Gebinde
mit deutlich schmaleren Gefachen und Vorblenden eines Bruchstein-
giebels entstand der heutige Wirtschaftsgiebel. Dieser reicht bis
unter den First und deckt auch die Anbauten der westlichen Traufwand ab, die also zumindest teilweise gleichzeitig entstanden
sind. Die Grundfläche des Hauses wurde dadurch also beträchtlich
vergrößert.
Durch die Erweiterung war eine befahrbare Dehle entstanden. Westlich wurden von außen größere Ställe an das Haus angebaut. Der
Zugang zum Haus wurde von der Traufwand in den Wohngiebel verlegt. Die ehemals "gefangene" hintere Kammer wurde zum Hauptver-
kehrsraum des Hauses. Der Raum erhielt einen Zugang zur Dehle.
Von hier aus führte nun eine Treppe in den unter alle Räume des
Hauses (mit Ausnahme von Dehle und Ställen) erweiterten Keller.
Die ehemalige Küche verlor ihre Funktion an die ehemalige Stube,
denn die Trennwand zwischen beiden Räumen wurde versetzt, wodurch
die Hauptfeuerstelle in den benachbarten Raum zu liegen kam.
Ehemalige Küche und ehemalige Stube - beide nun vergrößert -
vertauschten also ihre Funktion. Auf den Grundriß des Oberge-
schosses hatten diese Veränderungen wenig Einfluß: der Luftraum
der Dehle und die daneben liegende Kammer wurden lediglich um die
zwei angebauten Gefache vergrößert.
Die Grundrißentwicklung ähnelt der im Beispiel 1 festgestellten
Abfolge. ein ursprünglich sehr kleiner Kotten von 62,4 qm Grundfläche enthielt nur einen sehr kleinen Wirtschaftsteil (14,1 qm).
Erst nach mehreren Jahrzehnten erfolgte ein Ausbau des Hauses auf
125,4 qm Grundfläche, der hier fast ausschließlich dem Wirtschaftsraum zugute kam: die reine Wohnfläche wurde lediglich von

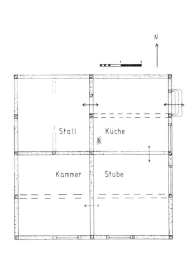

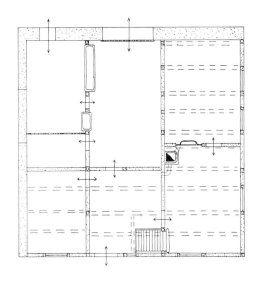

4   Erdgeschoß-Grundriß. Rekonstruktion.
5   Erdgeschoß-Grundriß im Zustand 1986.
6   Bergmannskotten in Wengern-Trienendorf,   Pastoratsweg 37. Ansicht von Nordwesten im Jahre 1986.

48,3 auf 59,6 qm vergrößert. Auch hier ist also ausgedehntere
landwirtschaftliche Tätigkeit des Bergmanns erst nach einigen
Jahrzehnten am Baubestand ablesbar.

Beispiel 3: Bergmannskotten in Wengern-Trienendorf, Pastoratsweg
37, von 1852
Der Bau ist Bestandteil der bisher am besten untersuchten Bergmannsköttersiedlung in Wengern-Trienendorf. Er wurde im Jahre
1852 von dem Bergmann Dietrich Heinrich Hessenbruch errichtet.
Nach dem Inventar von 1853 gehörte er zu dieser Zeit zur Hälfte
der Witwe des Dietrich Heinrich, zur anderen den vier Geschwistern
Hessenbruch. Es hat sich damals also um ein Haus für zwei Familien gehandelt, wie dies auch der Baubefund erkennen läßt. Im
Jahre 1863 wurde das Haus an den Bergmann Friedrich Peter Thomas
und von diesem 1909 an den Bergmann Gustav Kraft verkauft (51).
Der an einem Hang mit starkem Gefälle gelegene Bau ist auf einem
talseitig erschlossenen, in Bruchstein errichteten Unterbau aus-
geführt, in dem sich Stall und Keller befinden. Der eingeschos-
sige Wohnteil, der vom Hang ebenerdig erschlossen wird, ist in
Fachwerk errichtet. An der Wetterseite ist ein Bruchsteingiebel
vorgeblendet (Abb. 7). Der Fachwerkteil ist wie bei Beispiel 2
mit teils geraden, teils geschwungenen Schwell-Rähm-Streben ausgesteift. Die Gefache sind jeweils durch 2 Riegel gegliedert, die
zur Aufnahme einiger recht großer Fenster jeweils als Sturz- bzw.
Brustriegel höher bzw. tiefer angeordnet sind. Die hangseitige
Traufwand ist deutlich in drei Zonen gegliedert. Die Haustür ist
mittig angeordnet. Dahinter befand sich original in ganzer Haustiefe ein recht breiter Raum, der wohl auch die Feuerstelle
aufgenommen hat. Links und rechts davon befand sich je ein drei
Gefach breiter Raum, der aber in der Haustiefe nach eindeutigen
Befunden der linken Fachwerk-Giebelwand unmittelbar unter dem
First nochmals unterteilt war. Danach hat also jede der ursprünglich zwei Familien je zwei Räume im Wohnteil bei gemeinsamer
Benutzung des mittleren Raumes und der Feuerstelle zur Verfügung
gehabt. Ob auch die Räume im Sockelgeschoß, Keller und Stall,
gemeinschaftlich genutzt wurden, ist derzeit unklar.
Der so noch erkennbare ursprüngliche Bau wurde nach einem Blitz-
unglück im Jahre 1876 (mündliche Überlieferung) repariert. Dabei

wurde die Firsthöhe nahezu beibehalten, die Höhe der Traufen wurde jedoch durch aufgesetzte Drempel vergrößert. Diese Verringerung der Dachneigung ist am Steingiebel durch aufgesetztes Backsteinmauerwerk sichtbar.

Mit in die Betrachtung aufgenommen ist dieser Kotten vor allem wegen des überlieferten Inventars aus dem Jahre 1853, das weitgehend im Wortlaut wiedergegeben ist. Wenngleich auch hier die üblichen quellenkritischen Bedenken vorzubringen sind, insbesondere was die Vollständigkeit der Inventarisation betrifft (52), so gibt das Inventar doch einen gewissen Einblick in die recht bescheidenen Lebensverhältnisse dieser Bergmannsfamilie. Das Mobiliar ist auf das Notwendigste beschränkt. Dennoch kann man nicht von einem völligen Fehlen der Wohnkultur sprechen. Hier ist auffällig die ausdrücklich als Schwarzwalduhr bezeichnete Wanduhr sowie das auch als Bett genutzte Sofa; beide Gegenstände sind selbst in den reicheren städtischen Haushalten der Region im späten 18. Jahrhundert nur in Ausnahmefällen schon vorhanden (53). Während Bücher, auch solche religiösen Inhalts, vollständig fehlen, hat in den Bergmannshaushalt auch eine gewisse Tisch- und Eßkultur Einzug gehalten. Neben dem schon seit der Mitte des 18. Jahrhunderts obligatorischen Gerät zur Bereitung und zum Genuß von Kaffee stechen besonders die 6 vorhandenen Gabeln hervor.

Von besonderer Bedeutung ist aber das Fehlen von Geräten zur Garten- und Feldarbeit. Genannt ist eine einzige Mistgabel. Da üblicherweise diese Gerätschaften fast immer verzeichnet sind (auch bei den ansonsten ärmlichsten und unvollständigsten Inventaren) und da die Mistgabel Beweis dafür ist, daß derartige Gerätschaften auch im vorliegenden Fall nicht ausgeblendet wurden, ist dies nur so zu interpretieren, daß landwirtschaftliche Geräte weiter nicht vorhanden waren.

Dies bestätigt das bisher gewonnene Bild. Jede Familie hat ursprünglich etwa 45 qm Wohnfläche (incl. des Gemeinschaftsanteils) und womöglich einen etwa ebenso großen Anteil an den Wirtschaftsräumen im Sockelgeschoß. Damit sind weder besonders große Flächen zur Wirtschaftsführung vorhanden, noch im Inventar die dazu notwendigen Gerätschaften verzeichnet. Dies bedeutet, daß die außer Haus betriebene Arbeit des Bergmanns Haupt-Nahrungsquelle der Familie war.

Inventar
der im Dezember 1853 verstorbenen Witwe des Bergmanns
Dietrich Heinrich Hessenbruch

Tit. I An unbeweglichen Gütern und liegenden Gründen
Nach dem Hypothekenschein vom 7. August 1851 besitzt die Witwe
den Kotten zur Hälfte, die andere Hälfte gehört den 4 Geschwistern Hessenbruch.

Tit. II An Activis und ausstehenden Forderungen
Nichts

Tit. III An barem Gelde
Nichts

Tit. IV bis VII
Nichts

Tit. VIII An Porzellan
Sechs paar Tassen, 3 Teller, 1 Milchtöpfchen

Tit. IX An Gläsern
Zwei Schoppengläser

Tit. X An Zinn, Kupfer, Messing, Bley und Eisen
Eine zinnerne Kaffekanne, Kaffetopf und Pfefferdose
Vierzehn Eß- und ein Vorlegelöffel
Ein Kaffekessel
Ein blechernes Hörnchen, vier alte Kartoffelriebs
Ein Ofen mit Zubehör
Sechs Gabeln
Ein Kochtopf und eine alte Kaßrolle

Tit. XI An Leinzeug und Betten
Ein vollständiges Bett mit zwei Kissen

Tit. XII An Meubles und Hausgeräth
Ein Gläserschrank
Zwei Tische
Acht Stühle, ein Kinderstühlchen
Ein Spiegel
Ein Koffer
Eine Sofa Bettstelle
Ein Kistchen
Zwei Maßeimer, zwei hölzerne Deckel
Ein Mantelstock mit Gardine
Eine Schwarzwälder Uhr
Ein Backtrog
Eine Wiege

Tit. XIII An Kleidung
Soll nur sehr wenig vorhanden gewesen sein und wurde gleich unter
die Kinder verteilt. Außerdem noch ein Manneshut.

Tit. XIV An allerhand Vorrath zum Gebrauch
Eine Mistgabel.

7 Inventar, nach A. Walter, Wengern Trienendorf als ehem. Bergmannsköttersiedlung, Witten 1963,Examensarbeit PH Dortmund,S.61f.

In den beiden bisherigen Beispielen hat sich dies nach jeweils 30 bis 40 Jahren geändert. Im vorliegenden Beispiel trat diese Änderungs ein, als das Haus an andere Bergmannsfamilien verkauft wurde. Da das Haus dann nur von einer Familie bewohnt wurde, hat sich neben der Wohn- auch die zur Verfügung stehende Wirtschaftsfläche verdoppelt, wodurch eine Erweiterung des Kottens überflüssig wurde.

2.2. "Lange Reihen" für Industriearbeiter

Unter dem volkstümlichen Begriff "D-Zug", auch "Lange Reihe", "Lange Riege", "Langer Jammer" u. ä., seien hier alle diejenigen Bauten verstanden, bei denen mehr als zwei Wohneinheiten unter gemeinsamem Dach aneinandergebaut sind. Dieser Haus-Bautyp ist der historischen Hausforschung seit langem bekannt.

Ungezählt sind die Beispiele aus dem städtischen Bereich. Hier sei beispielhaft an die Bauten im nördlichen Küstenraum verwiesen. In Hamburg sind Bauten dieser Art als Gang-Bebauung vom 17. bis ins 19. Jahrhundert überliefert (54), aber auch als freistehende Bauten, z. B. die "Lübischen Buden" an der Steinstraße (55). Als Beispiele des 18. Jahrhunderts seien weiter genannt die Bauten Paradiesgasse 19 in Dresden (56) und Preußisch-Holland (57). Meist als "Gaden" bezeichnete traufenständige Hausreihen finden sich in nahezu allen westfälischen Städten, z. B. in Warendorf (58) und Lemgo (59). Aus dem Untersuchungsgebiet seien derartige Gaden in der Stadt Unna gezeigt: Gürtelstraße 11-15 (Abb. 8) wurde um 1600 errichtet, Klosterstraße 40-48 (Abb. 9) im 18. Jahrhundert (60).

Während für die bisher genannten Beispiele die Errichtung durch einen einzigen Bauherrn gesichert ist, sind Angaben über die ursprünglichen Bewohner eher sporadisch. Insbesondere für einige süddeutsche Beispiele konnte Ropertz dagegen nachweisen, daß "D-Züge" für Arbeiter einer bestimmten Sparte bestimmt waren. Genannt seien hier die Häuser an der Weberbleiche in Urach (61). Daß die Form der gereihten Wohnbebauung nicht nur für den Arbeiterwohnungsbau gewählt wurde, zeigt u. a. das allerdings sehr viel aufwendigere Beispiel der im frühen 19. Jahrhundert gestalteten Prediger- und Professoren-Häuser des Marienstiftes in Stettin (62).

Ebenfalls zahlreich liegen Beispiele für "D-Züge" aus dem ländlichen Bereich vor, die frühesten bekannten stammen allerdings erst vom Beginn des 18. Jahrhunderts. Bedal vermutet für die ländlichen Beispiele Schleswig-Holsteins Vorbilder im städtischen Bereich, insbesondere bei den Armenhäusern, Spitals- und Stiftsbauten (63). Als Beispiel nennt er die Landarbeiterwohnungen in Lephan (64). Gut untersucht sind die Bauten der Magdeburger Börde. Hier fanden sich Beispiele aus den Jahren 1732, 1781, 1789 und zahlreicher aus dem 19. Jahrhundert (65). Als weitere Beispiele seien genannt die Landarbeiterhäuser von David Gilly für Schloß Paretz von 1798 (66) und ein Bau vom Beginn des 19. Jahrhunderts in Neufahrwasser (67). Schließlich seien die bekannt gewordenen "D-Züge" für Industriearbeiter im ländlichen Bereich aufgeführt. Ein Bau entstand um 1820 auf dem Messingwerk in Eberswalde (68), ein weiterer um 1800 in Paruschewitz in Oberschlesien (69) sowie in Böhmen um 1825 (70).

Zur Zeit des Einsetzens des Werkswohnungsbaus im Ruhrgebiet nach 1850 waren also genügend Beispiele von "D-Zügen" vorhanden und bekannt. So nimmt es nicht wunder, daß gerade bei den frühesten "Kolonien" fast überwiegend dieser Bautyp gewählt wurde. Sowohl von den Bau- als auch von den Betriebskosten her sind wenige große Bauten billiger als viele kleine (71). Als Beispiele seien hier genannt: zwei Bauten mit je 20 Wohneinheiten aus dem Jahr 1855 auf der Zeche Concordia in Oberhausen (72), Bauten der Hütte Vulkan in Duisburg-Hochfeld um 1860, zwei Bauten mit je 50 Wohneinheiten von 1861-64 auf der Zeche Holland in Wattenscheid, Häuser der Zeche Gustav Heinrich in Bochum von 1863/64 und der Zeche Consolidation in Schalke von 1863-65. Auch hier waren es nicht nur Häuser für Bergleute niederer Chargen; selbst für die Meister der Kruppschen Hüttenwerke wurden in den 1860er Jahren noch "D-Züge" errichtet (73).

Wenn in der Folgezeit vom "D-Zug" als Bautyp weitgehend Abstand genommen wurde, so hat das seine Ursache sicher in dem engen Zusammenleben vieler Familien. Sehr unerwünscht war der mit den "D-Zügen" einhergehende Effekt der "Proletarisierung" (74). Den angestrebten Zielen des Betriebsgemeinschaftsgefühls und der Seßhaftigkeit entsprachen die aufgelockerteren Siedlungen mit kleineren Einheiten weit eher (75).

8   Budenreihe aus der Zeit um 1600 in Unna, Gürtelstr. 11-15.
     Ansicht von Südosten im Zustand 1986.
9   Gadenreihe des 18. Jahrhunderts in Unna, Klosterstr. 40-48.
     Ansicht von Nordwesten vor dem Abbruch 1965. (Bildarchiv des
     Stadtarchives Unna)

Mit den folgenden Beispielen soll gezeigt werden, daß der Bautyp des "D-Zuges" auch im ländlichen Bereich im Untersuchungsgebiet schon weit vor 1850 durchaus vorhanden und bekannt gewesen ist. Die beiden ersten Bauten (Beispiel 4 und 5) sind die in der Literatur meistgenannten Beispiele für "D-Züge" in Westfalen überhaupt, gleichzeitig gelten sie derzeit als die frühesten Arbeiterwohnungsbauten Westfalens.

Beispiel 4: "Lange Reihe" für Klingenschmiede in Hagen-Eilpe, Riegestr. 12-18, von 1666

Im Jahre 1661 wandten sich mehrere Klingenschmiede an die Cleve-märkische Regierung. Sie stammten aus Solingen und waren refor-mierter Konfession. Wohl aus diesem Grunde erwägten sie die Ansiedlung in dem (auf religiösem Gebiet) toleranteren Preußen und baten um die Unterstützung ihrer Ansiedlung. Diese wurde ihnen in einem Kontrakt mit Datum vom 1.5.1661 gewährt. Mußten bisher Klingen vom preußischen Staat auf den Märkten des Auslan-des bezogen werden, so war durch die Ansiedlung eine gewisse Autarkie auf diesem (damals noch) recht wichtigen Gebiet der Kriegsproduktion erzielt. Der kurfürstliche Plan, die Klingen-schmiede zur Ansiedlung in der Mark Brandenburg zu bewegen, scheiterte an deren starkem Wunsch, in der Nähe ihrer alten Heimat zu bleiben. So wurde schließlich die Ansiedlung in Eilpe, einem heutigen Stadtteil von Hagen, beschlossen (76).

Der Ansiedlungskontrakt beinhaltete neben dem Bau der Arbeits-stätten auch den Bau von Wohnungen (77). Während ersterer relativ zügig voranschritt und wohl 1663 schon beendet war, verzögerte sich der Bau der Wohnhäuser. Deshalb machten einige der Klingen-schmiede in Wengern Station, wobei nicht auszuschliessen ist, daß einige auch nach Fertigstellung der Wohnungen in Eilpe dort wohnen blieben (78); andere gingen entweder in ihre Heimat zurück oder siedelten in anderen Regionen. Für mindestens acht Klingen-schmiede und ihre Familien wurden jedoch letztlich Wohnungen in Eilpe errichtet. In einem undatierten, aber wahrscheinlich 1666 abgefaßten Bericht heißt es hierzu: "Daselbst sein auch bereits vier Häuser fertig, also dass selbige ehister Tage uffgerichtet werden solen. Mit den anderen wird stark fortgefahren" (79).

Der D-Zug präsentiert sich heute noch in derselben Gestalt, wie

10 Wohnungen für Klingenschmiede in Hagen-Eilpe, Riegestr. 12-
    18. Ansicht von Südosten um 1970. (Bildarchiv des Westfä-
    lischen Amtes für Denkmalpflege, Münster)
11 Blick in den Hofraum im Jahre 1986. Rechts die westliche
    Traufwand der Wohnungen, links die nur noch teilweise er-
    haltenen Stallungen des 18. Jh. mit jüngeren Abortanbauten.

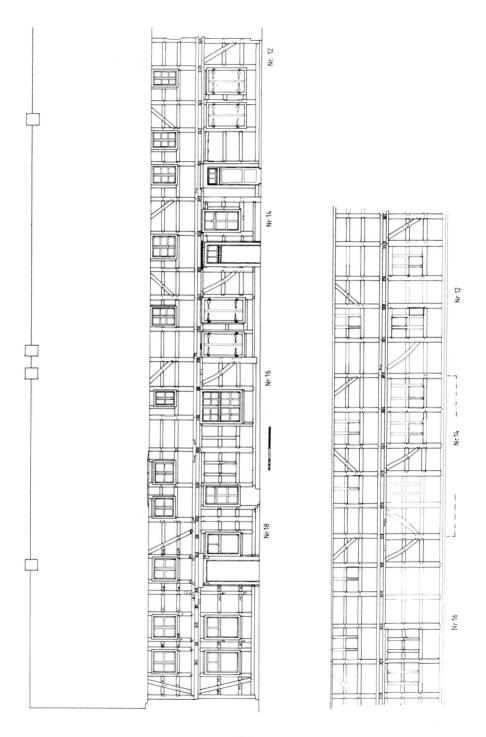

12 Vordere, östliche Traufwand der noch in Fachwerk erhaltenen Bauteile im Zustand 1986.
13 Vordere, östliche Traufwand. Rekonstruktion der Wohnungen Riegestr. 12-16.
14 Rückwärtige, westliche Traufwand. Rekonstruktion der Wohnungen Riegestr. 14-18.
15 Erdgeschoß-Grundriß. Rekonstruktion der Wohnung Riegestr. 14.

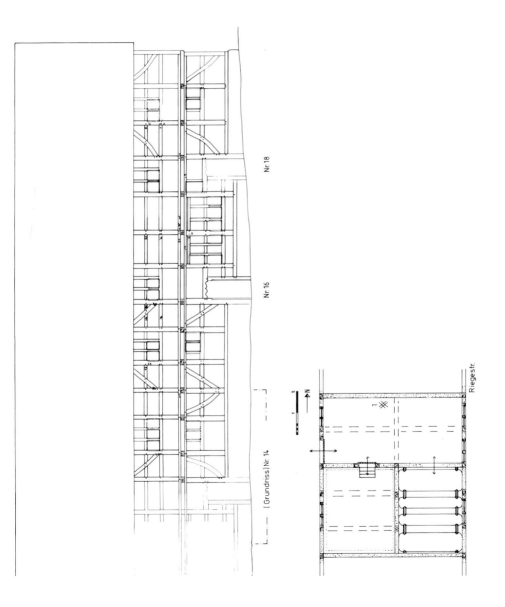

sie von Claas 1932 beschrieben worden ist (80). Von den ehemals 8 Wohnungen ist eine verschwunden, eine ist verschiefert, zwei sind mit massiven Mauern erneuert. Zur genaueren Untersuchung stehen also vier der Wohnungen noch (teilweise) zur Verfügung.

Das Fachwerk des von Beginn an zweigeschossigen, stöckig abgezimmerten Baus präsentiert sich mit den regional- und zeittypischen Merkmalen: die Verstrebung erfolgt durchgängig mittels gerader oder leicht einwärts geschwungener Kopfstreben (eine Ausnahme macht die vordere Traufwand von Haus Nr. 18, die zwischenzeitlich erneuert wurde) (Abb. 10 und 12); dabei sind fast regelmäßig diejenigen Ständer ausgesteift, hinter denen sich im Inneren Trennwände befanden, die Vorkragung des OG beträgt nur wenige Zentimeter, die ursprünglichen Wandöffnungen sind durch Falze und Fasen für Türen, Fenster und Klappläden im Gefüge erkennbar (Abb. 13 und 14).

Dagegen bleibt der Schmuck des Hauses hinter den für städtische Häuser und auch große Bauernhäuser obligatorischen Schmuck-Verstrebungen mit gekreuzten Kopfstreben und Andreaskreuzen, Profilierung von Schwell- und Füllhölzern mit Tauband-, Zahnschnitt- und Karnies-Profilen (81) zurück: er ist auf Karniesprofile an den Türstürzen beschränkt. Dagegen überrascht im Inneren des Hauses Nr. 14 der recht prächtige Schmuck mittels einer wohl im frühen 18. Jahrhundert entstandenen "Kölner Decke" (Abb. 15).

Jede der 8 Wohnungen erstreckt sich über fünf Gefache; die Länge beträgt so zwischen 7 m und 7,50 m. Der gesamte Baukörper ist heute noch 55,65 m lang und durchgängig 7 m breit. Die Grundfläche einer einzelnen Wohnung liegt damit bei etwa 50 qm, im Fall der genauer untersuchten Haus-Nr. 14 sind es genau 51,8 qm.

Die Wohnungen waren jeweils spiegelsymmetrisch einander zugeordnet. Je zwei Wohnungen wiesen einen gemeinsamen Rauchabzug auf. Die Feuerstelle jeder Wohnung lag in einem haustiefen, zwei Gefach breiten Raum. Die Tatsache, daß nur an der heutigen Rücktraufe positive Belege für Türen gefunden wurden, diese an der heutigen vorderen Traufwand aber fehlen, läßt die Vermutung zu, daß die Eingangsfront zwischenzeitlich gedreht wurde, daß ursprünglich entlang der heutigen vorderen Traufwand der Eilper Bach, der auch die Schmiedehämmer und Schleifereien antrieb (82), geflossen ist. Durch eine in Hausmitte firstparallel verlaufende Wand war der restliche, drei Gefach breite Raum einer jeden Wohnung in zwei Zimmer unterteilt. Nach Untersuchung der teilweise freiliegenden Innenwände, ebenfalls mit Kopfstreben ausgesteift, ergibt sich zweifelsfrei, daß beide Räume von der Dehle aus zugänglich waren. Dagegen ist der Zugang zum Obergeschoß und dessen ursprünglicher Grundriß derzeit unklar.Wie auch der Versprung in der Rekonstruktion der heutigen rückwärtigen Traufwand zeigt, war der dahinter liegende Raum durch einen Balkenkeller von recht geringer Tiefe unterkellert. Die darüber liegende Stube wurde nach Passieren der Tür (Ständer und Sturz sind leicht profiliert) über vier Stufen erreicht. Die kleine Treppe ist hochklappbar und gibt auf diese Weise den Zugang zum Keller frei.

Bemerkenswert ist schließlich, daß hier in den Wohnungen jegliche Hinweise auf landwirtschaftliche Tätigkeit fehlen. Im heutigen Zustand sind noch einige Ställe im hinteren Hofraum erhalten. Diese sind separat in einigem Abstand vom "D-Zug" errichtet. Ihre Aussteifung mittels langer Fußstreben weist sie als Werk des späten 18. Jahrhunderts aus (Abb. 11). Trotz der oben konstatierten Schwenkung der Vorderfront des Gebäudes ist aber nicht auszuschließen, daß sie - zumindest an anderer Stelle - Vorläufer gehabt haben. Eine besonders bedeutende Rolle hat die Landwirtschaft im Leben der Klingenschmiede aber allem Anschein nach nicht gehabt.

Beispiel 5: "D-Zug" für Salinenarbeiter in Unna-Königsborn, Zimmerplatz 10 a-k, um 1780

Etwa 120 Jahre später ist der nächste faßbare "D-Zug" errichtet worden. Er ist wohl das bekannteste Beispiel des Arbeiterwohnungsbaus in der Grafschaft Mark und nicht nur im lokalen (83), sondern auch im zusammenfassenden Schrifttum (84) mehrfach erwähnt und abgebildet worden. Ein nicht in allen Einzelheiten exaktes Aufmaß ist in den Inventarband der Bau- und Kunstdenkmäler des Kreises Unna aufgenommen (85).

Das Baujahr des Gebäudes ist nicht exakt bekannt. Erstmalig taucht es in streng rechteckiger Grundrißlinie in einem um 1780 entstandenen Situationsplan der Saline Königsborn (86) auf. In einem 1799 erschienenen Plan (87) weist der Baukörper an der

rückwärtigen Traufwand bereits einige Anbauten auf. Die erste
bisher bekannte schriftliche Erwähnung findet sich in einer Auflistung sämtlicher Gebäude der Saline zum Zweck der Feuerversi-
cherung mit Datum vom 24.11.1807 in einer Akte des Stadtarchivs
Unna (88). Darin sind unter Nr. 22 "Neun Familien Wohnungen am
Zimmerplatz taxiert zu 1.590 Reichsthaler" genannt. Mit einem
Baudatum um 1780 ist der "D-Zug" keinesfalls das früheste Beispiel des Wohnungsbaus für Salinenarbeiter. Bekannt sind aus
anderen Regionen u. a. zur Saline Traunstein gehörige Bauten aus
dem Jahr 1618 (89). Etwa zeitgleich mit dem Beispiel Unna-Königsborn dürfte eine "Lange Reihe" auf der benachbarten Saline Werl
errichtet worden sein (90).
Der geschossig abgezimmerte Fachwerkbau ist 31,70 m lang und
besteht aus 21 Gebinden (Anbauten an beiden Giebeln sind jüngeren
Datums) (Abb. 16). Jedes Gefach ist in der Regel an der vorderen
Traufwand durch drei, an der rückwärtigen Traufwand durch nur
zwei Riegel gegliedert. Hier ist nur teilweise ein dritter Riegel
als Fensterbrüstung bzw. Sturz angeordnet bzw. zu rekonstruieren.
Die möglichst geringe Zahl an Riegeln pro Gefach ist eine Tendenz
der Zeit im gesamten preußischen Bauwesen (91). Der zu
besprechende Bau weist große Ähnlichkeiten auf mit dem im Geiste
der entsprechenden Bauvorschriften Anfang des 19. Jahrhunderts
errichteten Bau in Neufahrwasser (92). Die Aussteifung erfolgt
zeittypisch mittels langer Fußstreben, die in der Region im
späten 17. Jahrhundert Einzug halten und ab etwa 1720 dominierend
sind. Während vielfältige Veränderungen der vorderen Traufwand
hier eine Rekonstruktion nicht zulassen, ist für die rückwärtige
Traufwand (Abb. 17) zumindest eine teilweise Rekonstruktion möglich (Abb. 18): hier sind Abbundzeichen teilweise erhalten, ehemalige Wandöffnungen sind teilweise erkennbar durch die Spuren
der Einzapfung von Brust- oder Sturzriegeln. Allerdings fehlen
derartige Spuren im oberen Bereich der Wand vollständig.
Die insgesamt neun Wohnungen werden heute von der vorderen Traufwand aus betreten (Abb. 19). Sie sind untereinander mit Ausnahme der Anordnung der Treppen ins Obergeschoß weitgehend identisch. Jede der Wohnungen ist zwei Fach breit und hat nur eine
Grundfläche von 32 qm. Davon unterscheidet sich die ganz linke
Wohnung von Beginn an mit doppelter Breite. Bereits 1807 sind nur

neun Wohnungen genannt. Es könnte sich um die Wohnung eines
Aufsehers o.a. gehandelt haben. Ihre herausgehobene Stellung wird
auch daran deutlich, daß sie ursprünglich nicht wie die anderen
Wohnungen traufseitig, sondern vom Giebel aus erschlossen war.
Betritt man eine Wohnung, so befindet man sich unmittelbar in der
Küche, die, wie der große Kaminblock zeigt, ursprünglich noch ein
offenes Herdfeuer aufwies. Die Herde je zweier Wohnungen weisen
einen gemeinsamen Rauchabzug auf. Ein gleich großer Raum liegt
über einem flachen Balkenkeller drei Stufen gegenüber der Küche
erhöht (Abb. 20). Klappt man die kleine Treppe hoch, so wird wie
bei Beispiel 4 darunter der Treppenzugang zum Keller sichtbar. In
der Mehrzahl der Wohnungen liegt in der Küche direkt vor der
Trennwand zur Stube die steile Treppe ins Obergeschoß. Dort
befindet sich beidseitig der Treppe je eine Kammer. In diesen
Kammern wird Stehhöhe durch eine besondere Dachkonstruktion erreicht. Die Dachsparren stehen nicht auf den Dachbalken, sondern
unmittelbar auf den Wandrähmen auf. Deutlich oberhalb der Rähme
ist ein langer Kehlbalken in die Sparren eingezapft. Im Dachraum
sind die Schornsteine schräg bis nahezu zum First gemauert.
In den Wohnungen sind Teile der originalen Ausstattung, insbesondere einige Innentüren (Abb. 21) und Treppen, original erhalten.
Dagegen zeigt das Äußere heute ein Gepräge des späten 19. Jahrhunderts; einige Haustüren und nach außen schlagende Fenster der
Zeit sind erst vor kurzem entfernt worden.
Im Haus selbst sind keine Spuren ehemals landwirtschaftlicher
Tätigkeit der Bewohner erhalten - der Platz wäre hierfür auch zu
gering. Wie erwähnt, ist die Umrißlinie des gesamten Baukörpers
in dem um 1780 entstandenen Plan streng rechtwinklig; auch sonst
sind in näherer Entfernung zum Haus keine Baukörper verzeichnet.
Bereits im Plan von 1799 sind dagegen an der rückwärtigen Traufwand verschiedene Anbauten erkennbar, die man wohl als Ställe
deuten kann. Wie zahlreiche Zapfenschlitze (Abb. 17), waren diese
Bauten in Fachwerk errichtet und unmittelbar an das Haupthaus
angebaut, wobei zum Teil originale Fensteröffnungen verdeckt
wurden. Diese Anbauten sind größtenteils bereits um 1900 wieder
entfernt gewesen. In dieser Zeit wurden regelmäßig zu jeder
Wohnung im Hofraum Ställe und Schuppen in Backstein errichtet,
die heute noch vorhanden sind.

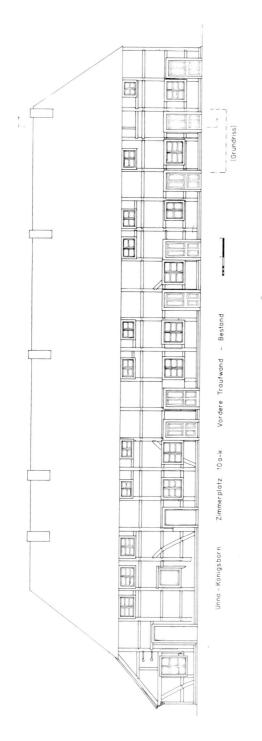

Unna-Königsborn   Zimmerplatz 10 a-k   Vordere Traufwand - Bestand

(Grundriss)

16 Wohnungen für Salinenarbeiter in Unna-Königsborn, Zimmer-
    platz 10 a-k. Vordere, südliche Traufwand im Zustandes 1986.

17 Rückwärtige, nördliche Traufwand im Zustand 1986.

18 Rückwärtige, nördliche Traufwand. Rekonstruktion.

176

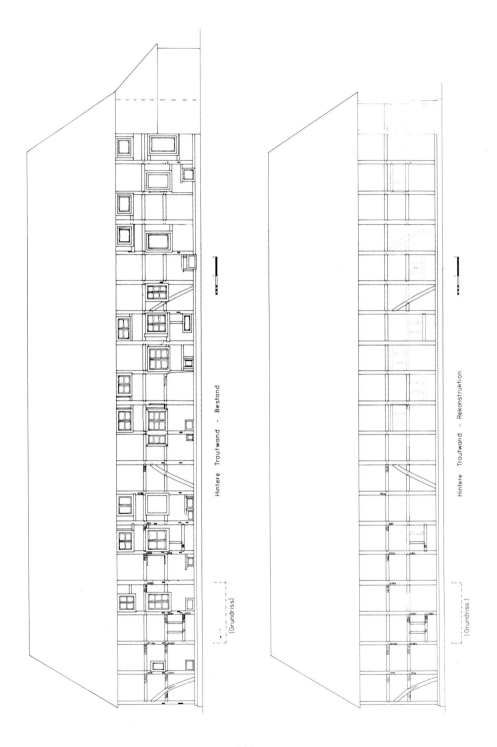

Hintere Trautwand - Bestand

(Grundriss)

Hintere Trautwand - Rekonstruktion

(Grundriss)

177

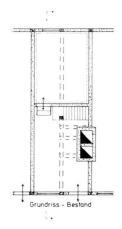

Grundriss - Bestand

19 Erdgeschoß-Grundriß einer Wohnung im Zustand 1986.

20 Querschnitt im Zustand 1986.

21 Innentür der Erbauungszeit.

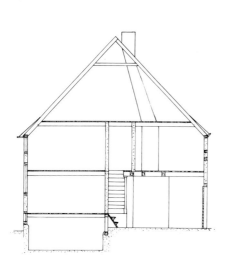

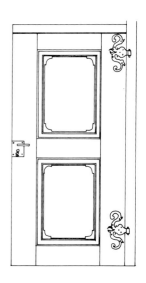

Beispiel 6: "D-Zug" in Wengern, Schmiedestraße 30, 17.-18.
Jahrhundert

Von den beiden vorigen Beispielen unterscheidet sich der Bau in
Wengern nicht nur wegen seiner geringen Größe. Komplizierter ist
auch die Baugeschichte, wobei drei Bauphasen zu unterscheiden
sind. Die heutige Form als "Lange Reihe" ist hier erst das Ergebnis zweier Anbauten an einen ehemals allein stehenden Bruchstein-
bau. Als Mietshaus hat das Gebäude sicher seit dem späten 18.
Jahrhunderts gedient. Möglicherweise wohnten in ihm vordem einige
der aus Solingen zugewanderten Klingenschmiede (93).
Der Bau liegt im Ortskern des Kirchspielortes Wengern nahe dem
Wengerbach. Das Dorf Wengern hatte 1486 20 Wohnplätze deren Zahl
über 40 1645 auf 105 im Jahr 1825 gestiegen war (94). Zu den 40
Wohnstellen kann der heute verputzte und nicht näher untersuch-
bare Bruchsteinbauteil (Abb. 22) mit 74 qm Grundfläche schon
gehört haben. Ihm wurde um 1700 ein geschossig abgezimmerter
Fachwerkteil angebaut, der an der rückwärtigen Traufwand weitgehend rekonstruierbar ist. Er weist 51 qm Grundfläche auf. Mit
seinen Kopfstreben und den im Gefüge sich abzeichnenden Wandöffnungen ist er mit dem Bau in Hagen-Eilpe vergleichbar. Was dort
etwas inkonsequent gehandhabt war, ist hier klar ablesbar: der
Ständer, hinter dem sich eine Wand im Inneren befindet, ist
beidseitig mit Kopfstreben ausgesteift. Hier befindet sich dieser
Ständer in der Mitte der Traufwand, die Innenwand teilt den Bau
also in zwei etwa gleich große, jeweils drei Gefach breite Räume.
Die durch eine sicher zu rekonstruierende Tür (Abb. 23) auch von
der rückwärtigen Traufwand zugängliche Dehle ist also bei ansonsten genau gleicher Grundfläche relativ größer als bei den Wohnungen in Hagen-Eilpe. Wie dort war auch hier der Wohnteil von
Beginn an zweigeschossig unterteilt.
Diesem Bau wurde im späten 18. Jahrhundert ein weiterer Bauteil
aus drei Gebinden mit 37 qm Grundfläche angefügt. Wie der frühere
Fachwerkteil erhielt der Anbau an der vorderen Traufwand einen
eigenen Zugang. Die Giebelwand (Abb. 24) zeigt mit den geknick-
ten Fußstreben und dem Fries von Andreaskreuzen, die in in die
Ständer gezapft sind, deutlich die Gestaltung des 18. Jahrhunderts. Dagegen wurden beide Traufwände noch mit Kopfstreben verzimmert. Diese bewußte Anpassung an vorhandene Bausubstanz ist

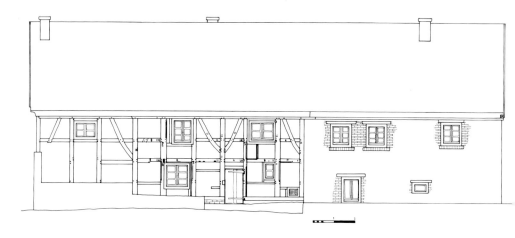

22 Wengern, Schmiedestr. 30. Rückwärtige, nördliche Traufwand im
    Zustand 1985.

23 Rückwärtige, nördliche Traufwand. Rekonstruktion des Fach-
    werkbauteiles im Zustand um 1700.

24 Rechter, östlicher Giebel im Zustand 1985.

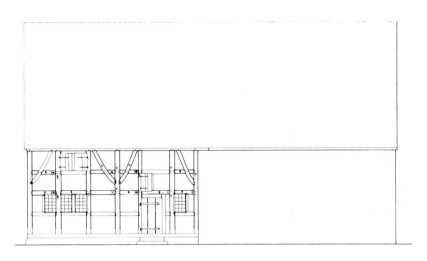

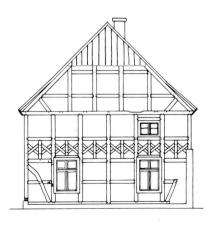

aus dem Untersuchungsgebiet durch mehrere andere Bauten des 17.
und 18. Jahrhunderts belegt (95). Angemerkt sei, daß mit der
letzten Bauphase dem gesamten Baukörper ein durchgehendes Dach
neu aufgesetzt wurde.

2.3. Zwei-Familien-Häuser

Bereits einführend wurde die Schwierigkeit benannt, frühen Mietwohnungsbau für Arbeiter überhaupt zu erkennen. Angesichts nur
begrenzter Betriebsgrößen war ein Bau von mehr als ein oder zwei
Wohneinheiten selten notwendig. Wenn also derartige Bauten entstanden sind, so sind sie ohne archivalische Untersuchungen im
heutigen Zustand kaum von Bauten zu unterscheiden, die von Arbeitern selbst errichtet wurden. Um hier überhaupt mit Beispielen
aufwarten zu können, mußte der oben skizzierte zeitliche, räumliche und soziale Rahmen der Arbeit ausgeweitet werden. Die
Beispiele dienen in erster Linie dem Nachweis, daß es den Mietwohnungsbau vom Typ Zwei-Familien-Haus überhaupt gegeben hat.
Damit soll die Sinnhaftigkeit der Suche nach solchen Bauten
gerade auch im eigentlichen Untersuchungsgebiet unterstrichen
werden.

Beispiel 7: Siedlung der Hüttenwerke in Kreuztal-Kredenbach, Zur
Silberhütte, 18. Jahrhundert
Bereits der erste Blick auf die Abbildungen zeigt, daß das Ruhrgebiet verlassen wurde, daß das Beispiel aus einem anderen,
ebenso alten und früher durchaus bedeutenderen Industriegebiet
stammt, dem Siegerland. Diese Region ist erst 1815 zu Westfalen
geschlagen worden. Ihre zumindest seit dem 17. Jahrhundert grundlegend andere kulturelle Orientierung zeigt sich deutlich an der
mitteldeutschen Gestaltung des Fachwerks.
Der hier teilweise dokumentierte Bau gehört zu einer Gruppe von
insgesamt drei untereinander weitgehend gleichen Häusern, die von
den "Königlichen Hüttenwerken Lohe" errichtet wurden. Zwei dieser
Bauten sind Anfang 1986 entkernt worden,um umgesetzt zu werden.
An dem hier zu betrachtenden hinteren Bau lassen sich neben
zahlreichen kleineren Veränderungen insgesamt drei große Bauphasen unterscheiden (Abb. 25). Der rechte Teil des Hauses mit 132
qm Grundfläche soll im Jahre 1732 errichtet worden sein (96). Die

linke Haushälfte mit 105 qm wurde dem vorhandenen Haus in der
zweiten Hälfte des 18. Jahrhunderts angebaut. In der Folge - wohl
um 1800 - wurden die Außenwände des älteren, rechten Kernbaus
erneuert, während die Innenwände in Teilen erhalten blieben.
Dieser Zustand ist in Abb. 25 teilweise rekonstruiert.
Die im heutigen Erscheinungsbild daher ältere, linke Haushälfte
ist im typischen Fachwerk des 18. Jahrhunderts errichtet: auffallend sind insbesondere die Bundständer. Sie laufen von der
Schwelle bis zum Rähm durch und sind an allen Außenwänden
jeweils mit Fußstreben ausgesteift. Diese sind jedoch weder an
den Traufwänden, noch an der Giebelwand (Abb. 26) zum ansonsten
typischen "Mann" ergänzt. Die Bundständer sind gleichzeitig
Außenständer für die inneren Trennwände. In diese Bundständer,
deren Vorkommen an allen Außenwänden eine Datierung ins frühe 18.
Jahrhundert unmöglich macht (97), sind Schwellriegel eingezapft.
Eine durchgehende Schwelle existiert hier also nicht. Ebenso
lange Riegel sind in Geschoßhöhe angebracht. Zwischenständer sind
zwischen Geschoßriegel und Schwellriegel bzw. Rähme eingestellt.
Die Anordnung weiterer Riegel läßt deutlich die ursprüngliche
Durchfensterung des Baukörpers erkennen. Im Erdgeschoß sind die
einzelnen Felder des Gefüges jeweils mit einem Profil versehen.
Vergleichsbeispiele bei Schepers (98) sind in den Jahren 1764 und
1770 errichtet worden.
Die Außenwände des rechten, eigentlich älteren Baus sind um oder
wenig nach 1800 deutlich schmuckloser stöckig erneuert worden.
Nur noch die Eckständer sind ausgesteift, wobei weiterhin Fußstreben zur Verwendung kamen. Durch Versprünge geben auch hier
die Riegel die ursprüngliche Lage der Fenster zu erkennen. Mit
den neuen Außenwänden war bei diesem Körper auch eine weitgehende
Umorganisation im Inneren verbunden. Es sei darauf hingewiesen,
daß der teilweise rekonstruierte Grundriß in Abb. 27 einen früheren Zustand als den in Abb. 25 wiedergegebenen umschreibt; in
etwa denjenigen zum Zeitpunkt des Anbaues in der zweiten Hälfte
des 18. Jahrhunderts. Dieser Anbau ist ohne eigenen Giebel vor
den älteren Baukörper gesetzt. Dessen ehemalige Giebelwand ist im
Inneren bis hinauf zum Giebeldreieck noch teilweise erhalten.
Der Kernbau hat einen dreizonigen Grundriß gehabt. Die linke Zone
wurde von einem einzigen, haustiefen Raum eingenommen, der von

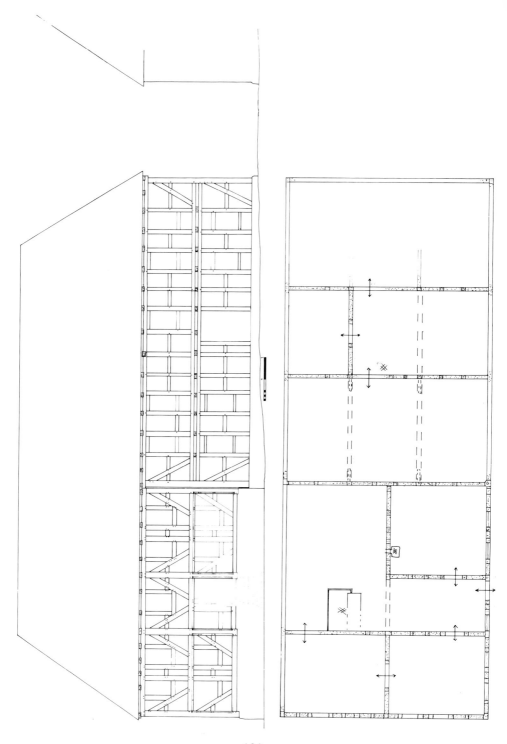

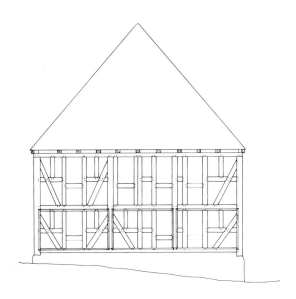

25 Kreuztal-Kredenbach, Zur Silberhütte. Rekonstruktion der vor-
    deren, westlichen Traufwand im Zustand um 1800 (links).
27 Erdgeschoß-Grundriß. Teil-Rekonstruktion des Zustandes in der
    zweiten Hälfte des 18. Jahrhunderts (links).
26 Linker, nördlicher Giebel. Rekonstruktion des Zustandes in
    der zweiten Hälfte des 18. Jahrhunderts (oben).
28 Südlicher Giebel. Rekonstruktion im Zustand um 1800 (unten).

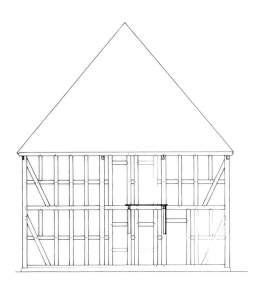

zwei beidseitig mit Kopfbändern versehenen Unterzügen überfangen wurde. Es dürfte sich hier um einen reinen Wirtschafts- oder Werkstattraum gehandelt haben. Demnach war das Haus quer aufgeschlossen gewesen. In der mittleren Zone, in der man das Haus wohl ebenfalls betreten konnte, war im hinteren Teil ein kleiner Raum abgetrennt; im vorderen Bereich hat man eine Herdstelle zu vermuten. Der Stand der Abbauarbeiten im Frühjahr 1986 ließ keine endgültige Aussage zu, ob und wie die rechte Zone gegliedert war. Zwei Querwände (oder ebenfalls nur Unterzüge wie in der linken Zone?) sind aber zu vermuten.

Eine Wohnfunktion dieses Baus in seiner ursprünglichen Form ist also nicht definitiv nachzuweisen; denkbar ist auch eine rein wirtschaftliche Nutzung. Mit dem Umbau um 1800 wurde aber dieser Bauteil mit Sicherheit einer Wohnnutzung zugeführt, wobei die Dreizonigkeit erhalten blieb. Im hinteren Teil der rechten Zone scheint aber weiterhin handwerklich-industriell gearbeitet worden zu sein. Darauf deuten nicht nur verschiedene Spuren von Feuerstellen hin, sondern auch der in Abb. 28 erkennbare separate Zugang im Erdgeschoß sowie insbesondere die Hebebühne und die beiden Türen im Obergeschoß.

Im Gegensatz zur rechten Haushälfte hat der Anbau der zweiten Hälfte des 18. Jahrhunderts durchgängig nur Wohnfunktion gehabt. Von der Traufseite betrat man einen recht großen Flur, der - wohl ohne Tür - in eine große Küche mündete. Von diesem Raum aus wurde auch die rechts des Flurs gelegene Stube beheizt. Im linken Teil waren zwei Räume untereinander durch eine Tür verbunden. Das Obergeschoß, dessen Grundrißgestaltung mit der des Erdgeschosses identisch ist, wurde wohl von Beginn an vom Flur aus erreicht.

Wie bereits erwähnt, ist ein zweiter Baukörper mit nahezu identischer Baugeschichte in derselben Flucht mit dem hier beschriebenen Haus gelegen (siehe die angedeutete Kontur in Abb. 25). Der dritte Bau scheint eine ähnliche Entwicklung gemacht zu haben. Es handelt sich hier also um insgesamt sechs recht große Baukörper, die möglicherweise um 1800 in jedem Geschoß eine separate Wohneinheit enthielten. In diesen Wohnungen sollen bis zur Stillegung der Hütte 1876 die Hüttenmeister, Schmelzer und Hammerschmiede gewohnt haben, "geachtete Fachleute, die rund um die Uhr in Bereitschaft stehen mußten" (99). Man hätte es demnach hier mit einem weiteren Beleg dafür zu tun, daß gerade die frühesten faßbaren Beispiele des Werkswohnungsbaus für besonders gesuchte, qualifizierte Arbeitskräfte errichtet wurden (100). Die Klassifizierung "Arbeiter" scheint gerade im vorliegenden Falle kaum angebracht.

Abschließend sei angemerkt, daß im Zuge der weiteren Industrialisierung des Siegerlandes der Werkswohnungsbau nicht die dominante Rolle wie im Ruhrgebiet gespielt hat. Hier scheint bis ins späte 19. Jahrhundert der Bau eigener Häuser durch die Industriearbeiter üblich gewesen zu sein. Ganz allgemein wird das Landschaftsbild durch die im charakteristischen Spar-Fachwerk der zweiten Hälfte des 19. Jahrhunderts errichteten kleinen Eigenheime der Arbeiter bestimmt (101).

Beispiel 8: "Bleichhaus" des Hofes Schmalenbeke bei Wengern, um 1850

Für das Ruhrgebiet, dem wir uns nun wieder zuwenden, wird angenommen, daß sowohl Land- als auch Industriearbeiter in der früh industrialisierten Zone des niederbergischen Hügellandes, wenn sie nicht über eigene Kotten verfügten, in den ehemaligen Speichern, Backhäusern, Altenteilen u. ä. ihr Unterkommen fanden. Daneben ist aber auch der Bau weiterer Häuser nachweisbar, die, von Bauern nahe der Haupthäuser errichtet, offenkundig zu Wohnzwecken errichtet wurden. Allerdings ist nicht eindeutig nachweisbar, daß die dort Wohnenden ausschließlich in der Landwirtschaft arbeiteten. Ebenso ist natürlich ihre Beteiligung am Kohlegraben denkbar, sowie ihre Tätigkeit in der Textilwirtschaft. Nachgewiesen ist, daß seit dem 18. Jahrhundert einzelne Bauern der Regionen in gewissem Umfang auf diesem Gebiet tätig waren. Darauf könnte auch die Bezeichnung "Bleichhaus" hindeuten, die solche Bauten häufig erhalten haben. Aus der großen Zahl der in der zweiten Hälfte des 19. Jahrhunderts entstandenen Bauten sei einer kurz charakterisiert.

Es handelt sich um einen Fachwerkbau, der in zwei Bauphasen errichtet wurde. Die jüngere ist nach Familienüberlieferungen um 1880 anzusiedeln. Damals wurde dem wohl um 1850 entstandenen Kernbau ein nahezu gleich großer und gleich konstruierter Baukörper am nördlichen Giebel angefügt. Das Fachwerk des gesamten Baus ist nur noch an der östlichen Traufwand in seiner ursprünglichen Substanz genauer zu erkennen (Abb. 29). Danach handelt es sich um einen gemischt abgezimmerten Bau. Die Eckständer sowie ein Ständer in der Mitte des Kernbaus reichen von dem recht hohen Bruchsteinfundament bis unter die Dachbalken. In diese drei Ständer sind jeweils die Schwellen und Rähme eingezapft, sowie etwas über halber Wandhöhe ein langer Riegel. Dieser markiert gleichzeitig das Niveau der inneren Unterteilung in zwei Geschosse. Zwischen Schwellen und diese Riegel im Erdgeschoß bzw. zwischen diese Riegel und die Rähme im Obergeschoß sind jeweils zwei Ständer gestellt. So entstehen insgesamt am Kernbau sieben Gebinde, d. h. sechs Gefache. Die beiden äußeren Gefache sind mit Schwell-Riegel-Streben im Erdgeschoß bzw. mit Riegel-Rähm-Streben im Obergeschoß ausgesteift. Die Gefache im Obergeschoß weisen jeweils nur einen Riegel auf, der mit den Ständern bzw. Streben nur je einfach vernagelt ist. Im Erdgeschoß sind je zwei Riegel pro Gefach vorhanden, wobei der obere jeweils einfach, der untere dagegen jeweils doppelt mit den vertikalen Hölzern vernagelt ist.

29 Wengern, Bleichhaus des Hofes Schmalenbeke. Ansicht von Süden
    im Jahre 1986.

Der jüngere Anbau weist ebenso wie der Kernbau einen Mittel-
ständer sowie Eckständer auf, die vom Fundament bis unter die
Dachkonstruktion reichen. Die langen Riegel sind hier gegenüber
dem Kernbau etwas versetzt angeordnet. Zu den Schwell-Riegel-
bzw. Riegel-Rähm-Streben in den Eckfeldern gesellen sich solche
im Gefach rechts des Mittelständers. Während der Schwung der
Streben am Kernbau einem stehenden Bogen ähnelt, sind die Streben
in Obergeschoß und Erdgeschoß des Anbaus nicht als fortlaufende
Linie, sondern gegenläufig angeordnet, was einen wesentlich unru-
higeren Eindruck der Fassade hervorruft.
Hinter den beiden jeweils mittleren Ständern beider Baukörper,
hat sich eine innere Trennwand befunden. Eine weitere Trennwand
in Firstlinie ist ebenfalls wahrscheinlich, sodaß insgesamt drei
oder vier Räume in jedem Geschoß vorhanden waren. Raum für Ställe
kann es innerhalb der jeweils nur 50 qm großen Bauteile nicht in
größerem Umfang gegeben haben.

Beispiel 9: Landarbeiterhäuser des Gutes Brüggen in Bramey-Lenningsen, Kamener Straße 19-33, nach 1840
Das Phänomen der Landarbeiterwohnungen, insbesondere das der
sogenannten "Schnitterkasernen", ist zweifellos ein Charakteri-
stikum der Regionen im Ostsee-Küstenraum und hier besonders der
ostelbischen Landschaften. Allgemeiner gesprochen taucht es vorrangig in den Regionen auf, in denen in größerem Umfang Gutswirt-
schaft betrieben wurde. Mehrfach wurde festgestellt, daß der Bau
von Landarbeiterwohnungen in nennenswerter Zahl erst im 18. Jahrhundert (102) bzw. erst Ende des 18. Jahrhunderts (103) einsetzt.
Frühere Beispiele werden sich demnach auch in Westfalen kaum
finden, wie überhaupt zu vermuten ist, daß das Phänomen des
Landarbeiterwohnungsbaus aufgrund unterschiedlicher landwirtschaftlicher Struktur nicht im selben Maße wie in den genannten
Gebieten auftritt. Einige Beispiele von Schlössern und Gütern
bzw. Domänen - vorwiegend aus der zweiten Hälfte des 19. Jahrhunderts - sind aber bekannt geworden. Genannt seien die drei
Bauten mit Kreuzgrundriß der Domäne Dahlheim (Kr. Büren); genauer
erläutert seien die Landarbeiterhäuser des Gutes Brüggen am Rande
des Ruhrgebietes.

Das Gut (104) war von 1816 bis 1919 selbständige Gutsgemeinde. Nach 1839 wurden dort vier Doppelhäuser in einer Reihe errichtet. Sie liegen in deutlichem Abstand zum Gutsgebäude am Nordrand der Zufahrtsallee (Abb. 30). Die Häuser sind allesamt außen verputzt und innen bewohnt, somit derzeit kaum untersuchbar. Hinter einigen abgeplatzten Putzschichten tritt zu Tage, daß die Eckständer der Häuser mit Fußstreben ausgesteift sind. Hier wie auch an den teilweise frei liegenden Giebeldreiecken ist erkennbar, daß zur Errichtung des Fachwerks wohl ausschließlich Nadelholz verwendet wurde.

Alle Wohnungen sind durch Türen von den jeweiligen Schmalseiten erschlossen. Während die Mehrzahl der Wohnungen heute über je einen eigenen Schornstein verfügt, ist der wohl ältere Zustand eines gemeinsamen Kamins für zwei Häuser noch an einem Bau erhalten. Hinter den traufenständig zur Allee gelegenen Häusern liegen heute Gärten für jede Wohnung, in denen teilweise kleine Schuppen stehen, die wiederum zum Teil unmittelbar an die Wohnhäuser angebaut sind.

2.4. "Friderizianische Kolonien"

Unter dem Begriff "Friderizianische Kolonien" werden Siedlungen unterschiedlicher Zweckbestimmung zusammengefaßt. Neben den reinen Handwerkerkolonien, insbesondere für Weber, gibt es neben zahlreichen Mischformen auch solche, die rein bäuerlichen Charakter haben (105). Sie berühren das Thema insofern, als es sich zum einen um geplante Siedlungen für Bauern, Handwerker oder Arbeiter handelt, zum anderen die Pläne dafür in verschiedener Form veröffentlicht waren und insofern auch den Erbauern der Ruhrgebietskolonien nach 1850 potentiell zugänglich waren.

Grundsätzlich sind die Kolonien, ebenso wie die sonstigen Maßnahmen zur Hebung der Landeskultur (106), vorrangig bezogen auf die östlichen preußischen Landesteile. Hier haben die verschiedenen preußischen Potentaten in unterschiedlichem Maße zur Mehrung der durch Kriege dezimierten Bevölkerungszahl Kolonisten die Ansiedlung ermöglicht (107). In den westlichen Provinzen sind Koloniegründungen in bescheidener Zahl erst sehr spät, ab 1769, erfolgt. Für die ehemalige Grafschaft Mark war die Stadt Kamen Sammelpunkt der Kolonisten und Ausgangspunkt der Kolonisation.

30 Bramey-Lenningsen, Kamener Str. 19-33 im Zustand 1987.

31 Kolonistenhaus in der Unnaer Heide. Umzeichnung der Original-
pläne. (Aus: Stoob, wie Anm. 111)

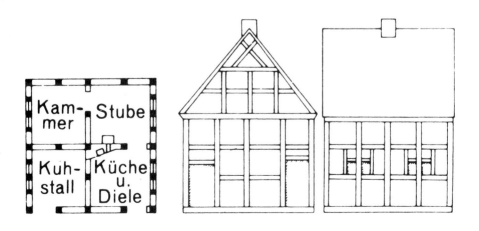

Beispiel 10: Kolonistenhäuser der Kolonie in der Unnaer Heide, um 1770

Eine der Kolonien liegt südlich von Kamen bereits auf Unnaer Gebiet unweit nördlich des oben beschriebenen "D-Zuges" für Salinenarbeiter (Beispiel 5). Durch Erbpachtkontrakt vom 11.11.1770 wurden 7 Kolonistenfamilien aus dem rheinpfälzer Raum auf einem Gelände "angesetzt", das die Stadt Unna überlassen hatte (108). Über die Berufe der Kolonisten ist wenig bekannt. Einer von ihnen betrieb neben seiner landwirtschaftlichen Tätigkeit das Weberhandwerk (109).

Von den Häusern der Kolonisten finden sich kaum mehr Spuren. Der einzige erhaltene ältere Bau (Colonie 1) ist laut Inschrift auf dem Torsturz am 7. April 1677 errichtet worden. Nach Aussage der heutigen Eigentümer soll das Haus ursprünglich weiter entfernt gestanden haben; es sei dann durch die Kolonisten hierher transloziert worden. Es handelt sich um einen geschossig abgezimmerten Fachwerkbau von acht Gebinden. Die Dachbalken sind eingehälst, die Eckständer und ein weiterer Ständer sind - für die Zeit von 1677 erstaunlich früh - mit Fußstreben ausgesteift. Das Haus ist durch ein Einfahrtstor im Wirtschaftsgiebel und eine Tür im Giebel des Wohnteils erschlossen. Der dreischiffige Wirtschaftsteil erstreckt sich über die ersten vier, der aus zwei Räumen bestehende Wohnteil hinter den anderen drei Gefachen.

Ein weiterer zur Kolonie gehöriger Bau ist nur durch einen kleinen Zeitungsbericht mit Foto überliefert (110), er wurde 1961 abgebrochen. Laut Inschrift war er aber erst im Jahre 1820 von Kaspar Dreier und seiner Frau Anna Maria Hetterich, einer Tochter des Kolon Hetterich, im Jahre 1820 erbaut worden. Es handelte sich also um die zweite in der Kolonie ansässige Generation. Auf dem Foto ist erkennbar, daß es sich um einen queraufgeschlossenen, mit Fußstreben ausgesteiften Fachwerkbau handelt. Die Inschrift kann sich nur über dem Einfahrtstor befunden haben. Da der Queraufschluß eines Hauses für die Region und auch noch die Zeit recht untypisch ist, kann man vermuten, daß es sich bei der Inschrift lediglich um den Anbau des großen Wirtschaftsteiles an einen älteren Baukörper handelt. Darauf deutet auch die Unterschiedlichkeit in der Dachdeckung beider Bauteile hin. Es hat sich also beim Kernbau um einen nahezu quadratischen Baukörper

gehandelt.
Ein solcher ist als "Kolonistenhaus" in Unna archivalisch überliefert (Abb. 31) (111). Danach handelt es sich um einen nahezu
quadratischen, einstöckigen Fachwerkbau von fünf Gebinden ohne
jegliche Aussteifung (?). Neben drei Räumen - Küche und Dehle,
die mit einem Hinterlader-Ofen beheizbare Stube und eine Kammer -
war im Haus ein Kuhstall vorhanden. Die vier Gelasse waren gleich
groß; die gesamte Grundfläche betrug ca. 42 qm, die Wohnfläche
demnach wenig über 30 qm. Der Grundriß weist große Ähnlichkeit
mit denen der Bergmannskotten auf. Ungeklärt ist derzeit, ob
ursprünglich alle Kolonistenhäuser in der Unnaer Heide in dieser
Weise erbaut werden sollten.

3. Zusammenfassung
Mit den Beispielen konnte gezeigt werden, daß die Gefügeforschung, auch auf Fachwerkbauten des 19. Jahrhunderts angewandt,
neue Ergebnisse zur Geschichte des Bauens und Wohnens und
darüberhinaus zur Wirtschafts- und Sozialgeschichte zu erbringen
in der Lage ist. Umfassendere Untersuchungen hätten darüberhinaus
weitere Quellen mit den Bauuntersuchungen zu kombinieren. Neben
der Suche nach schriftlichen Quellen scheint die Befragung der
Bewohner erfolgversprechend. In überraschendem Maße ist bei den
untersuchten Bauten eine Konstanz der Bewohner/Besitzer über
mehrere Generationen vorhanden. Häufig sind noch heute Nachfahren
der Erbauer im Besitz der Kotten, häufig leben die Bewohner der
Mietswohnungen (z. B. in Königsborn) in der dritten oder gar
vierten Generation im Haus. Der aus Befragungen zu erwartende,
durch die üblichen Probleme der Auswertung mündlicher Überliefe-
rungen geschmälerte, Erfolg ist natürlich auch darauf zurückzuführen, daß die zu ermittelnden Ur- und Zwischenzustände erst
relativ kurze Zeit zurückliegen.
Durch die relativ weite zeitliche Streuung der Beispiele wurden
Grundzüge der Gestaltung des Fachwerks vom späten 17. bis ins
späte 19. Jahrhundert in der ehemaligen Graftschaft Mark erkennbar. An den Beispielen 4 (Hagen-Eilpe) und 6 (Wengern) sind noch
Grundzüge der auch schon im 16. Jahrhundert geltenden Gestaltung
erkennbar: bis ins 17. Jahrhundert (und teilweise frühe 18.
Jahrhundert) bleibt die Aussteifung durch Kopfstreben üblich.

Regelmäßig sind alle Eckständer ausgesteift, sowie diejenigen, hinter denen sich ursprünglich eine innere Trennwand befand. Wandöffnungen geben sich durch Fasen und Fälze im Gefüge zu erkennen. Allein aus diesen Angaben sind Aufschlüsse über die Raumstruktur zu gewinnen. Die sonst noch im 17. Jahrhundert übliche Einzapfung der Schwellen und Rähme in die Eck- und teilweise auch in die genannten "Vorwandständer" ist an den Beispielen nur noch teilweise zu sehen.

Spätestens im letzten Viertel des 18. Jahrhunderts sind auch auf dem Land die Kopfstreben von langen Fußstreben abgelöst. Spätestens Mitte des 19. Jahrhunderts sind Schwell-Rähm-Streben üblich. Reine Dachbalkenkonstruktionen sind gegenüber Bauten mit eingehälsten Balken unter den hier besprochenen Bauten in der Überzahl.

Deutlich wird eine soziale Schichtung der Arbeiterschaft an den unterschiedlichen, jeweils einer Familie zur Verfügung stehenden Grundflächen. In Tabelle 1 sind die ermittelbaren Grund- und Wohnflächen in der Reihenfolge der Beispiele zusammenfassend aufgeführt.

Tabelle 1: Grund- und Wohnflächen der dokumentierten Bauten
- berücksichtigt sind jeweils nur die Kernbauten -

Beispiel	Grundfläche/qm	Wohnfläche/qm
1: Essen-Heisingen	54,0	45,5
2: Dortmund-Loh	62,4	48,3
4: Hagen-Eilpe	51,8	51,8
5: Unna-Königsborn	31,9	31,9
6: Wengern	51,0	51,0
7: Kreuztal-Kredenbach		
2. Hälfte 18. Jahrh.	104,8	104,8
8: Bleichhaus, Wengern	54,0	54,0
9: Unna-Kolonie	ca. 42,0	31,5

Dabei wurden nur die Erdgeschoß-Flächen berücksichtigt.Zusätzlich zu Wohnzwecken nutzbare Ober- und Zwischengeschosse bleiben außer Betracht, da in mehreren Beispielen (Nr. 4, 6, 7, 8) nicht geklärt werden konnte, ob das Erd- und Obergeschoß von derselben Familie bewohnt wurde. Auch bezüglich der anderen Beispiele sind die Zahlenangaben natürlich trügerisch. Sie sind derzeit nicht in Bezug zu setzen zur Zahl der Bewohner. Neben unterschiedlichen Familiengrößen wären auch eventuelle vorhandene weitere Personen (Kostgänger u. ä.) mit zu berücksichtigen.

Mit fünf der neun zu ermittelnden Flächen liegt die Mehrheit der Grundrisse zwischen 45 und 54 qm Wohnfläche. Hierunter fallen die Bergmannskotten in Essen-Heisingen und Dortmund-Loh, das "Bleichhaus" des Hofes Schmalenbeke sowie die Bauten vom Ende des 17. Jahrhunderts in Hagen-Eilpe und Wengern. Deutlich geringere Wohnflächen weisen das Kolonistenhaus der Unnaer Heide und die Wohnung im "D-Zug" für Salinenarbeiter in Unna-Königsborn mit knapp 32 qm auf. Deutlich über dem Durchschnitt liegen die Wohnflächen beim Haus der Hüttenwerke in Kreuztal-Kredenbach. Mit den beiden Wohnflächen von 32 qm in Königsborn und 105 qm in Kreuztal-Kredenbach sind die Extremwerte erfaßt, die insofern besonders gut vergleichbar sind, als beide Bauten aus der zweiten Hälfte des 18. Jahrhunderts stammen. Hierin verdeutlicht sich der Unterschied in der Wertschätzung der jeweiligen Arbeitskraft, zwischen dem wohl hochqualifizierten Facharbeiter der Siegerländer Hütte und dem ungelernten Arbeiter der preußischen Saline.

Mit den drei Beispielen für Bergmannskotten wird eine der bisherigen Auffassung konträre Entwicklung sichtbar. War man bisher davon ausgegangen, daß ursprünglich der Landarbeiter im Nebenerwerb nach Kohle grub und die bergbauliche Tätigkeit erst allmählich an Bedeutung gewann, so zeigen die Beispiele, daß es zumindest in der Geschichte einer einzelnen Bergmannsfamilie genau umgekehrt war! Die ursprünglich recht kleinen Kotten in Essen-Heisingen und Dortmund-Loh enthielten nur sehr kleine Räume für landwirtschaftliche Nutzung. Erst nach mehreren Jahrzehnten wurden die Kotten um landwirtschaftliche Nutzräume erweitert. Beim Beispiel Wengern-Trienendorf war eine Erweiterung dadurch unnötig, daß die benötigte Fläche durch Umwandlung vom Zwei-Familien-Haus in ein Ein-Familien-Haus gewonnen wurde. Hier wird die These durch das fehlende landwirtschaftliche Gerät im einzigen bisher aufgefundenen Inventar aus dem Jahre 1853 unterstützt. Die Regelhaftigkeit in der geschilderten Abfolge wird dadurch unterstrichen, daß die drei Bauten zu unterschiedlichen Zeiten entstanden sind (1743, 1826/27, 1852), dieselbe Entwicklung also im Abstand von 80 bis 100 Jahren zu verfolgen ist. Dabei soll nicht verleugnet werden, daß ein wesentliches Moment der zunehmenden landwirtschaftlichen Tätigkeit, nämlich die Markenteilung, quasi von außen an die Bergleute herangetragen wurde.

Abschließend sei auf die Frage nach der Genese der für das Ruhrgebiet typischen, nach 1850 in zunehmendem Maße gebauten "Kolonien" zurückgekommen. Hierzu wurde durch die Beispiele deutlich, daß nahezu alle dort zur Verwendung gekommenen Grundrißtypen lange vor den 1850er Jahren für den Arbeiterwohnungsbau auch im Untersuchungsgebiet bekannt waren. Einzig der "Kreuz-Grundriß" (4 Wohnungen, die je in Zweier-Gruppen um eine gemeinsame Verkehrsfläche angeordnet sind) konnte bislang für die Zeit vor 1850 in der ehemaligen Grafschaft Mark nicht nachgewiesen werden. Aus diesem Grund verweist die einschlägige Literatur zumeist auf die Vorbildfunktion der 1851 erbauten und schnell publizierten Cite ouvriere in Mühlhausen/Elsaß. Ohne eine solche ganz in Abrede stellen zu wollen, sei dem zur Seite gestellt, daß Kreuz-Grundrisse im Rahmen der "friderizianischen Kolonien" durchaus bekannt und in den Werkes des 18. und frühen 19. Jahrhunderts zur "Landbaukunst" auch veröffentlicht waren. Daß die Bautätigkeit des preußischen Staates auch für das Gebiet der ehemaligen Grafschaft Mark, seit 1609 zu Preußen gehörig, von Bedeutung war, konnte nachgewiesen werden: immerhin drei der Beispiele (Nr. 4, 5, 11) sind nachweislich in diesem Zusammenhang entstanden. Bemerkenswert ist zum einen, daß zwei dieser Beispiele im Typ des "D-Zuges" errichtet wurden, der in der Frühzeit des Zechensiedlungsbaus nach 1850 dominant wurde, zum anderen die fast völlige Identität des archivalisch überlieferten Grundrisses der "friderizianischen Kolonie" in der Unnaer Heide (Beispiel 11) mit denen der Kernbauten der Bergmannskotten (Beispiel 1 und 2). Dies scheinen Hinweise in genügender Zahl, um bei zukünftigen Untersuchungen den Einfluß des preußischen Bauwesens stärker zu berücksichtigen.

1. Hier sei nur allgemein und ohne Anspruch auf Vollständigkeit auf die Literatur zum Arbeiterwohnungsbau anderer Industrieregionen im deutschsprachichen Raum verwiesen. Zu den Wohnverhältnissen, nicht primär zu den Bauten: Lutz Niethammer, Wie wohnten Arbeiter im Kaiserreich? In: Archiv für Sozialgeschichte XVI, 1976, S. 61-134. Zum Wohnen von Bergleuten verschiedener Regionen: Irmgard Lange, Formen und Entwicklung des Bergmannshauses von den Anfängen bis zur Gegenwart. In: Arbeit und Volksleben, Göttingen 1967 (= Volkskundekongreß Marburg 1965), S. 67ff. (im folgenden zitiert als: Lange 1967b). Zu Böhmen: J. Beschinek, die Arbeiterhäuser in Böhmen, Prag 1874. Zu Oberschlesien: Hans Joachim Helmigk, Oberschlesische Landbaukunst um 1800, Berlin 1957. Arnold Güldenpfennig, Eine oberschlesische Hüttensiedlung des 18. Jahrhunderts. In: Der Oberschlesier 17, 1935, S. 463ff. Zum Saarland: Rainer Slotta, Förderturm und Bergmannshaus - Vom Bergbau an der Saar, Saarbrücken 1979. Karl Kirsch/Rudolf Birtel, Saarländische Arbeiterhausfibel, Saarbrücken 1986. Zum Harz: Hans-Günther Griep, Das Bürgerhaus der Oberharzer Bergstädte, Tübingen 1975. Zu Österreich: Roman Sandgruber, Gesindestube, Kleinhäuser und Arbeiterkasernen - Ländliche Wohnverhältnisse im 18. und 19. Jahrhundert in Österreich. In Lutz Niethammer, Wohnen im Wandel, Wuppertal 1979, S. 107-131.

2. Irmgard Lange-Kothe, Hundert Jahre Bergarbeiterwohnungsbau. In: Der Anschnitt 2, 1950, H.3 S.12.

3. Ebd.

4. Renate Kastorff-Viehmann, Wohnung, Wohnhaus und Siedlung für Arbeiter-Bevölkerung im Ruhrgebiet von der Mitte des 19. Jahrhunderts bis zum Beginn des ersten Weltkrieges, Diss. Aachen 1980, S.64.

5. Auch hier kann kein Anspruch auf Vollständigkeit erhoben werden. Es sei auf die Bibliographie von Franziska Bollerey verwiesen. Im einzelnen sind die Arbeiten unterschiedlich gewichtet. Das Spektrum reicht von soziologischen Arbeiten über Untersuchungen zur Grundrißentwicklung bis zur Würdigung vom Standpunkt der Denkmalpflege. Als eine der frühesten Arbeiten sei besonders hervorgehoben: Projektgruppe Eisenheim, Eisenheim 1844-1972 - Gegen die Zerstörung der ältesten Arbeitersiedlung des Ruhrgebietes, Bielefeld/Berlin 1973. Daneben seien genannt: H. Bönninghausen, Bewertung aus der Sicht der Denkmalpflege. In: Siedlung Dahlhauser Heide Bochum, Greven 1978, S. 9-21. Herbert Czychi jun., Darstellung der Wohnsituation von Bergleuten in Wohnsiedlungen von 1900-1945. In: Kultur und Heimat (Castrop-Rauxel) 31, 1980, S. 43-66. Irmgard Lange-Kothe, Eine Bergmannssiedlung und ihre Bewohner. In: Der Anschnitt 10, 1958, S. 12ff. Viele Aspekte berücksichtigend: Johannes Biecker/Walter Buschmann, Arbeitersiedlungen im 19. Jahrhundert, Bochum 1985.

6. Hier seien genannt Arbeiten zu Gelsenkirchen und Essen (hier insbesondere die Krupp-Siedlungen): Heinrich Ermeling, Von der Bergarbeiterkolonie zum Hochhaus. In: Beiträge zur Stadtgeschichte Gelsenkirchens IX, 1978, S. 49-88. Daniel Stemmrich, Vom Kotten zum Mehrfamilienhaus. In: Beiträge zur Geschichte von Stadt und Stift Essen 96, 1981, S. 65ff (im folgenden zitiert als: Stemmrich 1981a). Daniel Stemmrich, Die Siedlung als Programm, Hildesheim 1981 (im folgenden

zitiert als: Stemmrich 1981b).

7. Neben der bereits angeführten Arbeit von Kastorff-Viehmann, wie Anm. 4, sei besonders auf die Arbeiten von Bollerey/Hartmann verwiesen, von denen hier zitiert sei: Franziska Bollerey/Kristina Hartmann, Siedlungen aus den Regierungsbezirken Arnsberg und Münster, Greven 1978. Dort finden sich auch weitere Angaben. Ein weiteres Mal hat sich auch Lange-Kothe, wie Anm. 1, 2 und 5, zum Thema geäußert: Irmgard Lange, Die Entwicklung des Bergmannshauses in Westfalen. In: Westfälischer Heimatkalender 1967, S. 106-114.
Bei der Arbeit von Hundt handelt es sich dagegen nicht um eine retrospektive, mehr oder minder wissenschaftliche Darlegung, sondern gleichsam um einen zeitgenössischen "Katalog" gängiger Hausgrundrisse; derlei Arbeiten finden sich seit den 1870er Jahren in immer größer werdender Zahl. Sie sind somit neben Bauamtsakten die wesentliche Quelle für Arbeiten zum Thema Werkswohnungsbau seit 1850. R. Hundt, Bergarbeiterwohnungen im Ruhrrevier, Berlin 1902.

8. Als Beispiel sei hingewiesen auf: Moritz Grän, Erinnerungen aus einer Bergarbeiterkolonie im Ruhrgebiet, Münster 1983.

9. Zusätzlich zu den Arbeiten von Ermeling, wie Anm. 6, Kastorff-Viehmann, wie Anm. 4, und Lange-Kothe, wie Anm. 1 und 2, sei auf zwei Aufsätze von Winkelmann verwiesen, die beider eher idyllisierende Beschreibungen liefern. Heinrich Winkelmann, Die Bergmannswohnung, ihre Voraussetzungen und ihre Anfänge. In: Der Anschnitt 2, 1950, H.3 S. 1-7 (im folgenden zitiert als: Winkelmann 1950). Heinrich Winkelmann, 200 Jahre Bergmannswohnung. In: Westfälischer Heimatkalender 6, 1952, S. 64ff (im folgenden als: Winkelmann 1952).

10. Die zusammenfassende Arbeit von Steinberg scheint diese Deutung von Winkelmann 1950, wie Anm. 9, übernommen zu haben: H.-G. Steinberg, Die Entwicklung des Ruhrgebietes, Düsseldorf 1967, S. 24.

11. Steinberg, wie Anm. 10, S. 24.

12. Lange 1967b, wie Anm. 1, S. 74.

13. Ebd. S 75.

14. Stemmrich 1981a, wie Anm. 6, S. 64.

15. Kastorff-Viehmann, wie Anm. 4, S. 210f.

16. Ebd., S. 192ff. Als frühestes Beispiel wird die Fuggerei in Augsburg genannt.

17. Bollerey/Hartmann, wie Anm. 7.

18. Sowohl bei Kastorff-Viehmann, wie Anm. 4, S. 192ff. wie auch bei Lange 1967b, wie Anm. 1, werden die "friderizianischen Kolonien" als Phänomen zwar bezeichnet, in den weiteren Darlegungen aber nicht mehr berücksichtigt.

19. Dies trifft auch für die Fälle zu, wo Arbeiterwohnungsbau zwar außerhalb der mittelalterlichen Stadtkerne, aber in unmittelbarer Anlehnung an diese betrieben wurde. Als Beispiel sei genannt die Siedlung "Am Tiefbau/An der Isenburg", erbaut 1829 bis 1855 von den Galmeigruben in Iserlohn. Abbildungen bei: U.Barth/E.Hartmann/A.Kracht, Kunst- und Geschichtsdenkmäler im märkischen Kreis, Altena 1984, S. 321ff.

20. Siehe z.B.: Friedrich Zunkel, Aspekte der Industrialisierung des Ruhrgebiets im 19. Jahrhundert - unter besonderer Berücksichtigung des Ruhrbergbaus. In: Kurt Düwell/Wolfgang Köllmann (Hg.), Rheinland-Westfalen im Industriezeitalter, Wuppertal 1983. Bd. 1, S. 175-185.
Die Angaben zur Bevölkerungsentwicklung fußen zumeist auf: W.

Brepohl, Der Aufbau des Ruhrvolkes im Zuge der Ost-West-Wanderung, Recklinghausen 1948.
21. Die Literatur hierzu ist sehr zahlreich. Als Beispiel (mit weiterführenden Angaben) sei genannt: Manfred Sönnecken, Rennfeuerhütten der Waldschmiedezeit im Märkischen Sauerland. In: Westfälische Forschungen Bd. 11, 1958. S. 122-140.
22. In größerem Umfang ab 1840: Steinberg, wie Anm. 10, S. 16.
23. Die genaue Datierung ist umstritten. Ermeling, wie Anm. 6, S. 49, nennt 1832, während Lange 1950, wie Anm. 2, S. 8 mit 1839 das späteste Datum nennt.
24. Albert Lange, Das Wohnhaus im Ruhrkohlebezirk vor dem Aufstieg der Großindustrie, Essen 1942. S. 15.
25. Hierzu wie zum folgenden zusammenfassend: Uta Vahrenhold-Huland, Die Grafschaft Mark. In: Köln und Westfalen 1180-1980, Münster 1980 (=Ausstellungskatalog). S. 180-184. Und: Albrecht K. Hömberg, Der Hellweg - Sein Werden und seine Bedeutung. In: Ders., Zwischen Rhein und Weser, Münster 1967. S. 196-207.
26. Hans Spethmann, Die geschichtliche Entwicklung des Ruhrbergbaus um Witten und Langendreer, Gelsenkirchen 1937. S. 20.
27. Winkelmann 1952, wie Anm. 9, S. 64f.
28. Die Bauten des Hofes sind verschiedentlich angesprochen worden. H. Ried/G.Eitzen, Das Bauernhaus im niederrheinisch-westfälischen Grenzgebiet, Wuppertal 1958, S. 38. Josef Schepers, Haus und Hof westfälischer Bauern, Münster 1960, S. 449. H. Sonnenschein, Sonderformen bäuerlicher Speicherbauten des Mittelalters im märkischen Sauerland, Hagen 1959, Tafel VI.
29. E. Schultze-Gebhardt, Besiedlung und Industrie zwischen Ruhr und Wupper, Sprockhövel 1980, S. 153.
30. Spethmann, wie Anm. 26, S. 12.
31. Wilhelm Grevel, Die Geschichte der Saline und des Solbades Königsborn, Unna 1954, S. 12.
32. Gustav Adolf Wüstenfeld, Die Ruhrschiffahrt von 1780 bis 1890, Witten 1978.
33. Z.B.: Kastorff-Viehmann, wie Anm. 4, S. 63.
34. Spethmann, wie Anm. 26, S. 20.
35. Steinberg, wie Anm. 10, S. 20.
36. Bönninghausen, wie Anm. 5, S. 11.
37. Lange 1950, wie Anm. 2, S. 18. Dort auch Zahlen, aus denen hervorgeht, daß Schlafhäuser bei weitem nicht die Bedeutung hatten wie etwa im Saarland, wo sie als das typische Phänomen zu betrachten sind. Siehe dazu: Slotta, wie Anm. 1, S. 99.
38. So kamen in der Siedlung "Flöz Dickebank" in Gelsenkirchen im Jahr 1876 auf 247 Arbeiterhaushalte 205 Kostgänger. Siehe: Ermeling, wie Anm. 6, S. 52.
39. Explizit bei: Winkelmann 1952, wie Anm. 9, S. 65.
40. Albert Lange, wie Anm. 24.
41. Lange 1967b, wie Anm. 1, S. 73.
42. Allmut Walter, Wengern-Trienendorf als ehemalige Bergmanns-köttersiedlung, masch.schr. Witten 1963 (= Examensarbeit der ehemaligen PH Dortmund). Ein Exemplar ist einsehbar in der Westfalica-Abteilung der Stadt- und Landesbibliothek in Dortmund.
43. Ebd., S. 19.
44. Ebd., S. 42.
45. Vergleiche Beispiel 2.
46. Wilhelm Hücker, Die Entwicklung der ländlichen Siedlung zwischen Hellweg und Ardey, Dortmund 1939, S. 11.

47. Nach: Lange 1967a, wie Anm. 7, S. 106f.
48. Winkelmann 1950, wie Anm. 9, S. 6.
49. Am ausführlichsten dargestellt bei: Lange 1967b, wie Anm. 1, S. 73f. Dort findet sich auch eine Abbildung, die jedoch mit Maßen versehen ist bei: Winkelmann 1952, wie Anm. 9, S. 65.
50. Diese Angaben, den Hinweis auf den Kotten sowie die Besitzergeschichte verdanke ich Herrn Theo Horstmann vom Westfälischen Industriemuseum Dortmund. Er plant eine Veröffentlichung der Entwicklung der gesamten Siedlung unter sozialgeschichtlichem Blickwinkel. Für die Unterstützung sei ihm herzlich gedankt.
51. Siehe dazu: Walter, wie Anm. 42. Dort ist auch das Inventar aus dem Jahre 1853 veröffentlicht.
52. Siehe ausführlich den Beitrag von Ruth E. Mohrmann in diesem Band.
53. Dies ist ein Ergebnis der Auswertung von 60 Inventaren der Stadt Unna durch den Verfasser. Thomas Spohn, Aspekte kleinstädtischen Lebens im 18. Jahrhundert - Vom Bauen und Wohnen in Unna, masch. schr. Diss. Münster 1987.
54. W. Rudhard, Das Bürgerhaus in Hamburg, Tübingen 1975, Abb. 117-120.
55. Ebd., T. 51.
56. Waldemar Kuhn, Kleinsiedlungen aus friderizianischer Zeit. In: Zeitschrift für Bauwesen 65, 1915. S. 581.
57. R. Dethleffsen, Stadt- und Landhäuser in Ostpreußen, München 1918, T. 14.
58. Stefan Baumeier, Das Bürgerhaus in Warendorf, Münster 1974. Abb. 55, 133, 138, 165, 166.
59. Fred Kaspar, Bauen und Wohnen in einer alten Hansestadt, Bonn 1985, S. 390f.
60. Eine genauere Beschreibung der Gaden-Reihe wird folgen in der Diss. des Verfassers. Siehe Anm. 53.
61. Peter Hans Ropertz, Kleinbürgerlicher Wohnbau vom 14. bis 17. Jahrhundert in Deutschland und im benachbarten Ausland, Aachen 1976.
62. K. Hauke, Das Bürgerhaus in Mecklenburg und Pommern, Tübingen 1975, S. 82.
63. Konrad Bedal, Bäuerliche und herrschaftliche Bauten im Gutsbezirk. In: Kieler Blätter zur Volkskunde 6, 1974, S. 160.
64. Ebd., S. 158.
65. H.-J. Rach, Bauernhaus, Landarbeiterkaten und Schnitterkaserne, Berlin 1970, Fig. 8, 9, 35, 36, 37.
66. Abbildung bei: Hermann Schmitz, Altpreußische Siedlungsarchitektur. In: Deutsche Bauzeitung 59, 1925, Nr. 46. S. 360/361.
67. Kuhn, wie Anm. 56, S. 579.
68. Fritz Dietz, Vierfamilienhäuser vor hundert Jahren. In: Die Volkswohnung 2, 1920. S. 188.
69. Helmigk, wie Anm. 1, Abb. 318.
70. Benischek, wie Anm. 1, Fig. 13/14 und S. 23.
71. Frei nach Kuhn, wie Anm. 56, S. 570.
72. Die Angaben sind zusammengestellt nach: Ermeling, wie Anm. 6, S. 55. Kastorff-Viehmann, wie Anm. 4, S. 197ff. Lange 1950, wie Anm. 2, S. 10.
73. Stemmrich 1981a, wie Anm. 6, Abb. 74/75.
74. Siehe dazu allgemein: Klaus Tenfelde, Arbeiterschaft, Arbeitsmarkt und Kommunikationsstruktur im Ruhrgebiet in den 50er Jahren des 19. Jahrhunderts. In: Archiv für Sozialgeschichte XVI, 1976, S. 1 - 60. Am Beispiel einer anderen

Region kommt zu ähnlichen Aussagen: Utz Jeggle, Die frühesten Arbeitersiedlungen. In: Martin Blümke (Hg.), Abschied von der Dorfidylle? Stuttgart 1982 S. 109ff.

75. Zum Aspekt der Seßhaftigkeit siehe die Zahlen aus dem Jahr 1900 bei: Lange 1950, wie Anm. 2, S. 19.

76. Ausführlich, die Archivalien meist im Wortlaut wiedergebend: Ferdinand Schmidt, Die Ansiedlung der Klingenschmiede in Eilpe 1661/65. In: Westfalenland 1931, S. 161-176 (= Heimatbeilage zum Westfälischen Tageblatt).

77. Diese sind beschrieben bei: Wilhelm Claas, Technische Kulturdenkmale, Hagen 1958, S. 47.

78. Schmidt, wie Anm. 76, S 167.

79. Nach: Schmidt, wie Anm. 76, S. 176.

80. Wilhelm Claas, Die Arbeitsstätten und Wohnungen der Eilper Klingenschmiede in Hagen. In: Westfalenland 1932, H.9, S.129-142

81. Auf die grundlegenden konstruktiv-gestalterischen Besonderheiten der Region haben bereits Ried/Eitzen und Schepers, beide wie Anm. 28, hingewiesen. Die Schmuckformen des Fachwerks im 16. und ihre Weiterentwicklung im 17. Jahrhundert wurden als regionaler Kulturstil herausgearbeitet bei: Thomas Spohn, Fachwerkbauten des 16. und 17. Jahrhunderts entlang der mittleren Ruhr. In: Günter Wiegelmann (Hg.), Beiträge zum städtischen Bauen und Wohnen in Westfalen vor 1600, Münster 1987.

82. Claas, wie Anm. 77.

83. Z.B. bei: Willy Timm, Von den Brockhauser Salzwerken zur Saline Königsborn, Hagen 1978, S. 25.

84. Kastorff-Viehmann, wie Anm. 4, Abb. 35 und S. 196. Lange 1950, wie Anm. 2, S. 8. und Albert Lange, wie Anm. 24, S. 126. Hundt, wie Anm. 7.

85. Bau- und Kunstdenkmäler von Westfalen, Kreis Unna, Münster 1959, S. 486f.

86. Wiedergegeben bei: Timm, wie Anm. 83, S. 23.

87. Als Tafel VI bei: Rollmann, Historisch-Technische Beschreibung der Königlichen Saline Königsborn bei Unna.In: Sammlung von Aufsätzen und Nachrichten die Baukunst betreffend, Jg. 1799, Erster Teil.

88. Akte im Stadtarchiv Unna: A I/14-7.

89. Lange 1950, wie Anm. 2, S. 7.

90. Abb. in: Hermann Berges, Salz aus Werl, Hamm 1977, S.86.

91. Siehe die diesbezüglichen Vorschriften bei: Kuhn, wie Anm. 56, S. 572.

92. Ebd., S. 579.

93. Siehe Anm. 78.

94. Wilhelm Nettmann, Grundzüge der Siedlungs- und Wirtschaftsentwicklung im Amte Volmarstein seit dem ausgehenden Mittelalter. In: Bochum und das mittlere Ruhrgebiet, Paderborn 1965 (= Festschrift zum 35. Geographentag in Bochum), S. 70.

95. Spohn, wie Anm. 81.

96. Nicht näher nachgewiesene Angaben in: Westfälische Rundschau vom 23.4.1986, S. 3.

97. Annemarie Wurmbach, Das Bauernhaus im Siegerland, masch. schr. Diss. Münster 1955, S.85. (im Druck als Jahrbuch für Hausforschung, Sobernheim/Lemgo 1987/88)

98. Schepers, wie Anm. 28, T. 288/289.

99. Wie Anm. 96.

100. Darauf hat schon hingewiesen: Lange 1967b, wie Anm. 1, S. 69

101. Besonders eindrucksvoll im Bildband: B. und H. Becher, Fach-

werkhäuser des Siegerländer Industriegebietes, München 1977.
102. Rach, wie Anm. 65, z. B. S. 20.
103. Bedal, wie Anm. 63, S. 160.
104. Bau- und Kunstdenkmäler von Westfalen, Kreis Unna, wie Anm. 85, S. 88-90.
105. Siehe die zahlreichen Grundrisse bei: Kuhn, wie Anm. 56.
106. Siehe zusammenfassend: R. Stadelmann, Friedrich Wilhelm I.in seiner Thätigkeit für die Landeskultur in Preußen, Halle 1878.
107. Die Maßnahmen der einzelnen preußischen Herrscher auf diesem Gebiet sind zusammengestellt bei: Schmitz, wie Anm. 66, S. 358.
108. Zusammenfassend bei: Willy Timm, Friderizianische Pfälzerkolonien in der Grafschaft Mark. In: Der Märker 15, 1966, H. 8, S. 137ff.
109. Ebd., S. 142.
110. In: Heimat am Hellweg (= Beilage zum Hellweger Anzeiger), 1966, Folge 31.
111. Erstmalig veröffentlicht, auch mit Urkataster, in: Heinz Stoob, Westfälischer Städteatlas, Lieferung I, Nr. 14: Unna, Dortmund 1975.

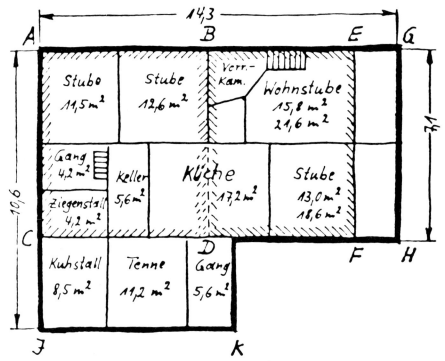

32 Grundrißentwicklung eines Bergmannskottens in Essen-Heisingen nach Archivalien 1743/1782/1822 (aus: I. Lange, Formen und Entwicklungen des Bergmannskottens von den Anfängen bis zur Gegenwart, in: Arbeit und Volksleben, Göttingen 1967, S. 74).

202

Hubertus Michels

Höggenstraße 1 – Ein romanisches Steingebäude in Soest

Aus Soest (1) sind bereits seit längerer Zeit einige romanische
Wohnbauten oder zumindest Reste solcher Bauten bekannt. Es handelt sich um insgesamt fünf Beispiele, die, allesamt in Stein errichtet, aufgrund stilistischer und bautechnischer Merkmale dem
späten 12. bzw. der 1. Hälfte des 13. Jahrhunderts zugeschrieben
werden. Es sind die Bauten "Am Kützelbach 2" (zerstört 1945),
"Petrikirchhof 8", "Petristr. 4", "Steingraben 23" und ein Steinwerk auf dem Gelände des sog. "Burghofs" (2). Mit Ausnahme des
Steinwerks ist bei keinem dieser Gebäude jemals eine bauhistorische Untersuchung durchgeführt worden (3).
Ein weiteres romanisches Gebäude konnte nun 1985 bei einer Bauuntersuchung in dem Haus Höggenstr. 1 nachgewiesen werden. Die
Sanierung des Hauses ermöglichte es, bisher verdeckte Bauspuren
zu dokumentieren und zu interpretieren, so daß eine weitgehende
Rekonstruktion des Ursprungszustandes gelang. Es handelt sich
auch hier um ein Massivgebäude. Die Datierung beruht zum einen
auf charakteristischen Merkmalen in Bautechnik und Gestaltung und
zum anderen auf der dendrochronologischen Datierung eines
Geschoßbalkens, dessen Fälldatum auf das Jahr 1220+-6 eingegrenzt
werden konnte (4). Der Steinbau ist Teil eines großen Hauses, das
überwiegend aus einem Fachwerkgebäude besteht, welches sich heute
in einem Umbauzustand von 1719 zeigt, das aber im Kern noch aus
dem 16. Jahrhundert stammt (Abb.1). (Der Standort des gesamten
Gebäudes ist auf dem Urkatasterausschnitt von 1828 schraffiert
eingetragen - Abb. 2). Zu dem Haus gehört eine Scheune und ein
Brennereigebäude - beide aus dem 19. Jahrhundert. Zusammen mit
einem kleinen Hofplatz und den Zufahrten von der Höggenstraße und
der Jakobistraße ist die Parzelle des Anwesens ungewöhnlich groß
bemessen. Auch hebt sie sich durch die günstige sozialtopographische Lage in unmittelbarer Nähe zum Stadtzentrum hervor.
Das Haus besitzt heute noch den Beinamen "Der Zuckerberg".

Unter diesem Namen wird es erstmals in einem Ratsprotokoll des Jahres 1511 als Absteigequartier der Klever Herzöge genannt (5). Zu Anfang des 17. Jahrhunderts war es in patrizischem Besitz und wechselte zum Ende des 18.Jahrhunderts in bürgerliche Hände über.

Baubeschreibung:

Der im folgenden zu besprechende massive Teil des Hauses besaß ehemals einen eigenen Giebel zur Höggenstraße. Dieser alte Giebelschild läßt sich noch deutlich an seiner dunkleren Verwitterung sowie durch seine Mauerungstechnik von einer späteren Aufstockung unterscheiden (Abb. 1). Im oberen Bereich der Wand laufen, von beiden Seiten kommend, zwei Fugen im Mauerwerk schräg nach oben. Ihr Steigungswinkel bezeichnet die ehemalige Dachschräge und ist mit noch nicht einmal 45 Grad bemerkenswert flach. Das ältere Mauerwerk zeichnet sich durch seine saubere Verarbeitung mit Quadersteinen von durchschnittlich 10 bis 15 cm Höhe und 30 bis 60 cm Länge aus. Die Quader sind in durchgängigen Mauerlagen verarbeitet. Die Gebäudeecken weisen keine besonders hervorgehobene Eckverquaderung auf.

Der Grundriß des Gebäudes ist langrechteckig, mit Außenabmessungen von 9 m an den ehemaligen Giebelseiten und 12,50 m an den Längsseiten (Abb. 3). Die Mauern habe eine Stärke von ca. 1 m und sind zweischalig aufgebaut. Die rauhen, unbearbeiteten Rückseiten der Quadersteine stoßen in der Mitte des Mauerwerks aneinander. Die dazwischen verbleibenden Hohlräume sind mit kleinen Steinen und feinem Lehm ausgefüllt.

Das Gebäudeinnere wurde durch eine ca. 80 cm starke, massive Querwand in zwei unterschiedlich große Raumzonen geteilt. Am vollständigsten hat sich dieser zweigeeilte Grundriß im Keller erhalten. Hier entstand im Süden ein fast quadratischer, im Norden dagegen ein rechteckiger Raum.

Der rechteckige, kleine Raum besitzt ein aus der Erbauungszeit stammendes Deckengewölbe. Zwei kreuzgewölbte Felder über oblongem Grundriß und mit leichtem Stich sind durch ein tonnengewölbtes Segment miteinander verbunden. In der Mitte der nördlichen Giebelwand findet sich der Ausbruch eines Wandkamins. Er besaß einen halbrunden Rauchfang, der zwei Kaminwangen aufgelegt war. Der Rauchschlot zieht in der Giebelwand nach oben, ohne daß eine

weitere Spur von ihm in dem Raum darüber oder von außen zu erkennen wäre. Links und rechts des Kamins sowie in der westlichen
Wand weiten sich kleine, hochrechteckige Fenster trichterförmig
zum Raum hin aus. Im Längsschnitt sieht man links neben dem in
Resten erhaltenen Kellerzugang eine quadratische Nische, wie sie
sich zum Abstellen eines Lichtes in älteren Kellern häufig findet
(Abb. 4). Auf der rechten Seite, etwas höher, sieht man eine
quadratische Öffnung, bei der es sich um einen diagonal durch das
Mauerwerk laufenden Kanal handelt. Er zielt in seiner Führung
genau auf den Wandkamin.
Der südliche Kellerraum war ursprünglich mit einer Balkendecke
versehen, die etwa 30 cm tiefer lag als die heutige. Ihr altes
Niveau geht aus einer in die Ostwand bündig eingemauerten Mauerlatte hervor, auf der die Balken auflagen. Der Abstand von etwa

1 Soest, Höggenstr. 1 von Norden. Typische Anlageform eines
spätmittelalterlichen großen Bürgerhauses in Westfalen, Vorderhaus (hier in Fachwerk) und angegliedertes Steinwerk (Hinterhaus). Vorderhaus mit hohem Erdgeschoß und niedrigem Speicherstock, im Kern aus dem 16. Jahrhundert, später verändert. Das
Wandgefüge des Speicherstocks von 1719. Am älteren Steinbauteil
hebt sich über den Obergeschoßfenstern der Kernbau aus der Zeit
um 122o von der helleren Aufstockung ab. (1985)

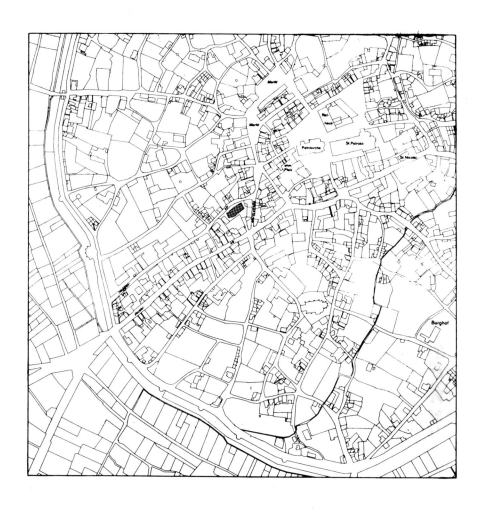

2 Urkatasterkarte der Stadt Soest von 1828 (Ausschnitt). Abgebildet ist der südwestliche Teil der Stadt einschließlich des älteren Stadtkerns Das Haus Höggenstr. 1 ist durch Schraffur hervorgehoben.

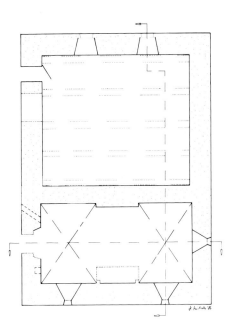

3 Soest, Höggenstr. 1.
Kellergrundriß des
Steinbauteils, Rekon-
struktion (Zustand um
1220).

4 Soest, Höggenstr. 1. Längsschnitt durch den Steinbauteil. Rekonstruktion (Zustand um 1220). Blickrichtung nach Osten mit den
Zugängen zum Vorderhaus.

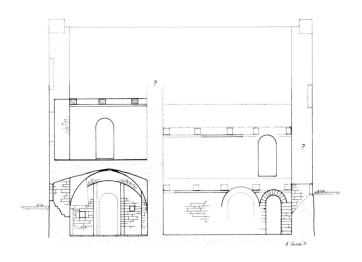

30 cm zwischen dem erhaltenen unteren Abschluß des Obergeschoßzu-
ganges zu dieser rekonstruierten Balkenlage wird dann
verständlich, wenn man auf die Balkenlage einen Steinplattenfußboden ergänzt. Das sich ergebende Schichtenpaket von Dielung,
Sandbettung und Steinplattenlage würde diese Differenz durchaus
überbrücken, so daß das Innenniveau des Fußbodens mit dem Oberge-
schoßzugang wieder auf einer Höhe läge. Eine solche Rekonstruktion muß zwar hypothetisch bleiben - denn abgesehen von der
tieferliegenden Mauerlatte ließen sich keine weiteren Hinweise
darin finden - aber solche Fußböden sind für aufwendigere mittelalterliche Bauten nicht ungewöhnlich und bereits für das 12.
Jahrhundert nachzuweisen (6).
Der Balkenkeller hatte in der Südgiebelwand zwei kleine Fenster,
dessen trichterförmige Laibungen bis zur Sanierung 1985 noch
erhalten waren. Der schmale Kellereingang in der Südostecke besitzt eine im Mauerwerk zum "Vorderhaus" aufsteigende Gewölbeton-
ne. Demnach hat sich hier ein kleiner Treppenaufgang befunden.
Hier konnte noch festgestellt werden, daß die Tür von der Keller-
seite angeschlagen war und im geschlossenen Zustand der Wand
vorlag (Abb. 3). Neben dem Durchgang befand sich noch eine etwas
breitere rundbogige Öffnung, deren Funktion aber aus dem Befund
nicht mehr eindeutig hervorging.
Auch im Obergeschoß wird sich die massive Querwand des Kellers
einst fortgesetzt haben. Erst später wurde sie herausgebrochen
und durch eine dünne Fachwerkwand ersetzt. Über dem nördlichen
Obergeschoßraum war bis 1985 das alte Deckenniveau mit 2,55 m bis
zur Balkenunterseite unverändert erhalten, denn die Höhe der
Balkendecke stimmte mit dem von außen zu erkennenden Giebelansatz
überein. Dieser Obergeschoßraum besaß zur Höggenstraße zwei große
Fenster. In der nordwestlichen Ecke der selben Wand befand sich
allen Anschein nach ein Abort, denn die dort eingetiefte Nische
weist hinsichtlich ihrer Größe, Form und Lage eine auffallende
Ähnlichkeit mit einem erhaltenen Abort im Obergeschoß des Steinwerks auf dem "Burghof" auf. Ein Wandkamin oder eine andere
Vorrichtung zur Beheizung des Raumes ließ sich bisher nicht
feststellen. (Die Innenwände wurden bei der Sanierung 1985 nicht
freigelegt.)
Der südliche Obergeschoßraum hatte nur eine Kopfhöhe von ca. 2 m.

5 Soest, Steinwerk des "Burghofes". Südwestansicht. (1901)

Das Niveau der nicht mehr erhaltenen, alten Decke ließ sich wiederum an einer eingemauerten Mauerlatte in der Ostwand ermitteln. Auf ihr lag sogar noch das abgesägte Ende eines Deckenbalkens. Eine entsprechende Mauerlatte konnte auf der gegenüberliegenden Westwand festgestellt werden. Über diesem Raum besaß das Gebäude demnach einenabgetieften Dachboden oder Drempel.

Der ehemalige Südgiebel bietet, abgesehen von einer dem Nordgiebel in der Höhe entsprechenden Giebelansatzspur, kaum weitere Hinweise für die romanische Bauphase, da hier durch den Einbau großer, spätgotischer Fenster starke Veränderungen im Mauerwerk stattgefunden haben.

Rekonstruktion der Nordfassade:
Für die Rekonstruktion der Nordfassade bietet sich der vollständig erhaltene romanische Giebel des Steinwerks des "Burghofs" als Vergleichsbeispiel an (Abb. 5). In dessen oberen Giebelbereich zeigt sich eine pyramidenförmig angeordnete Dreiergruppe von Fenstern. In sie eingestellt sind jeweils zwei schlanke Teilungsäulchen. Ein sehr abweichendes Gestaltungsmerkmal ist der steilere Anstieg und die Abtreppung des Giebelschildes. Hier machen sich bereits frühgotische Einflüsse bemerkbar.

Auch in der Höggenstraße finden sich am Nordgiebel über den heutigen Obergeschoßfenstern die rundbogigen Reste zweier älterer Fenster (Abb. 1). Über ihnen in der Mitte sieht man den unteren Abschluß einer dritten Öffnung - also eine ähnliche Anordnung wie bei dem Steinwerk. Nimmt man die beiden Kellerfenster und die flachen Dachschrägen hinzu, so hat man die ehemalige Fassadengestaltung in ihren Grundzügen wieder erfaßt. Unter Berücksichtigung aller tatsächlich vorhandenen Bauspuren und unter Hinzuziehung des Steinwerks als Vergleichsbeispiel wurde eine zeichnerische Rekonstruktion der Fassade versucht (Abb. 6).

Funktion der Räume:
Zur Funktion der Räume des Gebäudes kann man mit Vorbehalt folgende Aussagen machen: Der Nordteil diente offenbar in erster Linie Wohnfunktionen. In dem gewölbten Kellerraum haben wir möglicherweise die alte Küche des Hauses vor uns - jedoch ist auch eine gewerbliche Nutzung der Feuerstelle nicht auszuschließen.

Darüber lag ein repräsentativer Wohn-Schlaf-Raum mit einer hohen
Decke, zwei großen Fenstern zur Höggenstraße und - allem Anschein
nach - einem Abort. Der Südteil wurde dagegen wohl zu gewerb-
lichen Zwecken oder als Speicher genutzt. Hinweise darauf sind
die relativ niedrigen Deckenhöhen und das Drempelgeschoß, welches
sich besonders gut für Lagerzwecke eignet.

Einordnung:
Der Gesamtkomplex Höggenstraße 1 zeigt in seiner heutigen Gestalt
die typische Anlageform größerer, spätmittelalterlicher Bürgerhäuser Nordwestdeutschlands. Sie besteht aus der Kombination
eines Vorderhauses mit einem angegliederten Steinwerk (Hinterhaus). Zunächst ließ sich diese Anlageform bei Höggenstraße 1
gesichert bis in das 16. Jh. verfolgen. Nachdem aber 1985 die
Ostwand des Steinbaus vom Putz befreit wurde, konnte dort die
Spur eines älteren Vorderhauses in Form eines tief sitzenden
Sparrenabdruckes beobachtet werden. Dieser Vorgängerbau besaß
demnach keinen Speicherstock, sondern das Dach setzte gleich über
einem etwa 5 m hohen Erdgeschoß an. Der Steigungswinkel des alten
Daches war mit 55 Grad derselbe wie der des heutigen.
Ein ganz ähnlicher Befund ließ sich auch an dem mittelalterlichen
Steinwerk Klemensstraße 12 in Münster ablesen (7). Nachdem im
Krieg dessen zweistöckiges Vorderhaus von 1668 zerstört worden

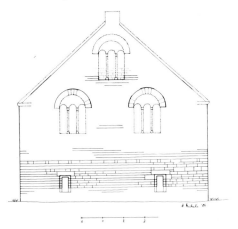

6 Soest, Höggenstr. 1. Nordgiebel des Steinbauteils. Rekonstruktion (Zustand um 122o).

war, konnte man auch hier an der freiliegenden Wand des Steinwerks den Dachansatz eines eingeschoßigen, niedrigeren Vorderhaus-Vorgängers beobachten.

Bei Höggenstraße 1 ist es also möglich, die Kombination von Vorderhaus und Hinterhaus noch über das 16. Jahrhundert hinaus zurückzuverfolgen. Möglicherweise war der Komplex bereits im Ursprung in dieser Weise angelegt, denn auch dafür gibt es einen, wenn auch nur sehr schwachen Hinweis. Auf der Aufstockung des Steinbaus (die Aufstockung erfolgte kurz nach 1522 (d)) konnte ein 12,50 m langer Dachbalken in dieselbe Zeit wie der Geschoßbalken des Kernbaus datiert werden - nämlich in das Jahr 1219 +2. Da er kein originaler Bestandteil des Steinbaus ist, könnte es sich um einen wiederverwendeten Balken eines ursprünglich dazugehörigen Vorderhauses handeln.

Die Kombination von Vorderhaus mit Hinterhaus wäre für die Zeit um 1220 nicht ungewöhnlich. Es scheint jedoch, daß dieser Bautyp erst wenige Jahrzehnte zuvor entwickelt wurde. Der bislang früheste Nachweis eines solchen Hauses gelang auf archäologischem Wege. In Minden wurde der Grundriß eines Schwellbalken-Hauses mit einem von der Straße abgewandten, unterkellerten Hinterhaus freigelegt. Die Errichtung des Gebäudes konnte aufgrund eines Münzfundes in die Zeit um 1200 datiert werden. Ältere Vorgängerbauten an derselben Stelle waren noch in Pfostenbauweise errichtet worden und besaßen kein Hinterhaus (8).

Handelt es sich bei dem Steinbau in der Höggenstraße bereits im Ursprung um ein Steinwerk, so steht es hinsichtlich seiner Grundrißlösung unter allen anderen bekannten Steinwerken einzigartig da. Diese haben nämlich stets einen quadratischen oder fast quadratischen Grundriß und weisen je Geschoß nur einen einzigen Raum auf. Ein weiterer Unterschied besteht darin, daß sich bei vielen dieser Bauten zwar im Obergeschoß eine Kamin-Feuerstelle findet, aber nie im Keller (9).

Übereinstimmungen im Grundriß ergeben sich dagegen mit einem ganz anders gearteten Wohnhaustyp. Es sind die von A. Wiedenau unter dem Begriff "Immunitätsbauten" zusammengefaßten Häuser der Rheinlande - so benannt, da sie von Mitgliedern der gehobenen Geistlichkeit errichtet wurden (10). Sie stammen aus der 2. Hälfte des 12. Jahrhunderts und sind durchweg in Stein errichtet. Zwei wichtige Merkmale dieses Bautyps sind die von der Straße abgewandte, seitliche Erschließung und ein quergeteilter, zweizoniger Grundriß - beides findet sich auch bei dem Soester Beispiel wieder. Ein Vorderhaus, durch das man den Massivbau wie in der Höggenstraße betrat, war bei den rheinländischen Bauten nicht vorhanden. Stattdessen diente ein außen angegliederter, überdachter Treppenvorbau der Erschließung der Räume (11). Es handelte sich um ein vollkommen freistehendes Wohnhaus, während das Steinwerk ja nur ein Teil eines Hauses ist.

Die Außenabmessungen dieser Wohnhäuser sind teilweise nicht größer als die des Steinbaus in der Höggenstraße. Als ein Beispiel sei hier das Haus Heimbachgasse 3 in Niederlahnstein angeführt mit 8,10 m zu 12,80 m (Höggenstraße 1: 9,0 m zu 12,50 m) (12).

Nach diesem Vergleich könnte man versucht sein, den Soester Bau auch diesem rheinländischen Wohnhaustypus zuzuordnen. Das zunächst freistehende Steinhaus hätte dann erst sehr viel später ein Vorderhaus erhalten. Diese These ist auch insofern nicht ganz unbegründet, da Soest im Mittelalter politisch eng an Köln gebunden und bis zur "Soester Fehde" (1444 - 1449) der wichtigste Stützpunkt der Kölner Erzbischöfe innerhalb ihrer westfälischen Territorien war. Soest wird damals sicher einer Fülle von kulturellen Beeinflussungen aus den Rheinlanden ausgesetzt gewesen sein, die sich auch auf den Hausbau und auf spezielle Wohnansprüche ausgewirkt haben mögen.

Zuletzt sei jedoch noch ein Gesichtspunkt angeführt, der den Steinbau doch eher als Steinwerk oder Hinterhaus ausweist. Die Wahrscheinlichkeit, daß man an der relativ unwichtigen Höggenstraße ein eigenständiges Wohnhaus, in der für damalige Verhältnisse recht aufwendigen Bauweise errichtete, ist sehr gering. Man vermutet zwar, daß die Höggenstraße einem älteren Verlauf des Hellweges entspricht - ihr früher somit eine größere Bedeutung zukam -, jedoch hatte sie diese Funktion spätestens seit dem Stadtmauerbau um 1180 an die südlicher gelegene Jakobistraße abtreten müssen (13). Sie war also zum Zeitpunkt der Errichtung des Steinbaus bereits zu deren Nebenstraße abgesunken.

Die abseitige Lage des Gebäudes ist auf der anderen Seite, trotz aufwendiger Ausführung, geradezu klassisch für ein Steinwerk, denn diese stehen meist auf dem rückwärtigen, straßenabgewandten Teil einer Hausparzelle. Erst durch das Vorderhaus werden sie mittelbar an die wichtige Straße angebunden. Und so verhielt es sich wohl auch beim Haus Höggenstraße 1. Das Kerngerüst des Vorderhauses zeigt an der Ostgiebelseite Spuren einer früheren Vorkragung. Hier befand sich im 16. Jahrhundert demnach ein Schaugiebel zur Marktstraße. Die kleine davorliegende Parzelle, die das Haus von der Marktstraße trennt, war noch nicht überbaut und diente offenbar als Zufahrt zur Deele des Hauses. Erst durch den Umbau vom Längsdeelen- zum Querdeelenhaus im Jahre 1719, also mit der Verlagerung des Einfahrtstores an die Südseite, wurde der kleine Vorplatz für eine Überbauung frei. Sie erfolgte allerdings erst um 1900 mit dem heute dort stehenden Wohnhaus. Der kleine Platz war vermutlich der Rest einer dreieckigen Marktplatzerweiterung, wie sich noch weitere heute nördlich an die Marktstraße bis zum eigentlichen "Markt" anschließen. Aus einem "Haus am Markt" wurde also erst sehr viel später ein "Haus in der Höggenstraße". Die vorzügliche Lage am Markt, verbunden mit der für weitere Erschließungs- und Belichtungsmöglichkeiten günstigen Ecklage zu einer Nebenstraße, werden das Grundstück bereits im 13. Jahrhundert zu einem der attraktivsten Bauplätze der Stadt gemacht haben. Die Beherbergung des Herzogs von Kleve im Jahre 1511 und die Nennung der Patrizierfamilie Marquardt als Eigentümer im frühen 17. Jahrhundert weisen das Gebäude noch sehr viel später als eines der angesehensten Häuser der Stadt aus.

Schluß:
Der Steinbau in der Höggenstraße muß nach den hier angeführten Befunden als Steinwerk mit einem dazugehörigen, ursprünglich eingeschoßigen Vorderhaus interpretiert werden. Das Vorderhaus stand mit seinem Ostgiebel direkt an einer platzartigen Erweiterung der Marktstraße und nahm somit eine vorzügliche Lage innerhalb des Stadtgrundrisses ein.
Der räumlich differenzierte Grundriß des Steinwerks, mit seinen zwei vollkommen voneinander unabhängigen Raumzonen, steht unter den bisher bekannten Steinwerken einzigartig da. Hier wurden möglicherweise Einflüsse rheinländischer Bauweisen wirksam. Das Gebäude zeichnet sich auch heute noch durch einen sehr guten

Erhaltungszustand aus. Nur selten war es bislang möglich, die innere Struktur eines romanischen Wohngebäudes in solcher Vollständigkeit zu fassen. Die Fülle der bei den Sanierungsarbeiten gemachten Beobachtungen konnten hier nur in den wesentlichen Punkten vorgestellt werden.

Anmerkungen

1. Der Beitrag stellt eine überarbeitete Fassung des am 10. 06. 1986 auf der Tagung in Münster gehaltenen Referates dar. Ein ausführlicher Bericht erscheint 1987 in: Beiträge zum städtischen Bauen und Wohnen in Nordwestdeutschland, (Beiträge zur Volkskultur in Nordwestdeutschland), hg. von G. Wiegelmann/F. Kaspar, Münster.
2. H. Schwartz, Soest in seinen Denkmälern, Bd. 1, Profane Denkmäler, Soest 1977 2, S. 160-163, 176-180, 183-184, 189, und A. Wiedenau, Katalog der romanischen Wohnbauten in westdeutschen Städten und Siedlungen, (Das deutsche Bürgerhaus XXXIV), Tübingen 1984.
3. H. Rothert, Das älteste Bürgerhaus Westfalens, in: Westfälische Zeitschrift (1902), S. 98-100, und C. L. Meyer/C. Josephson, Der Burghof in Soest, in: Die Denkmalpflege 5, Nr. 9, (Berlin 1903), S. 65-68, und H. Diedrichs, Vor- und Frühgeschichte im Kreis Soest, in: Soester Zeitschrift 61-62 (1948), S. 37-46, hier S. 37-38.
4. Das Gutachten wurde im Auftrage des Westfälischen Amtes für Denkmalpflege/Münster vom Planungsbüro Tisje/Neu-Isenburg erstellt.
5. Chroniken deutscher Städte vom 14. bis ins 16. Jahrhundert, Bd. 24, Soest und Duisburg, Leipzig 1895, S. 97.
6. Ein gepflasterter Fußboden mit einer Balkensubstruktion und einem darunterliegenden Keller findet sich im Erdgeschoß des Burgmannsitzes v. Schade in Grevenstein. Der Burgmannsitz stammt aus dem 14. Jahrhundert; der Fußboden ist vermutlich jünger. Ein Steinplattenfußboden aus romanischer Zeit befand sich bis 1881 noch im sog. "Alten Rathaus" von Gelnhausen in Hessen. Vgl. dazu L. Bickell, Die Bau- und Kunstdenkmäler im Reg.-Bez. Cassel, Bd.

1, Kreis Gelnhausen, Marburg 1901, S. 102-104 und T. 147. Auch im Palas der Gelnhausener Pfalz hat sich allem Anschein nach eine solche Konstruktion befunden. Vgl. ebd. S. 26-27 und T. 20.
7. Vgl. dazu K.E. Mummenhoff, Die Profanbaukunst im Oberstift Münster von 1450 bis 1650, (Westfalen, 15. Sonderheft), hg. vom Verein für Geschichte und Altertumskunde Westfalens, Münster 1961, T. 12.
8. Vgl. dazu G. Isenberg, Stadtkernarchäologische Untersuchungen an der Bäckerstraße in Minden 1973-76, in: Zwischen Dom und Rathaus. Beiträge zur Kunst und Kulturgeschichte der Stadt Minden, Minden 1977, 129-147.
9. Zu den Steinwerken - hier auf den Raum Westfalen beschränkt - vgl. die Arbeiten von: A. Ide, Die Steinwerke der Stadt Osnabrück, Osnabrück 1939, und M. Geisberg, Einige der ältesten Wohnbauten Westfalens, in: Zeitschrift Westfalen XV (1930), H. 3, S. 109-124, und K. E. Mummenhoff, wie Anm. 7., S. 33-35, und S. Baumeier, Das Bürgerhaus in Warendorf (Schriften der Volkskundlichen Kommission für Westfalen 22), Münster 1974, S. 44-50, und F. Kaspar, Bauen und Wohnen in einer alten Hansestadt (Schriften der Volkskundlichen Kommission für Westfalen 28). Münster 1985, S. 201-228, und G. Isenberg, wie Anm. 8., S. 129-147.
10. A. Wiedenau, Romanische Wohnbauten im Rheinland, in: Hausbau im Mittelalter (Jahrbuch für Hausforschung 33), Sobernheim/Bad Windsheim 1983, S. 159-182, und dies., Katalog der romanischen Wohnbauten in westdeutschen Städten und Siedlungen (Das deutsche Bürgerhaus XXXIV), Tübingen 1984, S. 11-20.
11. Einen solchen Treppenvorbau besaßen mehrere romanische Wohnbauten. Vgl. dazu das Haus Heimbachgasse 3 in Niederlahnstein, A. Wiedenau (1983/84) u. dies. Romanischer Wohnbau im Rheinland (Diss.,Köln 1978), hg. von G. Binding, Köln 1979, S. 147-153.
12. siehe Anmerkung 11.
13. Vgl. dazu H. Schmoeckel, Die Soester Straßennamen, in: Soester Zeitschrift 44/45 (1929), S. 25-120, hier S. 67.

Bildnachweis:
Institut für vergleichende Städtegeschichte, Münster: Abb. 2
Westfälisches Amt für Denkmalpflege, Ludorff: Abb. 5
Übrige Abbildungen vom Verf.

G. Ulrich Großmann

Ein Fachwerkbau aus dem Jahr 1347 (d) in Höxter

Das Vorderhaus des Anwesens Westerbachstr. 32 in Höxter ist seiner heutigen Erscheinung nach ein Giebelbau aus der Mitte des 19. Jahrhunderts. Das zweistöckige Gebäude hat den Vordergiebel und die rechte Traufe aus Fachwerk und eine massive linke Traufe. Nicht ein einziger Ständer des Vorderhauses scheint über die Mitte des 19. Jahrhunderts hinaus zurückdatierbar zu sein. Deckenbalken und Deckengefache jedoch weisen starke Verrußungen auf. Zudem ist die Balkenlage durch zahlreiche Einschübe und Veränderungen gekennzeichnet. Sechs der Deckenbalken, die in annähernd gleichmäßigen Abständen liegen, sowie ein Holz auf gleicher Höhe innerhalb des Vordergiebels, enden etwa 2,5 Meter vor der linken Traufwand. Sie ergeben eine einheitliche Fluchtlinie, die das Haus um diese 2,5 Meter schmaler erscheinen läßt und mit dem im gleichen Maße schmaleren Hinterhaus zusammenpaßt. Im Bereich der hinteren vier Deckenbalken ist ihnen in dieser Flucht ein Rähm unterlegt, das mit einer Stakungsnut versehen ist, also zu einer geschlossenen Wand gehörte. Die vorderen Deckenbalken weisen an den entsprechenden Stellen quadratische Zapfenlöcher eines Stufenzapfens auf. Alle Deckenbalken zeigen ferner an der Unterseite Kopfband-Zapfenlöcher; am hinteren Deckenbalken ist das Kopfband noch erhalten.

In einem Abstand von etwa 2 Metern zur rechten Traufe zeigen die Deckenbalken an der Unterseite ebenfalls ein quadratischen Stufenzapfenloch, so daß auch hier auf die Existenz eines Rähms geschlossen werden muß. Ebenfalls finden sich hier die Kopfbandzapfenlöcher. Befunde für Kopfbandzapfenlöcher wiederholen sich schließlich innen vor der rechten Traufwand. Es läßt sich hieraus eine Einteilung des Gebäudes in eine breite Diele links und in ein schmales Seitenschiff rechts erschließen.

Die Verlängerung der Deckenbalken zur heutigen linken Traufwand erfolgt durch Hölzer, die ebenfalls an der Unterseite stark

verrußt sind. Dies läßt an eine frühe Datierung der Verbreiterung
des Hauses auf seine heutige Dimension denken. Die rechte die
Diele begrenzende Wand wurde vielleicht bei dieser Verbreiterung
des Hauses um etwa einen halben Meter vorgezogen, ab dem dritten
Deckenbalken bis zum Ansatz des Hinterhauses sogar durch einen
Luchtbalken ersetzt, den zwei Kopfbänder stützen.
Auch zur neuen linken Traufe weisen an einigen der Balkenstücke
Kopfbandzapfenlöcher. Das Rähm der bisherigen linken Traufwand
mag in den vorderen drei Fachen alsbald ersetzt worden sein. Im
Bereich der hinteren zwei Fache wurde es zwar erhalten, ihm
jedoch ein Unterzug untergeschoben, der durch Kopfbänder verstrebt worden ist. Vorübergehend hatte die Diele einen Nebenraum
links, an den sich hinten die besagte Lucht anschloß. Das rechte
breitere Seitenschiff wies ab diesem Umbau ebenfalls eine breite
Lucht hinten und im vorderen Bereich wohl einen Wohnraum auf.
Bei dem Umbau um 1850 ist dann die Diele zu einem schmalen Flur
reduziert worden. Zu diesem Zeitpunkt wurde auch das hintere Fach
im östlichen Teil abgeteilt und zum Treppenhaus umgewandelt.
Wahrscheinlich ebenfalls zu diesem Zeitpunkt entstand die Schmiedeesse im hinteren Bereich des Hauses.
Der Verlauf der linken Traufwand des Vorderhauses läßt sich in
ganzer Länge rekonstruieren. Einschließlich Vorder- und Rückgiebel bestand die Wand aus sieben Ständern, die mit einem Stufen-
zapfen in Rähm und Deckenbalken verankert waren. Die Deckenbalken
kragten um etwa 30 cm über das Rähm aus, so daß eine Gebäudehöhe
von einem Stockwerk sehr wahrscheinlich ist. Allerdings weist das
Rähm an der Innenseite im zweiten Fach von hinten eine schräge
Blattsasse einer Verstrebung auf, die nach oben hin schmaler wird
und somit eigentlich zu einer nach oben reichenden Strebe gehören
müßte, was aber bei einem unmittelbar darüber ansetzenden Dach
nicht vorstellbar ist. Für diesen Befund gibt es bislang keine
plausible Erklärung. Einzig der nordwestliche Eckständer ist als
Teil dieses Gebäudes noch erhalten. Er weist Zapfenlöcher für
eine mittige Riegelkette und eine tief sitzende nach oben weisen-
de Verstrebung auf. Beim Umbau der hinteren zwei Fache zur Lucht
wurde er verwendet, um den Luchtbalken und ein Kopfband zu
stützen.
Im hinteren linken Bereich wurde wohl Mitte des 19. Jahrhunderts

1 Höxter, Westerbachstr. 32, Bestand linke Traufe Hinterhaus und
Längsschnitt Vorderhaus in gleicher Flucht

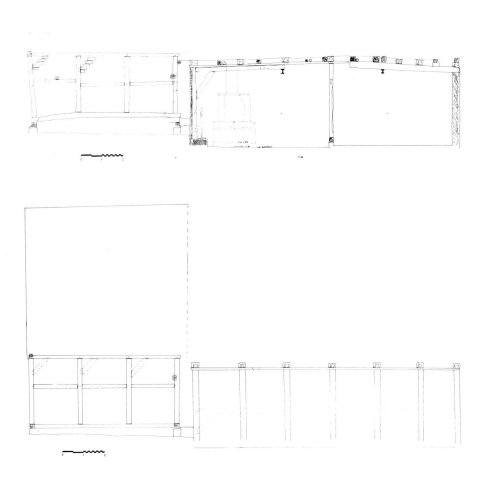

2 Höxter, Westerbachstr. 32, Rekonstruktion linke (westliche)
Traufseite

eine Schmiedeesse aufgemauert, die bautechnisch vollständig ist
und auch bei der gegenwärtigen schonenden Sanierung durch die
Architektin Dipl.Ing. Cornelia Lange, Höxter, erhalten bleiben
wird.
Das Hinterhaus schließt in einem Abstand von etwa 5o cm als
selbständiges Gefüge an das Vorderhaus an. In der Firstausrich-
tung entspricht es dem Vorderhaus. Es handelt sich um einen
anderthalbgeschossigen Wandständerbau mit Ankerbalken, dessen
Dachwerk ein Drempelgeschoß ausbildet.
Die rechte Traufwand des Hinterhauses ist verputzt, von außen
lassen sich nur Schwelle, Rähm und Balkenköpfe erkennen, von
innen auch Ständer und Kopfbänder. Die Putzfläche der Wand ist
durch drei Fensteröffnungen unterbrochen, die im heutigen Zustand
erst aus dem 19. Jahrhundert stammen.
Die linke Traufe, obzwar durch einen Schuppenanbau verdeckt,
zeigt das Fachwerk im freiliegenden Zustand. Erkennbar sind insgesamt vier Ständer. Sie sitzen auf einer möglicherweise erneuerten Schwelle oberhalb eines Sockels aus Bruchquadern; bei diesem
Sockel handelt es sich um roten Solling-Sandstein. In den drei
Fachen gab es ursprünglich nur einen Teilungsriegel, der zumindest im mittleren Fach an der alten Stelle zu erhalten sein
scheint. Im hinteren Fach ist er erneuert, dabei etwas angehoben,
und trägt einen dünnen Querbalken. In den beiden hinteren Fachen
lassen sich verdeckte Kopfbänder erkennen, die in den Ständern
mit zwei Holznägeln abgebohrt und nach außen hin durch hochkant-
vermauerte Backsteine überdeckt sind. Im übrigen besteht die
Ausfachung aus Industrieziegeln, durchweg Steine minderer Qualität, aber hart gebrannt. Vom ehemaligen Rückgiebel dürfte eine
ältere Schwelle noch erhalten sein. Sie ist an der linken Traufe
unter der traufseitigen Schwelle mit etwas Abstand zum Ständer
festzustellen.
Die Dachsparren sind auf das durchgehende Rähm gestellt. Im
hinteren Rückgiebelgefach ist eine Giebelschwelle mit dem Trauf-
rähm verkämmt. Eine Zuordnung der Dachsparren zu den Ständern ist
nicht zu erkennen. Das Dachwerk des Hinterhauses Westerbachstr.
32 ist augenscheinlich in seiner spätmittelalterlichen Gesamtsub-
stanz erhalten. Die insgesamt sechs Sparrengebinde einschließlich
der beiden heutigen Giebelseiten dieses Bauteiles sitzen auf den

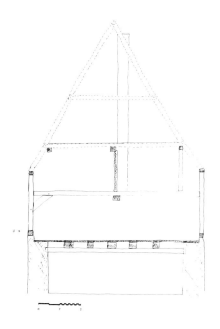

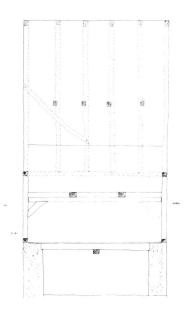

3 Höxter, Westerbachstr. 32,
  Querschnitt und Längsschnitt
  Hinterhaus, Bestand (oben)

4 Höxter, Westerbachstr. 32,
  Dachwerk des Hinterhauses
  mit durch Holznagel angehef-
  teter Windrispe

Traufrähmen auf und sind vermutlich durch einen Zapfen und eine leichte Klaue befestigt. Als Klaue wirkt dabei der Sparrenfuß selbst. Die Sparrenpaare sind in einer Höhe von etwa 1 m über dem Sparrenfuß durch einen geblatteten Kehlbalken verbunden, der eine begehbare Lauffläche des Dachwerks trägt. Mit etwas mehr als 2 m Abstand folgt eine weitere Kehlbalkenreihe. Auch diese Kehlbalken sind aufgeblattet und mit vierkantigen Holznägeln befestigt. Der gesamte obere Dachbereich bleibt frei. Die vorderen vier Sparrengebinde haben die Blattung an der Seite zum Vordergiebel, die beiden hinteren nach hinten.

Das vordere, sozusagen giebelseitige Gebinde hat zusätzlich zu den aufgeblatteten Kehl- und Hahnenbalken eine vor die Balken geblattete Spitzssäule, die mit langen Holznägeln mit dem Hahnenbalken und einst auch dem Kehlbalken verblattet war. Das naturkrumme Holz endete unmittelbar unter der Einzapfung der beiden Sparren. Das Dachwerk ist insgesamt verrußt.

Zur linken Traufseite gibt es zwei Windrispen, die die beiden hinteren und anschließend die beiden mittleren Fache sichern; an der rechten Traufe gibt es eine Windrispe, die die beiden vorderen Fache absichert (bei den insgesamt fünf Fachen ist somit das zweite Fach von vorne auf beiden Seiten gesichert). Bemerkenswert ist, daß die Windrispen mit kräftigen Holznägeln verdübelt sind. Zu den Windrispen ist folgendes zu ergänzen: Die hintere Windrispe der rechten Seite reicht über die hinteren drei Fache, also nach unten noch weiter hinab. Holzgenagelt sind alle Windrispen nur am Anfang und Ende, dazwischen gibt es Spuren von Eisennägeln in den Windrispen, nicht aber erkennbare in den Sparren, erhalten ist eine Befestigung hier jeweils nicht. An der Windrispe der linken Seite, die sich möglicherweise auch über die insgesamt drei vorderen linken Fache erstreckte, ist ein Eisennagel erhalten und die Spur eines Eisennagels auch im Sparren erkennbar. Doch auch sie ist am Anfangs- und wahrscheinlich auch am Endpunkt holzgenagelt.

Zur Bautechnik ist festzustellen, daß die Hölzer in aller Regel naturkrumm und weitgehend bebeilt sind. Dies gilt selbst für eine der flachen Windrispen. An der vorderen Windrispe der rechten Seite und an einzelnen Partien der Sparren lassen sich sehr dünne und leicht schräge Spuren einer feinen Säge feststellen. Hier hat

5 Höxter, Westerbach-
  str.32, Querschnitt
  Vorderhaus, Bereich
  der Esse. Bestand
  (nur Erdgeschoß)

6 Höxter, Westerbach-
  str. 32, Querschnitt
  Vorderhaus, Rekon-
  struktion

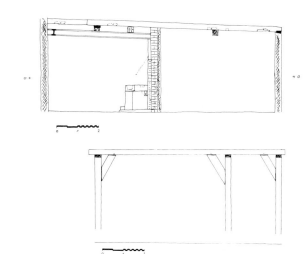

7 Höxter, Westerbachstr. 32, Grundrißskizze Erdgeschoß mit Ein-
tragung der Deckenbalken (gestrichelt) mit Zapfenlöchern für
Ständer und Kopfbänder sowie der nachträglich eingebauten Wände, des Schornsteins und der Esse. Das ursprüngliche Vorderhaus
hatte nur die Breite des Hinterhauses.

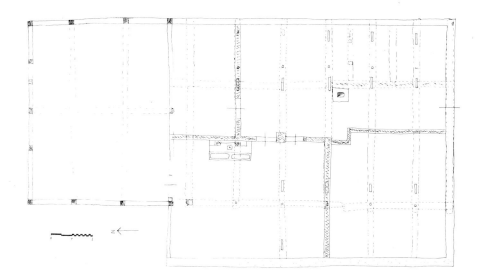

223

es den Anschein, als habe man bei sonst bebeilten Hölzern vereinzelt durch Absägen kürzerer Holzstücke, vielleicht noch kürzer
als Bohlenlänge, eine Glättung vornehmen wollen.

An Abbundzeichen ist am fünften Sparren von vorne nach hinten zu
am rechten Sparren die Zahl 4 aus vier Strichen festzustellen, am
dritten Sparren von vorne an der linken Seite nach vorne die Zahl
2. Da sich die giebelseitigen Sparren von den übrigen unterscheiden, wäre es denkbar, daß nur die vier inneren Gebinde von 1 - 4
durchgezählt wurden. Die Abbundmarken finden sich relativ weit
oben, schätzungsweise 1 - 1,5 m unter dem First.

Der Keller ist flach gedeckt. In Querrichtung durchzieht ihn ein
Unterzug, der vielleicht nachträglich ist. Er ist sauber zum
Vierkant bearbeitet, teilweise vielleicht gesägt, teilweise sicher bebeilt. Ständer sind ihm unterstellt; in der Mitte ist der
Unterzug überblattet, besteht also aus zwei Teilen. Zweitverwendung ist wahrscheinlich; dies gilt auch für den in der Mitte
stützenden eingezapften Ständer. Über ihm liegen insgesamt fünf
kräftige Balken in Längsrichtung, auf denen sich der Eichendie-
lenfußboden des Erdgeschosses befindet. Die Balken liegen giebelseitig auf Mauerlatten auf, die kurz vor den Traufwänden enden.
Die umgebenden Kellermauern sind überaus kräftig. Zum Rückgiebel
zu zeichnet sich eine zugesetzte Öffnung ab, die über einer Sohl-
bank ein nach innen sich aufweitendes bruchsteingefaßtes Gewände
hat. Eine zweite, jedoch weniger sorgfältig gemauerte Öffnung
gibt es links, dort durchweg aus Bruchsteinen eingefaßt, An der
Seite zum Vorderhaus hin hat der Keller eine aus Quadern gerahmte
Lichtnische. Ob der gegenwärtige Aufgang zum Vorderhaus ursprünglich ist, oder nachträglich eingelassen, ist zur Zeit nicht zu
entscheiden.

Die dendrochronologische Datierung des Hinterhauses einschließlich seines Balkenkellers sowie der zum Kernbau gehörenden Balken
des Vorderhauses nahm im Auftrag der Stadt Höxter und des Weser-
renaissancemuseums Schloß Brake (unter Bezug auf die Vorarbeiten
in anderen Häusern im Auftrag des Westfälischen Freilichtmuseums
Detmold) Hans Tisje, Neu-Isenburg, vor. Die Datierung dieser Baumaßnahme ergab für beide Teile das Entstehungsjahr 1348. Das Haus
Westerbachstr. 32 ist beim gegenwärtigen Forschungsstand somit

8 Höxter, Westerbachstr. 32, Vorderhaus im Bereich der Esse,
Blick zum Hinterhaus. Längskopfband: Verlauf der alten Traufe,
Querkopfband: Teil des Hinterhaus-Gefüges

das älteste bekannte Fachwerkwohnhaus bzw. die zweitälteste Fachwerkkonstruktion in (Nordrhein-)Westfalen.

Als Fazit der Baudokumentation bestätigt sich, was auch die
Untersuchungen anderer Höxteraner Häuser bereits haben deutlich
werden lassen: Das spätmittelalterliche Haus war keineswegs ein
dreischiffiges Dielenhaus, wie Josef Schepers dies meinte, es war
aber auch nicht unbedingt ein "Einhaus", wie Fred Kaspar dies für
Lemgo nachweisen konnte. Es bestand aus einem Vorderhaus mit der
Diele und einem unterkellerten Saalbau. Soweit entspricht es den
Befunden aus anderen Städten Ostwestfalens. Im Vorderhaus konnte
aber offenbar schon im 14. Jahrhundert eine Raum, vielleicht
schon eine Stube, abgeteilt sein. Zudem bestand im späten Mittelalter der Holzbau neben dem Steinbau, vielleicht sogar "gleichbe-
rechtigt" neben dem Steinbau. Die Befunde früher Fachwerkbauten,
neben diesem Haus sind Nicolaistr. 4/6 aus dem Jahre 1430 und
Klappstr. 1 aus dem Jahre 1431 zu nennen, stehen zahlen- unter
altersmäßig neben den Befunden früher Steinbauten kaum zurück.
Als Beispiele für sie sind zu nennen: Westerbachstr. 28 von etwa
1347, Papenstr. 2 von etwa 1365 sowie weitere Bauten ohne eine
bisher erfolgte feste Datierung.

Literatur:
Fred Kaspar, Bauen und Wohnen in einer alten Hansestadt, Zur
Nutzung von Wohnbauten zwischen dem 16. und 19. Jahrhundert
dargestellt am Beispiel der Stadt Lemgo, Denkmalpflege undm
Forschung in Westfalen Band 9, Bonn 1985
Fred Kaspar, Fachwerkbauten des 14. bis 16. Jahrhunderts in
Westfalen, Beiträge zur Volkskultur in Nordwestdeutschland, hg.
von der volkskundlichen Kommission für Westfalen, Landschaftsver-
band Westfalen-Lippe, Münster 1986
Heinrich Rüthing, Höxter um 1500, Analyse einer Stadtgesell-
schaft, Studien und Quellen zur wqestfälischen Geschichte Bd. 22,
Paderborn 1986
Josef Schepers, Westfalen in der Geschichte des nordwestdeutschen
Bürger- und Bauernhauses, in: Der Raum Westfalen IV/2, Münster
1965

Jahrbuch für Hausforschung 36/37, 1986/1987

Michael Scheftel

Archäologische Befunde zu Ankerbalkenverzimmerungen – Bemerkungen zu ihrer Interpretation und Rezeption

In der Hausforschung (1) galt, ausgehend vom erhaltenen Hausbestand des späten Mittelalters und der frühen Neuzeit, seit langem unangefochten die These, daß es sich beim Sparrendach mit Ankerbalkenverzimmerung gegenüber dem mit Dachbalkenverzimmerung um die ältere Konstruktion handele (2). Gegenständlich bewiesen galt diese These spätestens, seit auch die Archäologie Befunde für Ankerbalkenverzimmerungen in frühmittelalterlichen und älteren Siedlungen zutage gefördert hatte. Neu entdeckte dendrochronologisch datierte Dachbalkenverzimmerungen in erhaltenen spätmittelalterlichen Gebäuden sogar des 13. Jahrhunderts haben die Diskussion dieser scheinbar bewiesenen These in jüngster Zeit wieder belebt (3). Sie geben Anlaß, auch die bisher veröffentlichten archäologischen Befunde für Ankerbalkenverzimmerungen kritisch zu betrachten. Dabei soll es vor allem darum gehen, archäologische Befunde und ihre Interpretation, darüber hinaus aber auch die Rezeption der darauf aufbauenden Rekonstruktionen zu beleuchten. Ankerbalkenverzimmerungen, die aus rein baulogischen oder ethnologischen Erwägungen erschlossen wurden, werden hier nicht berücksichtigt (4). Eine abschließende Erörterung der eingangs genannten These ist nicht beabsichtigt. Allein anhand archäologischer Befunde dürfte dies auch kaum möglich sein.

Ankerbalkenverzimmerungen sind auf der Grundlage archäologischer Funde und Befunde im norddeutschen Raum bisher für die Stellerburg in Dithmarschen (5), die Siedlung im Halbkreiswall von Haithabu (6), die Stadtkerngrabung in Emden (7) und die Grabung auf der Langwurt Groothusen (8) veröffentlicht worden (9). Immer noch als grundlegend für die archäologische Bearbeitung von Holzbaubefunden gilt die 1942 von Martin Viktor Rudolph vorgelegte Untersuchung über die Ausgrabungen der Stellerburg in den

Jahren 1935-37 (10). Die Arbeit ist von dem die Zeit prägenden Gedankengut durchdrungen, trennt jedoch in den meisten Fällen nachvollziehbar archäologischen Befund und Rekonstruktion. Rudolph unterscheidet die aufgedeckten Gebäude in Bohlenbauten, Reiswerkbauten (Stabbau) und Ständerbauten.

Zu den Bohlenbauten zählt Rudolph das 1937 schon vorab publizierte "Kammerhaus" (11). Er rekonstruiert hier eine gemischte Bauweise mit Innen- und Wandständern ohne Ankerbalkenverzimmerung. Auch in der späteren Gesamtpublikation hält er diese Rekonstruktion aufrecht (12). Für einen anderen Bohlenbau, ohne Innenpfosten, das 1934 aufgedeckte "Dreigeteilte Haus" (13) rekonstruiert er ein "reines Sparrendach mit Kehlbalken" (14). Ein Bohlenstück, das in der Grabungskampagne des folgenden Jahres neben diesem Gebäude gefunden wurde, spricht er nicht unplausibel als seitlich angekämmten Anker mit Fugennagelung an (15). Ein zu dieser Ankerbohle passender Pfostenkopf wurde hier nicht gefunden.

Rudolphs Rekonstruktion der durchgezapften Ankerbalkenverzimmerung baut vor allem auf den Befunden des dem Stabbau zugerechneten Mittelhauses der Stellerburg auf (16). Er stützt sich dabei auf zwei im Zusammenhang mit diesem Grundriß gefundene Bohlenstücke, die er nach Fundumständen und Abmessungen als Kopfenden der "Eckpfosten" deuten kann (17). Aus quadratischen Löchern in diesen Pfostenköpfen schließt er auf eine Verzimmerung mit durchgezapften Ankerbalken, "weil diese ein Allgemeingut des germanischen Holzbaues der Frühzeit überhaupt darstellt" (18). Begründet wird die Rekonstruktion der durchgezapften Ankerbalken weiter mit dem Verweis auf ländliche Bauten im nordwestdeutschen Raum, also mit der bekannten These der Hausforschung. Die Rekonstruktion durchgezapfter Ankerbalken ist anhand der vorgelegten Befunde zwar nicht auszuschließen, daß die quadratischen Ausschnitte der "Ständerbohlen" jedoch wirklich dazu dienten, das "wahrscheinlich auf das mittlere Drittel seiner Breite geschwächte Ende des Ankerbalkens, das sogenannte Zapfenohr, durch den Ständer zu stecken und außen vor diesem durch Holznägel festzuhalten" (19), scheint mir aus dem vorgelegten Befund, zumindest so detailliert, nicht zwingend hervorzugehen.

Weitere Befunde, die auf Ankerbalkenverzimmerungen schließen

lassen, beschreibt Rudolph für die von ihm so genannten "Ständerbauten" (20). Zu einem in der Mitte von Haus 16 gefundenen und
als Pfostenkopf angesehenen Halbrundholz mit seitlichen Ausneh-
mungen fand sich ein passendes, ebenfalls seitlich ausgeklinktes
Bohlenstück, das Rudolph als Endstück einer seitlich angekämmten
Ankerbohle deutet (21). Da der Pfostenkopf beiderseitig Ausneh-
mungen aufweist, rekonstruiert Rudolph eine zweite spiegelsym-
metrische Ankerbohle, die zusammen mit dem ersten, gefundenen
Bohlenende den Pfostenkopf zangenartig umgreift. Eine weitere
keilförmig ausgeklinkte Bohle konnte er nach Fundumständen keinem
der Hausgrundrisse direkt zuordnen. Sie wird von ihm analog zu
den dargelegten Befunden als Ankerbohle gedeutet (22).
Die Bedeutung der Stellerburggrabung für die Hausforschung lag
seinerzeit und liegt auch noch heute darin, daß sich hier erstmals die Möglichkeit bot, die bis dahin nur als These vertretene
Anschauung der Hausforschung dinglich durch Grabungsbefunde zu
verifizieren. Daß diese Verifizierung nur durch Interpretation
der Befunde zustande kommen konnte, darf dabei allerdings nicht
außer acht gelassen werden. Rudolphs Rekonstruktionen erscheinen
denn auch aus heutiger Sicht zum großen Teil plausibel. Sie sind
jedoch, besonders wenn man an den durchgezapften Ankerbalken mit
Zapfenschloß denkt, von der eingangs genannten These nicht unwe-
sentlich beeinflußt. Er fand also genau das, was er gesucht
hatte. Ein ausschließliches Vorkommen der Ankerbalkenverzimmerung
ist aus den von ihm vorgelegten Befunden nicht abzulesen und von
ihm auch nie behauptet worden.
Martin Viktor Rudolph hatte seit 1935 auch in Haithabu die Bearbeitung der Befunde zum Hausbau für die Grabungen im Halbkreiswall übernommen (23). Die angekündigte abschließende Bearbeitung
ist, wahrscheinlich kriegsbedingt, nicht mehr erschienen. Einzelne Baubefunde hat Rudolph jedoch vorab veröffentlicht (24). Ein
in der Grabung des Jahres 1937 gefundenes Bohlenende (25), das
eine ebensolche viereckige Durchlochung aufweist wie die Pfostenköpfe des Mittelhauses in der Stellerburg, deutet Rudolph hier
analog zu den dortigen Befunden ebenfalls als Beleg für eine
Verzimmerung mit durchgezapften Ankerbalken. Die Fundumstände
dieses Bohlenstückes werden hier allerdings erwähnt.
Ankerbalkenverzimmerungen hat auch Werner Haarnagel für die in

der Emder Stadtkerngrabung aufgedeckten Hausgrundrisse veröffentlicht (26). Haarnagel erläutert in seiner Zusammenfassung zum Hausbau, daß zwar nur Teilgrundrisse ergraben wurden, meint jedoch, "daß man die Hausformen, zu denen sie gehörten, verhältnismäßig gut bestimmen konnte, zumal Häuser gleicher Bauart in ihrem Aufbau von Rudolfph aufgrund der Grabungsergebnisse von Haithabu und der Stellerburg bereits behandelt und ausführlich beschrieben wurden" (27). Weiter schreibt er zu diesen Hausformen: "Die obere Versteifung der Häuser wurde durch Ankerbalken erzielt, die an der Giebelseite von Eckständer zu Eckständer reichten, durch diese durchgezapft und von außen mit Holzdübeln verkeilt waren (Zapfenschloß). Vierkantig durchgezapfte Vierkantpfosten und auch Holzdübel (Nägel) wurden in der Grabungsfläche häufig gefunden" (28). Während Rudolph noch durch Beschreibung des Fundzusammenhanges und der Holzquerschnitte wahrscheinlich machen kann, daß es sich bei den in der Stellerburg gefundenen durchlochten Bohlenabschnitten tatsächlich um Pfostenköpfe handelt, sucht man diese Beweisführung bei Haarnagel vergeblich. Auch in der ausführlichen Befundbeschreibung werden diese "vierkantig durchgezapfte(n) Vierkantpfosten" nicht erwähnt. Daß sie wirklich in voller Höhe bis zu den Pfostenköpfen gefunden wurden, erscheint nach den von Haarnagel geschilderten Erhaltungsbedingungen selbst dem archäologisch ungeschulten Betrachter recht unwahrscheinlich (29). Gerade dies wäre jedoch für eine Identifizierung der vierkantig durchlochten Hölzer als Pfostenköpfe Voraussetzung. Es hat sich also bei den von Haarnagel erwähnten durchlochten Holzstücken vermutlich um verworfene Hölzer gehandelt, die ohne eine Beschreibung des Fundzusammenhangs ebenso gut in anderen baulichen Zusammenhängen gestanden haben können. Auch die häufig gefundenen Holznägel können anderen Zwecken gedient haben.

In welchem Maße hier die Rekonstruktion der Befunde von der eingangs erwähnten These vorbestimmt wurde, die seit Rudolph auch noch als archöologisch abgesichert galt, zeigt sich besonders an Haarnagels Beschreibung der in den unteren Grabungsschichten aufgedeckten Teilgrundrisse von dreischiffigen Langhäusern. Hier heißt es zur Dachkonstruktion: "Der seitliche Druck der Dächer wurde durch Ankerbalken abgefangen, die die sich gegenüberstehen-

den Innenpfosten verbanden, in diese eingezapft waren und durch
Zapfenschlösser gehalten wurden" (30). Funde oder Befunde, die
auf eine solche Konstruktion weisen, werden nicht erwähnt. Es
wurde, wie Haarnagel selbst schreibt, auch nur "eine Pfostenreihe
dieser Art (Innenpfosten) ... in der Warf Emden bei einigen der
Langhäuser vermutlich angeschnitten" (31). Von einem Befund für
"sich gegenüberstehenden Innenpfosten", von denen Haarnagel im
Indikativ spricht und die Voraussetzung für die Rekonstruktion
eines Quergebindes wären, kann also nicht die Rede sein, ganz zu
schweigen von Pfostenköpfen oder anderen Gefügegliedern. Das
Vorkommen der Ankerbalkenverzimmerung geht hier weniger auf den
archäologischen Befund, sondern mehr auf die Kombination der von
der Hausforschung vertretenen These mit den seit den Ausgrabungen
von Ezinge bekannten vorgeschichtlichen Hallen zurück (32).
Aufbauend auf Werner Haarnagels Interpretation der Emder Grabungsbefunde deutet Waldemar Reinhardt einen Baubefund der von
ihm durchgeführten und veröffentlichten Grabung auf der Langwurt
Groothusen (33). Er fand dort in den unteren Schichten eine
umgefallene Flechtwand (34). Zu dieser gehörte auch ein "Wandständer", der an seinem Ende "mit einem Zapfenloch von 20x12 cm
Größe versehen" (35) war, "das der Aufnahme und Befestigung eines
zur gegenüberliegenden Wand verlaufenden Ankerbalkens diente"
(36). Ein als Ankerbalken zu deutendes Holz wird nicht erwähnt.
Weiter schließt Reinhardt aus diesem Befund: "Das Dach wurde also
von den Ständern der Außenwand getragen. Innenständer, wie beim
dreischiffigen Hallenhaus, können nicht vorhanden gewesen sein.
Demnach muß es sich um ein kleineres Gebäude gehandelt haben"
(37). Die Existenz von kleineren einschiffigen Gebäuden in den
frühmittelalterlichen Langwurten war seit Haarnagels Emder Grabungen bekannt (38). Hier wurde jedoch nur eine Wand ergraben,
die in dem 5 x 2 m breiten Abschnitt in Längsrichtung verlief,
noch nicht einmal eine Hausecke, geschweige denn eine gegenüber-
liegende Wand. Die ausschließlich durch Interpretation "errichtete" Ankerbalkenverzimmerung, noch dazu auf unsicherer Grundlage,
muß hier dafür herhalten, die nur teilweise aufgedeckten Gebäude
in ihrer Größenordnung und Grundrißstruktur zu bestimmen.
Erneut zu Fragen der Dachkonstruktion in Haithabu hat sich Adelhart Zippelius geäußert (39), ausgehend von der Bearbeitung des

Bruchstücks eines Holzbalkens, das 1964 im Zuge der wieder aufgenommenen Grabung dort gefunden wurde. Es handelt sich dabei um
einen Balkenabschnitt, der Zapflöcher an zwei entgegengesetzten
Balken aufweist. Zippelius macht durch baulogische Argumente eine
horizontale Verbauung des gefundenen Abschnitts im Quergebinde
einer Rofendachkonstruktion wahrscheinlich, die bekannterweise
keinen Ankerbalken benötigt. Er bezeichnet das gefundene Stück
deshalb bewußt weder als Ankerbalken noch als Dachbalken, sondern
neutral als "Binderbalken" (40). Im zusammenfassenden Zwischenbe-
richt über die Ausgrabungen in Haithabu wird dieser Balkenabschnitt von Kurt Schietzel dann allerdings fälschlich als Ankerbalken bezeichnet und die Rekonstruktion für eher unwahrscheinlich erklärt (41).

Auf den "durchgezapfte(n) Ankerbalken", der "schon in Haithabu
genutzt wurde", greift, um nur ein Beispiel zu nennen, dann
Günter P. Fehring bei seiner wiederholt vorgetragenen These zur
Entstehung des städtischen Dielenhauses in Norddeutschland zurück
und bezeichnet ihn als prägendes Gefügeglied auch für den Bereich
des norddeutschen Stadthauses (42). So prägt dieses Gefügeglied
denn die Rekonstruktion des von ihm unter dem Lübecker Heiligen-
Geist-Hospital ergrabenen Ständerbaus (43). Ergraben wurden hier
ein nicht ganz vollständiger Schwellenkranz und der Zapfenrest
eines Ständers. Das Haus zeigt in seiner mehr als sieben Meter
hohen Rekonstruktion, wenn auch durch Bildunterschrift als eine
von mehreren Möglichkeiten abgeschwächt, die herkömmlich als
älteste Konstruktion bekannten durchgezapften Ankerbalken.

Die vorgestellten Beispiele zeigen, wie anschließend an Rudolphs
Befundbearbeitungen Schritt für Schritt die zunächst von der
Hausforschung aufgestellte These immer stärker auch Eingang in
die Ergebnisse, das heißt in die Befundinterpretation der Archäologie fand - so weitgehend, daß sie schließlich, sieht man einmal
von den logisch erschlossenen Ankerbalkenverzimmerungen ab, kraft
der von der Archäologie veröffentlichten "Realien" im Laufe der
Zeit zur "allgemein anerkannten Tatsache" werden konnte. Daß
diese "Realien" jedoch selbst - jedenfalls teilweise - Produkte
der These sind, die sie stützen sollen, scheint mir ihre Beweis-
kraft zumindest einzuschränken. Die Wirkung solcher allgemein

anerkannter Tatsachen zeigt sich, wenn die vermeintlichen Fakten dann sogar für Rekonstruktionen von Gebäuden herangezogen werden, für die es nur wenige Befunde zum aufgehenden Gerüst gibt.

Anmerkungen

1. Unter dem Begriff Hausforschung wird hier allgemein die von Volkskundlern, Architekten und Kunstwissenschaftlern betriebene Bauforschung subsumiert, die sich, im Gegensatz zur Archäologie, mit erhaltenen Gebäuden beschäftigt, ungeachtet, der in der Forschungspraxis bestehenden überschneidungen.

2. S. Josef Schepers. Das Bauernhaus in Nordwestdeutschland. Münster 1943, Neudruck Bielefeld 1978, 64ff mit Verweisen auf die ältere Forschungsgeschichte S. 68, Anm. 33-43. Einschränkend in Bezug auf den durchgezapften Ankerbalken allerdings schon Gerhard Eitzen. Die älteren Hallenhausgefüge Niedersachsens. In: Zeitschr. f. Volkskunde 51, 1954, 37-76. Und für Schleswig-Holstein Konrad Bedal. Ländliche Ständerbauten des 15. bis 17. Jahrhundert in Holstein und im südlichen Schleswig. Neumünster 1977, 101ff.

3. So z. B. Göttingen Rote Str. 25/d.dat. 1276, Sven Schütte. Ein Bürgerbau des 13. Jahrhunderts aus Göttingen. In: AHF-Mitteilungen Nr. 10, 1984, 11f. sowie die Heidenhofer Kapelle/d.dat. um o. nach 1308, Fred Kaspar u. Karoline Terlau. Städtisches Bauen im Spannungsfeld zwischen Bautechnik, Baugesetzen und Parzellenzuschnitt. Zur Frühgeschichte des Wohnhauses in Nordwestdeutschland. In: Stadt im Wandel. Katalog der Landesausstellung Niedersachsen 1985. Hrsg. v. Cord Meckseper. Stuttgart-Bad Cannstatt 1985, Bd. 3, 469-512, hier Anm. 85. oder Burgsteinfurt Johanniter Kommende d.dat. 1398, Fred Kaspar und Andreas Eiynck. Baugeschichtliche Untersuchungen zur Johanniter Kommende in Steinfurt. Ein Beitrag zur Entwicklung des Mittelalterlichen Holzbaus in Westfalen. In: Zeitschr. Westfalen 63, 1985, 65-103, hier 76ff.

4. Wie z. B. Adelhard Zippelius. Die Rekonstruktion und baugeschichtliche Stellung der Holzbauten auf dem "Husterknupp". In: Adolf Herrnbrodt. Der Husterknupp. Eine niederrheinische Burganlage des frühen Mittelalters. Köln/Graz 1958, 123-200 (Beihefte

der Bonner Jahrbücher Bd. 6) oder Hermann Hinz. Zum Aufriß der eisenzeitlichen Hallen in Schleswig-Holstein. In: Offa 13, 1954, 69-82.

5. Martin Viktor Rudolph. Germanischer Holzbau der Wikingerzeit. 1. Teil. Die baugeschichtlichen Ergebnisse der Ausgrabungen auf der Stellerburg in Dithmarschen. Neumünster 1942 (Vor- und Frühgeschichtliche Untersuchungen aus dem Museum vorgeschichtlicher Altertümer in Kiel N.F. Bd. 6).

6. Ebda. 80.

7. Werner Haarnagel. Die frühgeschichtliche Handelssiedlung Emden und ihre Entwicklung bis ins Mittelalter. In: Friesisches Jahrbuch 1955, 7-78 (zugleich Emder Jahrbuch Bd. 35).

8. Waldemar Reinhardt. Die Grabung auf der Dorfwarf von Groothusen, Kreis Norden und ihre Ergebnisse. In: Jahrbuch der Gesellschaft für bildende Kunst und vaterländische Altertümer zu Emden 39, 1959, 20-36.

9. Hingewiesen sei hier auch noch auf die von Hermann Hinz als möglicher eingehälster Anker angesprochene Bohle aus der Grabung Wollin. Hermann Hinz. Zum Aufriß der eisenzeitlichen Hallen. Wie Anm. 4, 30. Abgebildet bei Karl August Wilde. Die Bedeutung der Ausgrabung Wollin 1934. Methodische Grundlagen für die Erforschung der Wikinger- und Slawensiedlung. 2. Aufl. Hamburg 1953, Tafel Ia, Siedlungsperiode I:a (1. Beiheft zum Atlas der Urgeschichte).

10. Rudolph. Germanischer Holzbau. Wie Anm. 5.

11. Martin (Viktor) Rudolph. Die Rekonstruktion des Kammerhauses der Stellerburg. In: Offa 2, 1937, 96-104.

12. Rudolph. Germanischer Holzbau. Wie Anm. 5., 8 ff.

13. Fr. Tischler. Ausgrabung Stellerburg (Norderdithmarschen) 1936. In: Nachrichtenblatt für deutsche Vorzeit 12. Jg., 1936, 258f.

14. Rudolph. Germanischer Holzbau. Wie Anm. 5., 47.

15. Ebda. 116ff.

16. Ebda. 64ff.

17. Ebda. 70f., nach heute gebräuchlicher Terminologie, da eingegraben, eher als Pfostenköpfe zu bezeichnen.

18. Ebda. 71.

19. Ebda. 73.

20. Ebda. 109ff.

21. Ebda. 112ff.

22. Ebda. 116f.

23. Herbert Jankuhn. Die Ausgrabungen in Haithabu 1935/36. In: Offa I, 1936, 96-140, 100f, Anm. 2 u. 3.

24. Martin (Viktor) Rudolph. Die Grundlagen der Holzbauweisen von Haithabu. In: Offa I, 1936, 141-149.

25. Rudolph. Germanischer Holzbau. Wie Anm. 5, 80, Abb. 62.

26. Haarnagel. Die frühgeschichtliche Handelssiedlung Emden. Wie Anm. 7.

27. Ebda. 59.

28. Ebda.

29. Ebda. 15ff, 17ff und 33ff.

30. Ebda. 61.

31. Ebda.

32. Albert Egges van Giffen. Der War in Ezinge, Provinz Groningen Holland und seine westgermanischen Häuser. In: Germania 20, 1936, 40-47.

33. Reinhardt. Die Grabung auf der Dorfwarf von Groothusen. Wie Anm. 8.

34. In den unteren Schichten des Siedlungshorizontes III. Ebda. 30.

35. Ebda.

36. Ebda.

37. Ebda.

38. Haarnagel. Die frühgeschichtliche Handelssiedlung Emden. Wie Anm. 7.

39. Adelhart Zippelius. Zur Frage der Dachkonstruktikon bei den Holzbauten von Haithabu. In: Berichte über die Ausgrabungen in Haithabu 1. Hrsg. v. Kurt Schietzel. Neumünster 1969, 61-72.

40. Ebda. 65.

41. Kurt Schietzel. Stand der siedlungsarchäologischen Forschung in Haithabu - Ergebnisse und Probleme. In: Berichte über die Ausgrabungen in Haithabu 16. Neumünster 1981, 16. und ders. Die Baubefunde in Haithabu. In: Archäologische und naturwissenschaftliche Untersuchungen an ländlichen und frühstädtischen Siedlungen im deutschen Küstengebiet vom 5. Jh. v. Chr. bis zum 11. Jh. n. Chr. Bd. 2 Handelsplätze des frühen und hohen Mittelalters. Hrsg.

v. Herbert Jankuhn, Kurt Schietzel und Hans Reichstein. Weinheim
1984, 135-171, hier 146.
42. Günter P. Fehring. Archäologische Hausforschung in der
Hansestadt Lübeck. Aspekte im Rahmen einer interdisziplinären
Stadtkernforschung. In Jahrbuch für Hausforschung 35, 1984/86. 9-
24, hier 18.
43. Ebda. Abb. 4, S. 19. Das Gebäude wird in älteren Rekonstruktionen zunächst noch ohne durchgezapfte Ankerbalken gezeigt. G.P.
Fehring. Fachwerkhaus und Steinwerk als Elemente der frühen Lübecker Bürgerhausarchitektur. In: Offa 37, 1980, 267-281, Abb. 3
und ders. mit Manfred Neugebauer. Das Lübecker Stadthaus der
Frühzeit. In: Archäologie in Lübeck, Lübeck 1980, 51-54, Abb. 34
(Hefte zur Kunst und Kulturgeschichte der Hansestadt Lübeck 3).
Zum ersten Mal mit durchgezapften Ankerbalken, schon mit ein-
schränkender Bildunterschrift, in: Günter P. Fehring. Früher
Hausbau in den hochmittelalterlichen Städten Norddeutschlands.
In: Die Heimat, Zeitschrift für Natur- und Landeskunde von
Schleswig-Holstein und Hamburg 11. Jg., 1984, H. 12, 392-401,
hier Abb. 4 vgl. auch ders. Bürgerhäuser in Lübeck. In: Archäologie in Deutschland 1985, H. 2., S. 16. Trotz einschränkender
Bildunterschrift wird an der prägenden Bedeutung der Ankerbalkenverzimmerung noch immer festgehalten, wie die im Text s.o. Anm.
42 gewählte Formulierung zeigt, neuerdings nach mdl. Diskussion
allerdings nicht mehr unter Berufung auf Haithabu.

Fred Kaspar

Holzbau – Fachwerkbau. Zur Frühgeschichte des Fachwerks in Nordwestdeutschland

Der Aufsatz baute auf verschiedenen Detailstudien (1) und Vorarbeiten (2) auf und wird in erweiterter Form in dem Band "Beiträge
zum Bauen und Wohnen in Nordwestdeutschland" erscheinen.
Ziel des Referates war es, Zusammenhänge zwischen hochmittelalterlichen reinen Holzbautechniken, insbesondere dem Stabholzbau
und dem neuzeitlichen Fachwerkbau herauszustellen. Relikte der
verschiedenen Entwicklungsstufen sind in vielfältiger Art im
heutigen Baubestand überliefert. Die noch erhaltenen - inzwischen
dendrochronologisch datierten - Holzgerüste des 14. und 15. Jahrhunderts lassen es wahrscheinlich werden, daß der Fachwerkbau als
gefachbildendes, für sich tragendes Gerüst in Nordwestdeutschland
erst in dieser Zeit ausgebildet worden ist, die älteren reinen
Holzbautechniken, bei denen der hölzernen Ausfachung als gerüst-
aussteifendes Element auch statische Funktion zukam, zumindest
auf dem Lande aber noch bis ins 18. Jh. nachwirkten.
Stärkste Gemeinsamkeiten mit dem Stabholzbau, der in Deutschland,
von archäologischen Befunden abgesehen, im rezenten Bestand nur
in einem Beispiel überliefert ist, weisen noch die Kornkästen des
märkischen Sauerlandes auf. Darüber hinaus sind es auch in verschiedenen anderen Regionen insbesondere Speicher und Scheunen,
die am längsten noch in der Form der Verbohlung der nun allerdings selbsttragenden Fachwerkgerüsten Anklänge an den Holzbau
zeigen. Hier sei an die Mäusepfeilerscheunen des Münsterlandes,
die "Bohlenbauten" der südlichen Lüneburger Heide oder die Speicher der Probstei erinnert. Auch das schon oft diskutierte Stän-
derfußblatt ist in diesem Zusammenhang zu sehen, ja kann sogar
als Leitmotiv der verbohlten Giebeldreiecke als das am weitesten
verbreitetste Relikt der Holzbauweisen gesehen werden.
Deutlich muß jedoch darauf hingewiesen werden, daß mit dieser
Darstellung nicht die allgemeine Entwicklung der nichtsteinernen
Bautechniken zu beschreiben wäre. Insbesondere die archäologischen Befunde, die nun aufgrund dendrochronologischer Datierungen

eng mit den erhaltenen Bauten zu verzahnen sind, lassen neben den
Holzbauweisen auch andere Techniken erkennen. Doch offenbar handelte es sich bei den reinen Holzbautechniken um die qualitäts-
vollste nichtsteinerne Bauweise, so daß von ihr wesentliche Impulse für die Ausbildung des neuzeitlichen Fachwerkbaus ausgegangen sein dürften.
Die Ursachen für die Abwendung vom reinen Holzbau sind sicherlich
vielfältig, deuten sich aber z. T. in den schriftlichen Quellen
an und werden auch deutlich im Bestand sichtbar. Wesentlich
scheint hier die Entwicklung geschlossener Bauweisen mit der Verbreitung städtischer Bauten einerseits und die damit zusammenhän-
genden höher werdenden Gebäude andererseits gewesen zu sein.
Schon früh setzen - in der Folge verheerender Brände - in den
Städten Verordnungen ein, die auf unterschiedliche Weise versuch-
ten, brandverhütende Bauweisen zu fordern bzw. durchzusetzen.
Wesentlicher Angriffspunkt waren hierbei natürlich die reinen
Holzhäuser. Dort, wo sie nicht vom Steinbau ersetzt werden konnten, verdrängte man den Holzbau zugunsten eines ganz oder teilweise mit Lehm verkleideten Holzgerüstes.
Bei der Größe und Höhe der städtischen Bebauung scheint auch bald
die Aussteifung der Konstruktion mit Hilfe der hölzernen Wandta-
feln nicht mehr ausgereicht zu haben. Wandabschluß und Konstruktion, die nun durch Verstrebungen verschiedener Ausformungen
versteift wird, lösen sich in zunehmendem Maße voneinander, wobei
sich in Westfalen insbesondere ein Gefüge durchsetzt, bei dem man
verdeckte Kopfbänder in regelmäßiger Anordnung zwischen Ständer
und Rähm setzte.
Anmerkungen:
1. A. Eiynck/F. Kaspar: Der älteste Fachwerkbau Westfalens. In:
G. Wiegelmann/F. Kaspar (Hrsgb.) Beiträge zum städtischen Bauen
und Wohnen in Westfalen, Münster 1987. - F. Kaspar/A. Eiynck:
Baugeschichtliche Untersuchungen zur Johanniterkommende in Steinfurt. In: Zschr. Westfalen 63/1985, S. 65 - 103.
2. F. Kaspar: Fachwerkbauten des 14. bis 16. Jahrhunderts in
Westfalen, Münster 1986. - K. Terlau/F. Kaspar: Städtisches Bauen
und Wohnen im Spannungsfeld zwischen Bautechnik, Baugesetzen und
Parzellenzuschnitt. In: Stadt im Wandel. Katalog zur Landesausstellung Niedersachsen Braunschweig 1985, S. 469 - 511

Christoph Dautermann

Kirchhofspeicher in Westfalen

In westfälischen Orten findet sich häufig eine charakteristische
Art der Bebauung von Kirchhöfen: Sie besteht aus kleinen Häusern,
die ringförmig um die Kirche und den Kirchhof gebaut sind. Diese
kleinen Häuser werden in den Quellen als "Spiker", aber auch als
"Gaden" bezeichnet, in der Literatur spricht man von Kirchhofspeichern (1).

Kirchhofspeicher lassen sich in Westfalen seit dem 14. Jahrhundert archivalisch nachweisen (2), die ältesten noch erhaltenen
Gebäude stammen aus der Zeit um 1500 (3). Typisch für diese
ältesten Kirchhofspeicher ist das zu allen vier Seiten vorkragen-
de Dach (4). Dafür mag als Beispiel das Gebäude Kirchplatz 3 in
Halle von 1512 (5) herangezogen werden (Abb. 2-6): Über einem
steinernen Keller- und Erdgeschoß erhebt sich ein Fachwerkaufbau,
dessen Ständer durch eine Riegelkette miteinander verbunden werden und die mit dem Rähm und der Schwelle durch verdeckte Kopf-
und Fußbänder verstrebt sind. Das Dach kragt auf kräftigen, tief
gekehlten Knaggen zu allen vier Seiten vor. Die ursprüngliche
Ausstattung des Gebäudes mit einer im Erdgeschoß in der Wand
liegenden Feuerstelle, von der sich noch ein Kragstein für den
Rauchfang erhalten hat, zeigt allerdings auch, daß es sich hier
schon um einen "gehobenen" Bau gehandelt haben muß, der etwa mit
dem "Dienstgebäude" des Archidiakons am Kirchplatz im münsterländischen Billerbeck zu vergleichen ist (6). Denn allgemein
kommen Feuerstellen in Kirchhofspeichern erst zu Ende des 16.
bzw. zu Beginn des 17. Jahrhunderts auf.
Die Kirchhofspeicher des 16. Jahrhunderts sind meist stöckig
verzimmert und bisweilen mit einer repräsentativen Fassade ausge-
stattet. Die meist traufständigen Gebäude mit vorkragendem Obergeschoß können außer den Knaggen Gestaltungselemente wie Andreas-
kreuze, Fächerrosetten, profilierte Schwellen, Ständer und Füll-

hölzer aufweisen (z. B. in Waltrop, Werne, Hamm-Rhynern, Oesting-hausen; Abb. 1). Es muß aber wohl davon ausgegangen werden, daß neben den außergewöhnlich repräsentativ gestalteten Kirchhofspei-chern auch schlichte Bauten bestanden haben, die heute nicht mehr erhalten sind. Dementsprechend läßt sich darauf schließen, daß für das 16. Jahrhundert mit einer breiten Palette von verschiede-nen Gestaltungsformen an Kirchhofspeichern zu rechnen ist, die jeweils den sozialen Stand der Besitzer bzw. der Bewohner wider-gespiegelt haben.

Die Speicher werden seit Beginn des 17. Jahrhunderts entsprechend der sozialen Stellung ihrer Bewohner immer schlichter gestaltet: die Zierelemente fallen weg und die Vorkragung der Stockwerke und des Daches wird zunehmen reduziert (Abb. 7 bis 10). Die Kirchhof-speicher unterscheiden sich nun in ihrer Bau- und Raumgestalt nicht mehr von anderen Kleinbauten (Gaden), die zumeist als zweistöckige Gebäude in traufenständiger Reihe sowohl in Dörfern als auch in den Städten an untere Bevölkerungsschichten vermietet werden.

Spätestens seit Beginn des 17. Jahrhunderts tritt bei den Kirch-hofspeichern auch eine Differenzierung in der Raumstruktur ein. Es treten zwar auch schon im 16. Jahrhundert einzelne Speicher auf, die vermutlich schon mehr als nur einen Raum im Erdgeschoß besaßen (Waltrop, Werne), allgemein beginnt die Aufteilung der Räume aber dann mit Beginn des 17. Jahrhunderts. Diese Entwick-lung führte schließlich dahin, daß im 19. bzw. zu Anfang des 20. Jahrhunderts selbst in Gebäuden von geringster Grundfläche ein Flur mit Zugang zu zwei hintereinanderliegenden Räumen abgeteilt wurde.

Als Besitzer der Kirchhofspeicher müssen für die älteste Zeit zunächst die Bauern aus den der jeweiligen Kirche zugehörigen Bauernschaften angeführt werden. Dies zeigen z. B. Pachtverträge des 14. Jahrhunderts aus der Gegend um Soest, in denen die Päch-ter eines Hofes dazu verpflichtet werden, nach "kerkenrecht" ein Gebäude auf dem Kirchhof zu errichten (7).

Offenbar sind die Gründe für die Errichtung der Kirchhofspeicher in der Immunität der Kirchhöfe zu suchen. Die Bauern konnten hier in den Speichern, aber auch in einfachen Kisten, die in der Kirche aufgestellt wurden (8), wertvolle Habe oder Getreide unterbringen. Inwiefern die Kirchhöfe wirklichen Schutz vor feindlichen Übergriffen boten, ist aber bisher ungeklärt, denn der Bau von regelrechten Kirchenburgen wie etwa in Süddeutschland ist für Westfalen bislang nicht belegt. Offenbar nutzten die Bauern die Kirchhofspeicher aber nicht nur als Lagerraum für wertvolle Dinge oder Getreide, sondern auch als Altenteil bzw. Leibzucht (9). In vielen Fällen blieben die Bauern bis ins 19. Jahrhundert hinein Besitzer der Kirchhofspeicher. Jedoch treten auch schon in den frühen Belegen Adelige oder kirchliche Institutionen bzw. deren Vertreter als Besitzer der Speicher auf (10). Seit dem ausgehenden 16. Jahrhundert läßt sich in zunehmendem Maße die Vermietung bzw. das Bewohnen der Speicher feststellen. Die Mehrzahl der nun in den Speichern wohnenden Menschen gehört sozialen Unterschichten an. Es handelt sich bei ihnen meist um kleine Handwerker, Tagelöhner, Kleinkrämer und Höker, oder auch um Kirchenangestellte. Das Auftreten dieser in den Kirchhofspeichern wohnenden Schicht muß sicherlich mit einem allgemeinen Bevölkerungswachstum (11) und, dies gilt zumindest für Westfalen, mit der allmählichen Entstehung eines ländlichen Proletariats in Verbindung gebracht werden (12).

Im Laufe des 18. und 19. Jahrhunderts gingen Kirchhofspeicher auch in den Besitz von Kaufleuten über, die diese wiederum als Warenlager nutzten (13).

Anmerkungen

1. Näheres s. in dem Aufsatz: Kirchhöfe und Kirchhofspeicher in Nordwestdeutschland - Zur Stellung von Kleinbauten im dörflich-städtischen Bereich seit dem ausgehenden Mittelalter, der 1987 in: G. Wiegelmann/F. Kaspar (Hrsg.), Beiträge zum städtischen Bauen und Wohnen in Nordwestdeutschland, Münster (Beiträge zur Volkskultur in Nordwestdeutschland), erscheinen wird.
2. Vgl. Chr. Völker, Befestigte Kirchhöfe im mittelalterlichen Bistum Paderborn, in: Westfälische Zeitschrift 93 II., 1937, S. 27. F. von Klocke, Kirchhofsburgen im Osnabrücker Land, in: Osnabrücker Mitteilungen 59., 1939, S. 136. F. Tenhagen, Geschichtliches über den Kirchhof in Werne, in: Münsterland, Monats-

zeitschrift für Heimatpflege 8, 1921, S. 293. Für den benachbarten Niederrhein vgl. H. Keussen, Urkundenbuch der Stadt Krefeld und der alten Grafschaft Mörs, Bd. I-V, Krefeld 1938, S. 330.
3. Billerbeck, Kr. Coesfeld, Kirchplatz Nr. 6/7, von 1492. Hattingen, Ennepe-Ruhr-Kreis, Kirchplatz Nr. 29, vor 1500. Anröchte-Mellrich, Kr. Soest, jetzt FLM Detmold, von 1506. Halle, Kr. Gütersloh, Kirchplatz Nr. 3, von 1512. Billerbeck, Kr. Coesfeld, Kirchplatz Nr. 2, von 1513.
4. Dieses Merkmal weisen aber auch die ältesten bekannten ländlichen Speicher auf. Vgl. Alfons Eggert, Joseph Schepers. Spieker, Bauernburgen, Kemenaden. Bäuerliche Speicherbauten im Münsterland. Münster 1985. Andreas Eiynck, Mittelalterliche Fachwerkspeicher im Münsterland, in: Hausbau im Mittelalter II, Sobernheim/Bad Windsheim 1985, S. 87-113.
5. Die dendrochronologische Datierung erfolgte durch Hans Tisje, Neu-Isenburg. Sie wurde finanziert vom Westfälischen Amt für Denkmalpflege, Münster.
6. Vgl. Chr. Dautermann, Neue Erkenntnisse zur Bebauung des Johannis-Kirchplatzes in Billerbeck, in: Geschichtsbll. des Kr. Coesfeld, 9. Jhg. 1984, S. 67-71.
7. Vgl. F. von Klocke, Urkunden Regesten der Soester Wohlfahrtsanstalten, 1. Bd., Urkunden des Hohen Hospitals bis 1600, Münster/Soest 1964. Hier die Nr. 65, 76, 90. Freundlicher Hinweis von H. Michels, Münster.
8. Dazu vgl. Völker 1937, wie Anm. 2, S. 11 ff.
9. So wird z. B. in einem Ehevertrag von 1537 festgelegt, daß sich die Eltern auf den Speicher und den Garten des Hofes und auf den Speicher auf dem Kirchhof in Harsewinkel zurückziehen sollen: "... so soll sich de ander sin Levent lanck holden gantz tho dem Spicker in dem Hove und up dem kerckhove und den ganzen Garden...". Staatsarchiv Detmold, L 21, W 171. Freundlicher Hinweis von Herrn Warnecke, Staatsarchiv Münster. Eine andere Quelle bezieht sich auf den Kirchhof in Leer: 1628. 16. Sept. Johan Bauninck erklärt: ... daß er das spiecker zu leer uff dem kerckhoff neben Johan Frilnichs behausung, so Ihme von seinen Eltern angeerbt, seinem Vatter Johan Baunick verkaufft ...". Stadtarchiv Steinfurt, Abt. XV, Nr. 31. fol. 261v. - Freundlicher Hinweis von A. Eiynck, Münster. In Gescher wird 1644 zur Beilegung eines

Streites zwischen Vater und Sohn abgemacht: "Hingegen soll der Vatter also vorth den hoff quitheren und sich im Spyker auf dem Kirchhoff begeben, welches ihm zur Leibzucht, solange er lebt, ist zugelassen." Stiftsarchiv Borghorst, Protokollbuch der Äbtissin, ohne Sig. - Freundlicher Hinweis von Herrn Warnecke, Staatsarchiv Münster.

10. Vgl. z. B. P. Ilisch. Zum Erscheinungsbild münsterländischer Kirchhöfe vor 1800. Das Beispiel St. Johann zu Billerbeck, in: Geschichtsbll. d. Kr. Coesfeld 4, 1979, Heft 1/2 S. 127. F. Stille, Anröchte, Dorf und Pfarrei im Wandel der Zeiten, Ein Heimatbuch, Lippstadt 1937, S. 251.

11. Vgl. F. W. Henning, Das vorindustrielle Deutschland 800 bis 1800, Paderborn 1977 3, S. 18 ff, 182. ff.

12. Vgl. H. J. Seraphim. Das Heuerlingswesen in Nordwestdeutschland, Münster 1947, S. 16. Die ländlichen Unterschichten wohnten aber auch auf den Höfen, und zwar dort in ehemaligen Leibzuchten, Speichern oder Backhäusern.

13. Vgl. Ilisch 1979, wie Anm. 10, S. 128.

1 Oestinghausen (Kreis Soest), Kirchplatz 9

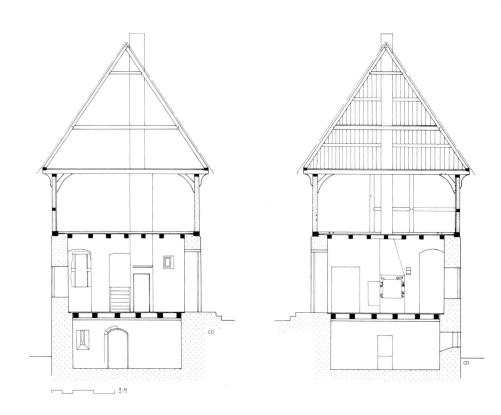

2 Halle (Kreis Gütersloh), Kirchplatz 3, Südostgiebel innen.

3 Halle, Kirchplatz 3, Nordwestgiebel innen.

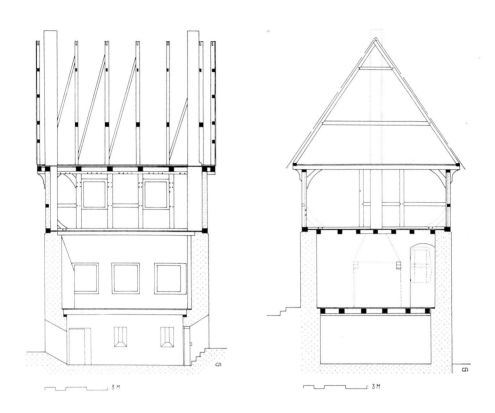

4 Halle, Kirchplatz 3, Nordostwand innen.

5 Halle, Kirchplatz 3, Nordwestgiebel innen, Feuerstelle und Fenster rekonstruiert.

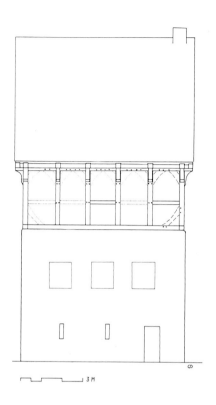

3 M

6 Halle, Kirchplatz 3, Nordostansicht, Rekonstruktion (1512)

5 m

7 Dolberg (Kreis Warendorf), Kirchstr. 12, Vorderansicht (1985)

8 Dolberg, Rückwärtige Traufe und Giebel (1985)

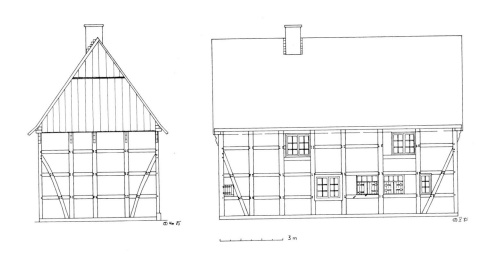

3 m

247

9 Dolberg, Kirchstr. 6, Vordere Traufe und Giebel (Zustand 1985)

10 Dinker (Kreis Soest), rekonstruierter Speicher am Kirchplatz

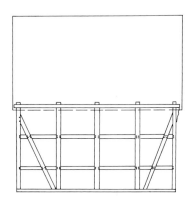

Jahrbuch für Hausforschung 36/37 1986/1987

Dietrich Maschmeyer

Detaillierte Hausforschung in einem kleinen Gebiet – Methodik und Ziele der Forschung in der Grafschaft Bentheim

Vorwort

Der Beitrag gibt einen Überblick über Stand, Arbeitsweise und Ziele einer nunmehr 14 Jahre währenden Forschungsarbeit im Bereich der Grafschaft Bentheim und angrenzender Nachbargebiete, wobei er sich zum Ziel gesetzt hat, den Althausbestand dieser ausgewählten und begrenzten Region möglichst umfassend zu dokumentieren. Nach der Diskussion der Topografie des Raumes widmet sich der Hauptteil der Arbeit der differenzierten Analyse des neuzeitlichen Hausbestandes mit einem Versuch der Schematisierung von Gefüge und Funktionsstruktur, exemplarisch am Beispiel der Haupthäuser sowie der Hauptwirtschaftsscheunen erläutert. Er zeigt, daß es möglich ist, nur auf Grund des Materials unter Berücksichtigung der räumlichen Verteilung Typen sowie zeitlich gestaffelte Typenreihen zu definieren, die Entwicklungstendenzen und Einflußrichtungen bis in bauerschaftliche Dimensionen erkennen lassen. Im Vergleich dieser - als historische Quellen oft unterschätzten - Auswertung mit bekannten historisch-volkskundlichen topografischen Untersuchungen wird über die reine hauskundliche Bedeutung auch die wichtige Rolle bei der Rekonstruktion zeitlich tief, bis ins Mittelalter, gestaffelter soziokultureller Netzwerke herausgearbeitet.

Die Gelegenheit, daß sich das Augenmerk des Arbeitskreises für Hausforschung wieder einmal auf den westfälischen Raum richtet, nutze ich, um - nicht in als endgültig zu bezeichnender Form, die einer späteren umfassenden Bearbeitung vorbehalten bleiben muß - einige Ergebnisse und wissenschaftliche Teilaspekte meiner bisher 14 Jahre währenden Beschäftigung mit der historischen Bausubstanz meines Heimatraumes erstmalig breiterem Publikum vorzustellen; die günstige Gelegenheit gebietet dies. Obwohl ebenfalls mit der Dokumentation bürgerlicher und industrieller Bauten befaßt, will ich mich hier doch auf das bäuerliche Kulturdenkmal beschränken, zum einen, da es auf Grund der Materialfülle und der günstigen Untersuchungsmöglichkeiten (Zugänglichkeit) wesentlich besser faßbar ist als das heute in der Regel bis zur Unkenntlichkeit verkleisterte Bürgerhaus, andererseits, weil dabei - im Gegensatz z. B. zum Denkmal industriellen Charakters - wesentlich mehr regionale Variabilität zum Ausdruck kommt. Die räumliche Beschränkung auf den Untersuchungsraum war zunächst durch die Umstände der reinen Freizeitforschung bedingt; mit dem Anwachsen des Materials jedoch wuchs auch der Wunsch, diese Partialregion so umfassend zu erfassen, daß sich in Rückkopplung mit der Auswertung des Materials die volkskundlich-historische Aussagekraft des ländlichen Althausbestandes noch in ihrer ganzen Tiefe, d. h. hinsichtlich der vorliegenden wie der noch nicht endgültig ausformulierten Fragestellungen nutzen ließ. Die Aufnahmen der Häuser beschränken sich daher nicht auf Teilaspekte wie z. B. das Gefüge, sondern beziehen fast alle faßbaren Merkmale bis zur Analyse der fest eingebauten Möbel mit ein. Sie stellen somit in ihrer zeichnerischen Darstellung die Forderung zu Kompromissen, besonders insofern, als sie als heimatgeschichtliche Quellenausgabe auch für den mit der Hausforschung wenig Vertrauten noch lesbar sein sollen. Aus diesem Grunde möge man einige Abweichungen von der "reinen Lehre" entschuldigen. Es sei jedoch hinzugefügt, daß in Originalzeichnungen und Fotodokumentationen der den meist in Rekonstruktion gezeigten Gebäuden zu Grunde liegende Bestand hinreichend dokumentiert, jedoch nicht publikationsfähig aufgearbeitet ist.

I. Topografie des Untersuchungsgebietes

Das Untersuchungsgebiet umfaßt das Gebiet der historischen Grafschaft Bentheim (später Landkreis Grafschaft Bentheim) sowie die angrenzenden Kirchspiele Salzbergen, Emsbüren und Schepsdorf, also den Raum östlich etwa bis zur Ems. Karte 1 zeigt den Raum mit den wesentlichen Strukturen. Deutlich erkennbar ist vom Bourtanger Moor im Norden herunterlaufend ein siedlungsleerer Keil bis in den Raum Schüttorf-Salzbergen. Die Siedlungsräume liegen im wesentlichen entlang den Kanten der Flußterrassen - an der Vechte fast kontinuierlich, an der Ems mit einigen Unterbrechun-

gen; jedoch auch Hügelland wie im Gebiet um Uelsen mit Wilsum auf
dem Nordhang und südlich von Emsbüren wurde gern angenommen,
ebenso am Südhang des Bentheimer Sandsteinrückens und etwas nördlicher in Wengsel.

Bemerkenswert andererseits ist, daß die Lee, ein Niederungsfluß
ohne markante Terrassen, der nördlich von Veldhausen in die
Vechte mündet, im wesentlichen bis auf den Mündungsbereich ohne
Besiedlung blieb. Neubesiedlungen des Mittelalters finden wir
dann in etwas weniger siedlungsgünstigen Bereichen, im Gegensatz
zu den alten Eschsiedlungen häufig ausgesprochen verstreut, z. B.
im Osterwald nordöstlich von Veldhausen, im Kirchspiel Gildehaus
und dem Bereich des Klosters Wietmarschen.

Die politische Gliederung des Raumes kann im wesentlichen als
seit dem frühen 15. Jh., mit dem Ende der großen Fehden, konsoli-
diert betrachtet werden. Kleine Veränderungen traten ein, als
nach 1815 die vormalig zum Stift Münster gehörenden Kirchspiele
Schepsdorf, Emsbüren und Salzbergen mit der östlich gelegenen
ehemals selbständigen Grafschaft Lingen unter Hannover zum späteren Kreis Lingen zusammengefaßt wurden. Maßgeblich für die ländliche Kommunikation war in höherem Maße jedoch die kirchliche
Gliederung in Kirchspiele, die, da älter, nicht ganz mit der
politischen übereinstimmt. Noch älter ist die alte bauerschaftliche Gliederung. Jede jüngere Grenzziehung hat die älteren -
weiterbestehenden - Grenzen nicht in jedem Falle geachtet, so daß
die politischen Grenzen nicht nur Kirchspiele und Bauerschaften,
sondern sogar Häuser und Höfe wissentlich teilten, wobei die
Gebäude zum Teil bewußt als Grenzpunkte genutzt wurden. Die
Teilung der Bauerschaften durch die willkürlich, z. B. an einem
Bach oder Weg, gezogene Kirchspielsgrenze ist gleichfalls nachweisbar. Im Falle der Höfe Große Limbeck (Drievorden, Ksp.
Emsbüren, katholisch) und Kleine Limbeck (Quendorf, Ksp. Schüt-
torf, reformiert) hat dies ein ehemaliges Höfepaar sogar extrem
zerrissen.

Konfessionelle Besonderheiten zeigen sich überall dort, wo Kirchspiele durch politische Grenzen geteilt wurden; das cuius-regio-
Prinzip hatte in diesem Raum keine Chance der Durchsetzung. So
blieben die zur Grafschaft gehörigen Bauerschaften Engden und
Drievorden als zum Kichspiel Emsbüren gehörig katholisch, während

andererseits die bereits im Münsterland liegende Bauerschaft
Klein Haddorf als kirchlich zu Ohne gehörig refomiert blieb.
Ähnliches war im Kirchspiel Uelsen im Bereich der geteilten
Bauerschaften Brecklenkamp und Hesingen der Fall. Weniger gravie-
rend - nicht zuletzt wegen der geringen Einwohnerzahl dieses
Raumes - wirkte sich hingegen die Orientierung der im Westen des
Kirchspiels Uelsen gelegenen Bauerschaften Striepe und Wielen
nach Sibculo bzw. Hardenberg aus. Auf Grund der ambivalenten
Orientierungen dieser Übergangsbereiche darf man ihnen wohl eine
gewisse verbrückende Funktion zubilligen.
Auch in der politischen Gliederung lassen sich noch Übergänge und
heterogene Bereiche fassen. So wurde die Grafschaft Bentheim im
13. und vor allem 14. Jahrhundert aus verschiedenen Herrlichkei-
ten und Lehen zusammengekauft. Die Grenze zwischen den Bistümern
Münster und Utrecht verlief zwischen Nordhorn und Uelsen, wobei
Veldhausen wahrscheinlich noch münsterisch war. Die Niedergrafschaft war dagegen Utrechter Lehen. Besonders gut kommt das durch
die noch faßbaren Eigenbehörigkeiten zum Ausdruck, wo in diesem
Bereich bis ins späte 17. Jahrhundert mehr als 70 % der Höfe dem
Statthalter der Niederlande als Rechtsnachfolger der Utrechter
Bischöfe gehörten. Andererseits läßt sich der beabsichtigte Zu-
griff der Bentheimer auf den Streifen der drei Kirchspiele entlang der Ems z. B. durch Erwerb mehrerer Richterämter in diesem
Bereich und vor allem der Herrlichkeit Salzbergen fassen, wo bis
zur Ablösung der größte Teil der Höfe im Besitz der Bentheimer
Familie war. Nur der Druck der Münsteraner Bischöfe hat wohl die
Annexion dieser Bereiche verhindert.
Diese kurzen Erläuterungen seien hier nur gemacht zum Verständnis
der mehrschichtigen Heterogenität des Untersuchungsraumes, die
sich, wie gezeigt werden wird, wenigstens teilweise im historischen Baubestand wiederfinden läßt.

II. Neuzeitliche Grundriß-, Gerüst- und Baukörperformen im Untersuchungsgebiet und ihre regionale Verteilung und Entwicklung

Wie schon eingangs bemerkt, ist das älteste Material nicht ergiebig genug, um darauf eine Typenreihe aufzubauen. Anders liegt der
Fall bei der Substanz ab etwa 1650, die unvergleichlich zahlrei-

cher ist. Als begünstigender Faktor kommt hinzu, daß Neubauten
wohl in den meisten Fällen nur bei völliger Hinfälligkeit des
Hauses errichtet wurden - im Artland dagegen hat es regelrechte
Neubauwellen gegeben, denen, am sekundär verwendeten Altholz
erkennbar, auch qualitätvolle Bauten zum Opfer fielen - und ansonsten die alten Gebäude durch An -und Umbauten den gewandelten
Bedürfnissen angepaßt wurden. Dies wurde insbesondere dadurch
erleichtert, daß man hier das Haus wohl in erster Linie nach
Funktionalität bemaß und Gesichtspunkten wie repräsentativer
Gestaltung und geschlossener Form des Baukörpers nur eine relativ
geringe Bedeutung beimaß. Somit sind Knaggenform und von etwa
1800 bis 1850 in der südlichen Grafschaft eine Verschindelung der
Brettergiebel die wesentlichen, eigentlich einzigen Zierelemente
geblieben. Auch der Backsteinbau brachte keinen Bruch mit der
Tradition relativ schlichter Formen. Was die Forschung im Untersuchungsgebiet so interessant macht, ist das in allen Zeiten
stetige Miteinander älterer, modernisierter und neuer Häuser, und
frappierend erscheint mir immer wieder, wie sehr das Vorbild der
notwendigerweise etwas verwinkelten, den Zeitläufen angepaßten
Altbauten die zu allen Zeiten wohl eher sporadisch errichteten
Neubauten teilweise beeinflußt hat. So kommen doch bei sorgfälti-
ger Analyse des Materials Typen heraus, die für eine bestimmte
Zeitphase das Gros der Bauten repräsentieren, gleichgültig, ob
über Generationen umgebaut oder neu errichtet. Über Details im
folgenden mehr. Eine Kartierung dieser Typen fördert überraschen-
de regional differenzierte Verbreitungen zutage, auch wenn durch
die enorme Abnahme des Althausbestandes im Gebiet allgemein, aber
besonders in der Niedergrafschaft Bentheim, in den letzten Jahrzehnten sicher schon Wissenlücken aufgerissen wurden.
Das von mir erarbeitete System der Haustypen - dargestellt sind
jeweils funktionelle Grundrisse, Gefügeschema und äußerer Umriß
des Baukörpers - habe ich in vier Gruppen I - IV gegliedert. Die
Sequenzierung innerhalb der Gruppe geschieht anhand der zeitlichen Abfolge der Veränderungen, deren richtige Zuordnung z. T.
dadurch bestätigt wird, daß mehrere datierbare Umbauphasen
desselben Hauses herangezogen wurden. Dies ist in den Karten
durch Verbund der Symbole der Typen deutlich gemacht. Karte II
zeigt die Standorte jeweils der einem Typ zugeordneten Häuser.

Daß bei den Typenbezeichnungen Buchstaben a-g und zwischendurch
fehlen, soll nicht irritieren: dies Vorgehen soll die Flexibili-
tät der Typisierung bei Auftreten neuer Typen oder bei Notwendigkeit anderer Einordnung gewährleisten; die Buchstaben a-g sind
insbesondere für eventuell noch faßbare mittelalterliche Typen
reserviert (so ist das alte Haus Ahlers in Klein Haddorf z. B.
noch nicht eingeordnet, es wird jedoch mit Sicherheit seinen
Platz unter den Bezeichnungen II a-g finden).

Gruppe I

Die Gruppe I ist als Fortentwicklung des Typs I h definiert,
dessen wesentliche Merkmale sind:
- Ausschließlich Konstruktion mit eingezapften Ankerbalken
- Fehlen von Luchten
- Anbindung der Kübbungswände mit "Intangen" (vollständig
  ungebundenes System)
- Orientierung des Wohnens zum Rückgiebel.

Der Typ I h stellt - bei zugelassener Variation der Hausgröße
entsprechend der Sozialstellung der Bewohner - den idealisierten
Urtyp dar, gekennzeichnet durch Fehlen eines Vorschauers und
verbretterten Schrank- und Butzeneinbauten in den beiden wohngie-
belseitigen Fachen, in der Regel in den Kübbungen. Fenster bzw.
Lukenöffnungen und eine Tür im Rückgiebel erschließen das Haus
"von hinten". Die Benennung der Hausteile entspricht diesem Sach-
verhalt mit Wohnende=Obenende, in gleicher Weise erfolgt die
Numerierung der Hölzer vom Wohngiebel beginnend.

Der Typ I h hat unverändert z. T. bis ins 20. Jahrhundert über-
lebt, obwohl in derselben Form schon um 1600 faßbar. Bei den
meisten Gebäuden vollzogen sich aber doch - zeitlich in unterschiedlicher Abfolge, nicht selten forciert alle zusammen im
frühen 19. Jahrhundert - folgende Veränderungen:
- Zu- oder Einfügung eines Vorschauers (ab 1700)
- Anbau einer "Boavenkamer" am Wohngiebel, ebenfalls zunächst mit
  Butzen an der Kübbungsseite, selten mit separater Feuerstelle
  (ab ca. 1750, forciert seit 1800)
- Einbau einer Scherwand mit Verlegung der Herdstelle dorthin (ab
  1780, forciert seit 1860)
- Ersatz der verbretterten Einbauten in den Kübbungen durch

kleine separate Seitenkammern.

In der Form des Typs I r wurden von etwa 1860 bis 1910 praktisch alle Neubauten im südlichen Kirchspiel Uelsen errichtet. Die dreiseitig geschlossene Küche wurde sehr oft komplett ausgefliest mit niederländischen Wandfliesen.

Im Grunde genommen hat also das Haus der Gruppe I in seinem Funktionscharakter nur um die Mitte des 19. Jahrhunderts eine einzige größere Wandlung durchgemacht.

Die Verbreitungskarte zeigt die Typen der Gruppe I im südlichen Teil des Kirchspiels Uelsen und in wenigen verstreuten Exemplaren nahe der Westgrenze der Grafschaft. Für die angrenzenden Kirchspiele der Twente sind die Typen der Gruppe I jedoch das prägende Element.

Gruppe II

Der wesentliche Unterschied des Typs II h als Urtyp der Gruppe II besteht im Vorliegen einer Lucht an einer Seite des Gefüges, interessanterweise überwiegend der linken, vom Wirtschaftsgiebel her gesehen. Die Konstruktion ist überwiegend der Ankerbalken, es kommen im Osten des Untersuchungsgebietes (Lohne) jedoch sporadisch Dachbalkengefüge vor. Kennzeichnend bleibt die Anbindung der Kübbungswände mittels "Intangen".

Im Typ II k ist dem Haus eine "Boavenkamer" angefügt worden (ab 1750); wo dies der Fall ist, geht die Entwicklung weiter wie beim Übergang von I h zu I r, lediglich mit dem Unterschied, daß in den meisten Fällen die Lucht in der Küche bestehenbleibt. In selteneren Fällen wird auch sie zu Kammern aufgeteilt, so daß sich letztlich vollständig der Typ I r daraus entwickelt. Im Bereich Neuenhaus-Nordhorn verläuft die Entwicklung anders: Das Haus erhält zwei Luchten (beim abgebildeten Haus Bocht in Grasdorf wurde z. B. die andere Lucht nachträglich eingefügt und ein Ständer abgefangen), dann folgt der Anbau eines Kammerfaches, das im wahrsten Sinne des Wortes nur ein Fach hat, also außer diesem Rahmen keinerlei weitere maßgebliche Innenkonstruktion. Bisweilen ist es unmöglich, festzustellen, ob diese Erweiterung - nach Befund ohne jede Innengliederung - mittels eingezogener Bretterwände eventuellen Wohnzwecken diente - was bei zwei Luchten in Anbetracht des Platzmangelns für Butzen eigentlich naheliegt -, oder ob sie zunächst für Lagerfunktionen erfolgte. Letztlich setzte sich doch an allen Gebäuden die Wohnnutzung durch. Häufig ist auch eine Erweiterung durch ein Vorschauerfach. Da viele Häuser zuvor anscheinend keine Pferdeställe hatten - die Kübbungen waren dafür kaum geeignet - könnte dahinter entweder der Übergang von der Ochsen- zur Pferdetraktion oder die nunmehrige Integration vormalig ganzjährig außen weidender Pferde stecken: Ein Beispiel, daß die Hausforschung auch vorher nie gestellte Fragen aufwerfen kann. Es entsteht der Typ II m, der das 18. Jahrhundert prägt.

Gegen 1800 erfolgt ohne erkennbaren Übergang die Einführung des wesentlich von II m abweichenden Typs II o, der nunmehr ein reguläres, mehrgebindiges Kammerfach umfaßt. Es enthält eine Aufkammer und ist deshalb höher; dies wird bei den allein bekannt gewordenen Ankerbalkenkonstruktionen so gelöst, daß der Dielen-. teil inklusive der Küche mit durchgezapften, das Kammerfach jedoch mit eingehälsten Balken errichtet wird. So entsteht bei durchlaufender Konstruktion ein Aufsprung von 50-80 cm. Als man sich im 19. Jahrhundert zunehmend von alten Vorbildern zu lösen begann, gestaltete man den Wohnteil als Massivbau mit deckenhohen Außenwänden, ohne sich jedoch vollständig von alten Funktionalitäten zu lösen. Resultat - besonders im Kirchspiel Emlichheim - ist der Typ II r, dessen relativ variantenreiche Form von etwa 1835 bis 1920 gebaut wurde.

Gruppe III

Am typenreichsten ist die Gruppe III, deren Urtyp III h sich von II h im wesentlichen in zwei Punkten unterscheidet:
- Es überwiegt die Dachbalkenkonstruktion, jedoch kommen auch Ankerbalken vor; die Anbindung der Kübbungswände erfolgt aber in jedem Fall durch "Stränge", d. h. in Kerngerüst und Wandständer eingezapfte Spannbalken. Das Wandständersystem wird also an das Kerngerüst gekoppelt.
- Die Ständerreihen haben der Lucht gegenüber einen Versprung um 80 - 130 cm zur Hausmitte hin, es entsteht eine vertiefte Kübbungsnische. Diese Konstruktion ist mit Ankerbalken nur schwer zu lösen; dennoch wurde es gemacht und hat zu skurrilen Lösungen geführt.

In der 2. Hälfte des 17. Jahrhunderts entstand anscheinend ein steigendes Bedürfnis nach größeren Fensterfronten in der Küche. Statt, wie bei den Typen I und II, die Küche zum Wohngiebel zu öffnen, wird die luchtseitige Seitenwand erhöht. Dies konnte einmal durch einfaches Fortlassen der einen Kübbung geschehen; in vielen Fällen zog man die hohe Wand jedoch weiter nach außen, was bei Umbauten u. U. erhebliche Austauschmaßnahmen am Kerngerüst erforderte. Es entstand ein asymmetrisches Dach über der Küche mit Versprung im Dach (Typ II j). Fast gleichzeitig wechselt ebenso regelmäßig die Lucht die Seite: Vom ehemaligen Luchtort mit dem Eßtisch nach gegenüber in den Schlafbereich; d. h. die neue Lucht diente im Gegensatz zur alten nicht der Öffnung der Küche nach der Seite, sondern wohl im wesentlichen der Eliminierung eines als störend empfundenen Ständers.
Im Kirchspiel Emsbüren setzte sich der Typ II j nicht durch, es blieb die alte Anordnung. Stattdessen finden wir hier früher als andernorts, d. h. ab etwa 1720, ein Kammerfach, das als kleines Häuschen mit Aufkammer als zunächst kleinerer Anbau hinter das Wohnende gesetzt wird. Eine rückwärtige Außentür - falls vorhanden - wandert dadurch zwangsläufig in eine Ecke (III k).
Der Typ III j wird konsequent zum Dreiständerbau III n mit Kammerfach weiterentwickelt, dem wir ab etwa 1700 begegnen. Nach 1750 erfolgt jedoch eine Rückwendung zum alten Zweiständer. III n bleibt damit eine Episode, ganz im Gegensatz zum Münsterland, wo er sich als dominierende Form durchsetzt.
Durch (u. U. mehrschrittige) Erweiterung, wie sie an einigen Gebäuden durchaus durch Umbauphasen zu belegen ist, erreicht das Kammerfach des Typ III k den vollen Hausquerschnitt. So entsteht gegen 1770 der Folgetyp III m. Im dargestellten Beispiel sind überdies an die Stelle der hölzernen Butzeneinbauten auf der "Schlafseite" der Küche nach allgemeinem Schema feste Kammern getreten. Eine zur Küche geöffnete Butze nahe dem Herdfeuer bleibt aber auch nach Abschaffung der anderen festen Betten bis weit in das 20. Jahrhundert erhalten, denn sie wegen mit der leichten Überwachbarkeit des gesamten Küche-/Diele-Bereiches unschätzbare Vorteile. In der Regel schlief in ihr sogar das Bauernpaar. Das eigentlich Kuriose am Typ III m ist jedoch die eindeutige Erkennbarkeit der Ableitung aus dem Typ III k dadurch,

daß lediglich die Aufkammer von einer separaten Balkendecke überspannt wird: Ein Beispiel für evolutionsbedingte scheinbare Un-
sinnigkeiten. Parallel zum Typ III m im Kirchspiel Emsbüren
bildet sich in der Obergrafschaft der Typ III o heraus. Er hat
wieder (wie die Erweiterung einiger ehemals hochwandiger Wohn-
teile vom Typ III j und III k tatsächlich eindeutig belegt!) eine
Lucht. Gerüst und Aufteilung des Kammerfaches werden allerdings
vom Dreiständer übernommen. Die insgesamt andere Konstruktion und
das damit verbundene Fehlen einiger früher vorhandener Ständer
führen jedoch zu teilweise riesigen stützungsfreien Balkenüber-
hängen im Kammerfachbereich. Auch im Küchenbereich greifen weitere Veränderungen: Die ehemals offenen Butzennischen weichen
Kammern, unter Beibehaltung der eben genannten Küchenbutze. Da
man sich für die Kammern größere Raumtiefen und -höhen wünscht,
wird die betreffende Außenwand unter Erhöhung nach außen gescho-
ben. Die Typabbildung gibt tatsächlich den Urzustand eines Neubaus von 1834 wieder und zeigt wiederum in diesem Bereich evolutionsbedingte Paradoxien.
Um dieselbe Zeit, d. h. ab 1810, hat man teilweise aber auch
schon von der Gefügeeinheit von Stall- und Wohnteil Abschied
genommen und den Stallteil in herkömmlicher Art, den Wohnteil
jedoch als durchgehend hochwandigen Baukörper errichtet. Es
entsteht ein Gesamtbaukörper (III p), der wie aus zwei Bauphasen
gewachsen wirkt. Tatsächlich ist dies aber oft der Urzustand. Die
letztliche Konsequenz der Entwicklung ist der Vierständer (III
r), dessen ältestes Beispiel bereits von 1818 stammt.
Ebenso, wie längere Zeit die Typen III o, III p und III r nebeneinander errichtet werden (III p wirkt wie ein Kompromiß aus
beiden), kann sich auch der Massivbau in den südlichen Teilen des
Untersuchungsgebietes nur zögernd durchsetzen. Resultat ist eine
längere Zeit von ca. 1810 bis 1870 übliche "Hybridbauweise", bei
der Kübbungswände wie repräsentativere Teile des Wohnteiles (Giebel, Schaufronten) in massivem Backsteinbau, z. T. mit aufwendigen Sandsteinarbeiten, errichtet werden, andere Teile jedoch in
denen konstruktivem Fachwerk. So bleiben z. B. lange die Mittel-
teile der Wirtschaftsgiebel in Fachwerk bestehen, während die
Kübbungen massiv sind. Auch wird im Osten des Gebietes häufig an
Stelle einer verbretterten Schürze den Giebeln ein massives Gie-

beldreieck auf die Fachwerkkonstruktion gesetzt. Häufig habe ich
meine liebe Not, selbst geschulten Denkmalspflegern dieses "Kud-
delmuddel" als ursprüngliche Gestaltung und keineswegs Folge
plumper Umbauten plausibel zu machen.

Gruppe IV

Ein besonderer Typ, nur in wenigen Exemplaren im Norden des
Gebietes noch faßbar, ist der Typ IV h, z. Z. der einzige seiner
Gruppe. Sein besonderes Kennzeichen sind beidseitig sehr lange,
d. h. in der Regel drei Fach lange Luchten, deren eine offenbar
weitgehend als Eß- und Waschort offen war, deren andere entlang
der Außenwand eine Reihe Butzen zeigte. Ein Kammerfach wurde
nirgends festgestellt. Alle Gebäude dieses Typs datieren in die
Mitte des 18. Jahrhunderts und sind möglicherweise von einer
bestimmten Zimmererschule entwickelte Sonderformen des Typs II h.

III. Scheunenformen und ihre Zuordnung zu den Hauptwirtschaftsge-
bäuden

Im Gegensatz zu immer wieder noch auftauchenden Meinungen hat
sich doch mittlerweile die Meinung durchgesetzt, daß die Hallen-
hausregion ausgesprochen keine Einhausregion ist. Einhäuser
scheinen demnach sowohl im Norden (Gulfhaus etc.) wie im Süden
(Schwarzwald) durch spätmittelalterliche Integration mehrerer
ursprünglich separater Gebäude in einem Großbau entstanden zu
sein. Zwar hat es beim Hallenhaus auch Integrationen, z. B. des
Speichers, gegeben, doch bleibt es in aller Regel von einem je
nach Verhältnissen mehr oder weniger ausgedehnten Nebengebäude-
kranz umgeben, sinnfälliger Hinweis damit auf die im Grunde - wie
Ch. Reichmann (Zur Entstehungsgeschichte dews Niederdeutschen
Hallenhauses, in: Rhein.-Westf.Zs. f. Volkskunde 29, 1984, 31-64)
zeigen konnte - seit dem Frühmittelalter nicht allzu stark verän-
derte Grundstruktur der Hoforganisation.
Wichtigstes Indiz für meine Behauptung ist die Hauptwirtschaftsscheune, die häufig schon dem kleinen Kötterhaus nicht fehlt und
regional differenziert mal mehr, mal weniger deutlich eine Dual-
beziehung mit dem Haus bildet und gelegentlich sogar dessen
Bauformen quasi als Dublette wieder aufnimmt. Interessanterweise

war das auch in der sächsischen Siedlung von Warendorf so.
Selbstverständlich ist auch der Kranz der übrigen Nebengebäude
wichtig in der Untersuchung; ich will mich hier jedoch auf die
Hauptwirtschaftsscheune und ihre Stellung zum Haus beschränken.
Sollte nämlich die eben angedeutete Hypothese wenigstens in etwa
zutreffen, so kann nicht nur die Typisierung der Wohn- und Wirt-
schaftsorganisation im Haupthaus, sondern auch die der Nebengebäude wichtige Informationen über regional variierende Strukturen
liefern.
In Abstimmung aller Parameter habe ich die Scheunen wie die
Haupthäuser in Gruppen und Typen gegliedert.

Gruppe N (wie Nebenhaus)

Hierzu zählen einige Typen von Gebäuden, die ein von einem dem
Haupthaus zugewandten Giebel her aufgeschlossenes, hausähnliches
Gerüst mit wenigstens einer Kübbung haben. Mundartliche Bezeichnung ist "Bihus" oder "dat oale Hus (peiorativ)". Tatsächlich ist
ein Unterschied des wohl ältesten Typs N h zu einem Wohnhaus,
insbesondere vom Typ I h, nur schwer auszumachen. Kennzeichnend
ist vor allem eine kleine Nebentür am Giebel sowie eine entweder
ganz geschlossene Rückseite oder dort auch nur ein niedriges Tor.
Die Nutzung war nach meinen Erhebungen sehr variabel: Vom Lagern
von Brennmaterial in den Kübbungen über Strohzwischenlager auf
der Diele bis zur Nutzung als Schafstall oder sogar als "verlän-
gerte Haupthausdiele" mit Jungviehständen in der Kübbung. Auf dem
Balken lagerte Heu. Seit dem späten 18. Jahrhundert wurden die
Schafe häufig in einem quer an die Rückseite der Häuser angebauten Stall untergebracht (N l); zu Beginn des 19. Jahrhunderts
entstand die Variante N m mit nur noch einer Kübbung.
Scheunen der Gruppe N sind in der Regel so orientiert, daß sich
die Tore von Nebengebäuden und Haupthaus in nicht allzu großem
Abstand gegenüberstehen.

Gruppe L (wie Langscheune)

Sie umfaßt einen Teil der weit verbreiteten queraufgeschlossenen
mehrbansigen Scheunen. Das Grundmuster, L h, hat seitlich einer
Durchfahrt zwei Bansen mit allerdings sehr unterschiedlicher
Nutzung: Während die eine einen spannbalkenfreien, etwa quadrati-

schen bodenlastigen Aufschlagplatz bildet, ist die andere Seite
mit einer Decke überspannt und dient unten als Torf- und Holzlager, während im Dachraum zusätzlich Heu gelagert wird. Beim Typ L
l wird diese Grundform wie schon bei Gruppe N um einen queraufgeschlossenen Schafstall erweitert. Das Extrem ist der Typ L n, der
zusätzlich eine weitere Durchfahrt als Wagenstellplatz sowie
angehängte Schirmdächer als Wagenschuppen oder Abstellräume aufweist. Die Anordnung dieses Gebäudes zum Haupthaus variiert, es
tritt nicht selten zusammen mit einem Bau der Gruppe N auf.
Entlang der Vechte hat sich eine firstparallele Position neben
dem Haupthaus durchgesetzt.

Gruppe K (wie Kurzscheune)
Dieser ausschließlich im Süden des Untersuchungsgebietes zu fin-
dende Typus ist ebenfalls queraufgeschlossen, hat jedoch nur eine
Banse, die trotz der nicht seltenen Nutzung als bodenlastiger
Lagerplatz für Heu immer von Spannbalken durchzogen wird. Neben
dem einfachen Grundmuster K h steht der Typ K l, der in der zur
Remise erweiterten Durchfahrt mehr Platz bietet und dessen Banse
- offenbar mit dem Gedanken an multifunktionelle Nutzung - be-
fahrbar ist, obwohl meist als Heulager genutzt; die Schafe befanden sich in der Regel im separaten, längsaufgeschlossenen Schafstall. Die einbansige Scheune der Gruppe K hätte ich nicht so
hervorgehoben, wenn sie nicht auffälligerweise der am zahlreichs-
ten vertretene Scheunentyp der Obergrafschaft wäre.

Gruppe O (wie Obergrafschafter Langscheune)
Hier findet sich die normale zweibansige, beidseits der Durchfahrt als Heulager genutzte Scheune (O h). Die Spannbalken in den
Bansen können fehlen. Wie eine Kombination aus K l und O h wirkt
die Multifunktionsscheune des Typs O r, die sich als Sonderform
in wenigen Exemplaren des frühen 19. Jahrhunderts findet.

Typ W (wie Wagenschuppen)
Relativ selten geworden ist der längsaufgeschlossene Wagenschuppen des Typs W, der durch Mehrfunktionsscheunen seit dem 18.
Jahrhundert und im 19. Jahrhundert durch den hier nicht mehr
aufgenommenen Schirmschuppen Münsterländer Art verdrängt wurde.

Gebäude dieser Art wie ihre Nachfolger kennt die Niedergrafschaft nicht.

Gruppe D (wie Dreschhaus)

Im östlichen Streifen des Untersuchungsgebietes, fast (soweit die geringe Dichte dieses Urteil überhaupt zuläßt) deckungsgleich mit der alten Verbreitung von Speichern, findet sich die Form des Dreschhauses, einer mächtigen Längsscheune mit Durchfahrt und in der Regel gepflasterter Dreschdiele. Die älteste Form D h steht wiederum den Haupthäusern in der Form sehr nahe. Gleichaltrig ist die Einkübbungsform mit offener Diele D l. Die Form D n - hier mit dem nur in Lohne vorkommenden Walm dargestellt - ist eine weiterentwickelte Version, bei der die Dreschtenne zur Seite verschoben ist und einen Teil der ehemaligen Diele für boden- lastige Erntelagerung freimacht. Weitere Varianten, z. B. mit unterschiedlicher Integration von Schafställen o. ä. sind hier nicht als separate Typen aufgenommen, sondern wegen der insgesamt geringen Zahl den Typen bei der Kartierung zugeschlagen, mit denen die größte Verwandtschaft besteht. Auffällig an den Dresch- häusern ist die in der Regel sehr große Entfernung zum Haupthaus. Sie dürfte mit der Staubentwicklung beim Dreschen sowie der Min- derung des Brandrisikos zu erklären sein.

IV. Einige Ergebnisse der Untersuchungen

Regionale Differenzierung von Haus und Hof

Der Verbreitung des Hauses der Gruppe I (Karte 2) sowie der Scheunengruppe N (Karte 4) weisen auf engste kulturelle Beein- flussung und Wechselwirkung mit der Nachbarregion Twente hin; die politische Grenze und die des Untersuchungsraumes wurde hier offenbar quer durch einen relativ einheitlichen Kulturraum gezo- gen. Sogar die wesentliche neuzeitliche Innovation, die dem Wohn- giebel angefügte "Boavenkamer", hat vor allem Verbreitung in diesem speziellen Raum gefunden. Ihre Wurzel könnte jedoch öst- lich liegen, wo vor allem dem Haustyp III h eine ähnliche Kammer zur Bildung des Typs III k angefügt wird. Relikte dieser Form sind bis an die Ostgrenze des "Boavenkamer"-Gebietes nachweisbar;

dennoch bestehen gravierende Unterschiede: So ist die "Upkamer" des Typs III k immer und ausnahmslos unterkellert, während gerade die Twenter und Niedergrafschafter "Boavenkamer" dies niemals ist, ja, die Häuser der Gruppe I nie und die der Gruppe II, Typen II h und k sehr selten einen Keller besitzen. Auch die Nutzungskonzeption der Anbauten scheint differiert zu haben, jedoch ist dies heute nur schwer aus dem Bestand zu erschließen, da vor allem die östlichen Typen durch weitere Innovationen bis auf wenige Beispiele überformt wurden. Momentan drängt sich der Eindruck auf, daß mit dem hier erfaßten Verbreitungsgebiet von Typengruppen I und N das nördliche Ende einer sehr langgezogenen, einmal hypothetisch sogenannten "Tubanto-Hamavischen" Kulturzone erreicht ist, die sich vom Niederrhein entlang der deutsch-niederländischen Grenze bis in die Grafschaft Bentheim erstreckt und sich noch ein gutes Stück nach Westen, bis an die Ijssel, erstrecken könnte. Ihre Nordgrenze wäre in unserem Raum erreicht, wo sie mit anders gearteten Kulturströmungen zusammenstößt, ihre Ostgrenze im Wesentlichen durch das anstoßende Kernmünsterland geprägt.

Ohne - wie es die Benennung "Tubanto-Hamavisch" vielleicht andeuten könnte - in Methodiken des vorigen Jahrhunderts zurückzufallen und neuzeitliche Häuser und Höfe verschollenen Germanenstämmen zuordnen zu wollen, möchte ich doch neben den ungewöhnlichen Gemeinsamkeiten, die innerhalb des genannten Raumes hinsichtlich aller möglicher volkskundlicher Merkmale wie Mundart, Tracht, Möbel, Brauchtum usw. bestanden haben und als ganz sichere Indizien für sehr lebendige Kontakte auch noch in der Neuzeit gelten dürfen, nicht unerwähnt lassen, daß diese Region zu den ganz wenigen gehört, in denen die altgermanischen Stammesnamen des Mittelalters unverändert überdauert haben: Hamaland, Twente, Salland; während über die Karolingische Verwaltungsgliederung so wenig bekannt ist, daß wir noch nicht einmal wissen, ob es überhaupt Gaue gegeben hat, geschweige denn ihre Namen kennen, ganz im totalen Gegensatz zum unmittelbar östlich angrenzenden Bereich. Jüngere politische Veränderungen konnten die alten Namen wohl kleinräumig überprägen, z. B. in Gelderland und der Grafschaft Bentheim, jedoch den alten Zusammenhang nicht völlig verwischen. Insofern sollte man vielleicht - bei aller gebotenen

Vorsicht - gerade für diese Zone darüber nachdenken, wie sich eine Brücke von der Vorgeschichte über das Mittelalter in die allein einwandfrei faßbaren neuzeitlichen Verhältnisse schlagen läßt. (Vielleicht ein möglicher Ansatzpunkt für die neue Kooperation zwischen Archäologie und Hausforschung, die sich ja auch zu einer "Archäolgie am stehenden Objekt" wandelt). Im übrigen werte man die Interpretationen im Sinne des Spruches: "Hypothesen sind Netze, nur wer sie auswirft, hat die Chance, etwas zu fangen"! (Karten 2, 3).

Nun will ich den Bereich der kulturellen Westkontakte verlassen und mich den Berührungspunkten mit Osten und Süden zuwenden; zum Norden ist momentan nicht mehr zu sagen, als daß die Kontakte nicht sonderlich ausgeprägt sind - eine weite Moorzone ohne alte Wege liegt dazwischen -, daß es aber, neben gewissen mundartlichen Einflüssen, auch solche bei Haus und Hof gibt, allen voran die Gruppe IV mit ihrer langen, doppelten Lucht, die als Drentischer Einfluß gedeutet werden könnte.

Die Kartierung der Westgrenze des Dachbalkens (Karte 3) ist - besonders in Anbetracht des eingangs behandelten mittelalterlichen Materials - mit relativ großen Unsicherheiten behaftet; andererseits dürfte auch wiederum klar sein, daß sie irgendwo in diesem Raum verlaufen muß. Erschwert wird die Diagnose dadurch, daß, wie hinreichend bekannt, die Ankerbalkenzimmerung sich in der Neuzeit in "Dachbalkengebiet" ausgebreitet hat. Das wird ja auch eindrucksvoll durch die ganz alten Gefüge des Raumes südlich der angegebenen Grenze belegt, die allesamt ausschließlich Dachbalkengefüge sind. Dennoch gehe ich nicht so weit, zu behaupten, es habe davor nicht auch Ankerbalkengefüge gegeben, um an die Kontroverse um den Unterschied von Steinfurter Kommendehaupthaus und Weinhaus anzuknüpfen.

In den drei Kirchspielen entlang der Ems, Schepsdorf, Emsbüren und Salzbergen, gehören die Ankerbalken auch im 18. und 19. Jahrhundert zu den seltenen Sonderformen: Normal ist der Dachbalken. Richtig verwirrend wird es, wenn sich für das späte 18. und 19. Jahrhundert im daran östlich anschließenden Bereich, dem Emsland und dem Lingener Land, die Verhältnisse wieder umkehren. Es läßt sich indes belegen, daß die Lingener Vorliebe für die Ankerbalkenkonstruktion zwar auf der alten Bekanntheit dieser

Bauweise fußt, jedoch im wesentlichen als Mode der Zeit um 1800
erklärt werden muß. Im Emsland hingegen könnte der durchgezapfte
Ankerbalken direkt eine eigenständige gemeinsame Vorform von
Dach- und Ankerbalken, den aufgekämmten Ankerbalken, abgelöst
haben, wie bereits Eitzen vermutete.
Bemerkenswert ist jedoch, daß mit dem Wechsel der Gefügekonstruk-
tion - an einigen Bauten sogar durch sekundär verwendete Balken
eines etwa gleich großen Vorgängerbaues mit Spuren der Dachbalkenzimmerung nachweisbar - Strukturen der älteren Formen übernommen wurden. Dazu ist zunächst die Lucht zu zählen, die schon als
solche das Aufrichten des Ankerbalkengefüges erheblich erschwert,
und die kennzeichnend für den Unterschied zwischen Gruppe I und
II ist. Aber sogar in Gruppe III wird die Konstruktion eingeführt
und dabei mit allerlei Tricks sogar der der Lucht gegenüberlie-
gende Ständerreihenversprung übernommen. Endlich ist die Beschränkung der durchgehenden Küche mit zwei Luchten - an einigen
Gebäuden eindeutig aus der einhüftigen Anordnung entwickelt - auf
den Raum Nordhorn - Veldhausen unter Ausschluß des östlich angrenzenden Bereiches bisher nicht recht zu deuten, da diese Form
wiederum jenseits der Ems die Regel ist, dazwischen jedoch nicht
vorkommt.
Diese Betrachtung, die sich schon an der Gefügezimmerung fest-
beißt, zeigt, daß wir bei den östlichen und südlichen Einflüssen
nicht mit einer so homogenen Struktur zu tun haben wie im Westen.
Sicher ist eine sehr starke Wechselwirkung mit dem angrenzenden
Kernmünsterland, wie sie sich z. B. in der Einführung des hier
unerwähnt gebliebenen steinernen Kamins ins Bauernhaus schon im
17. Jahrhundert bemerkbar macht. Andererseits sind auch durchaus
einheimische Eigenentwicklungen, z. B. bei der Strukturierung des
Kammerfaches, faßbar, während östliche Einflüsse (z. B. die doppelte Lucht) möglicherweise nur temporär zum Durchgriff kamen.
Eigenentwicklungen kommen auch im Scheunenbau zum Ausdruck; so
bei der Gruppe I, die mit ihrem Nutzungsschema eine ausgespro-
chene regionale Sonderform darstellt. Ihre Verbreitung ist auf
das Gebiet der Niedergrafschaft Bentheim und den Norden von
Twente beschränkt.
Einzugehen wäre am Schluß noch auf Dreschhäuser und Speicher. Der
Kornboden war im Normalfall seit dem 18. Jahrhundert in das Haus

integriert. Demzufolge ist der Speicher, der auch im 19. Jahrhundert noch gebaut wurde, nicht generell Bestandteil eines Hofes. Ob ungewöhnlich große Ackerflächen den Ausschlag zu seinem Bau gaben, muß dahingestellt bleiben; jedenfalls sind die meisten Speicherbauten zu jung, um diesen Gebäudetyp als reines Relikt zu bezeichnen. Ähnlich liegt es bei den Dreschhäusern, Gruppe D. Die ältesten Exemplare entstammen dem späten 16. Jahrhundert, die jüngsten faßbaren der Mitte des 19. Jahrhunderts. Es ist demzufolge nicht faßbar, ob dies Nebengebäude im Rahmen irgendeiner Wandlung der Agrarstruktur eingeführt wurde oder andere Wurzeln hat. Da es sich jedoch um eine Gebäudeform handelt, die fast unverändert mindestens bis auf die Höhe von Osnabrück im Osten zu finden ist, halte ich eine Parallelisierung zum "Bihus", Gruppe N, für fragwürdig. Die Geschichte von Speicher und Dreschhaus für den Niederdeutschen Raum wird noch geschrieben werden müssen.

Zusammenfassend läßt sich der derzeitige Stand der Analysen etwa so darstellen: Das Untersuchungsgebiet zerfällt in zwei völlig verschiedene Zonen. Die eine, der Randbereich der "Tubanto-Hamavischen Kulturzone", ist geprägt durch ein wenig weiterentwickeltes, luchtloses Hallenhaus, das erst ab 1800 zunehmend seinen Einraumcharakter verliert. Dazu gehört eine dem Haus insgesamt ähnliche Scheune, die dem Tor des Stallendes gegenüberliegt. Die Konstruktion der Gebäude erfolgt ohne Ausnahme in durchgezapften Ankerbalken. Speicher und Dreschhäuser treten nicht auf, in der Regel besitzt der Hof jedoch noch eine weitere, meist queraufgeschlossene Scheune.

In der anderen Zone ist das Bild durch zahlreiche teilweise gegenläufige Entwicklungsrichtungen bestimmt. Relativ früh kann die Einführung der Lucht angesetzt werden, so daß luchtlose Häuser bis auf ein sehr altes Beispiel (Ahlers in Klein Haddorf) nicht mehr (?) angetroffen werden. Über den Anbau einer unterkellerten Kammer - mit einem "Abstecher" über den Dreiständerbau mit Kammerfach - bildet sich schließlich der Zweiständerbau mit voll ausgebildetem Kammerfach heraus. Die Dachbalkenzimmerung dominiert, wird jedoch seit dem 17. Jahrhundert in der Obergrafschaft Bentheim zunehmend von der Ankerbalkenkonstruktion verdrängt. Zimmertechnische Eigenarten lassen jedoch eine Unterscheidung "junger" und "alter" Ankerbalkenkonstruktionen zu, z. B. die Art

der Anbindung der Seitenwände u. ä.. Überraschenderweise scheint
die älteste faßbare Konstruktion der Dachbalken ohne Sparrenschwelle zu sein; Steinfurter Befunde werden dadurch untermauert.

Zur Methodik der Hausforschung
Obwohl unter Umständen durch krasse Kontraste im Untersuchungsgebiet in besonderem Maße erzwungen, hat sich die flächendeckende
Bearbeitung, die bis jetzt bereits den größten Teil des Althausbestandes erfaßt hat, als so fruchtbar erwiesen, daß daraus die
Forderung erwächst, die Methodik der Hausforschung insgesamt mehr
von der ausführlichen Diskussion des Einzelfalles abzurücken und
mehr in Art der Archäologie auf die Methoden der Bestandsaufnahme
und Kartierung zurückzugreifen. Sie läuft ansonsten Gefahr, zum
einen durch den stetig fortschreitenden Verlust an Altbauten die
letzte Möglichkeit einer umfassenden Materialaufnahme zu verspie-
len, zum anderen, singuläre Befunde fälschlicherweise zu genera-
lisieren. Wie in der Bürgerhausforschung für den Bereich einzelner Städte bereits üblich, sollte die umfassende Bestandaufnahme
und Kartierung auch für den ländlichen Bereich Standard werden.
Die bisherigen Arbeiten haben jedenfalls gezeigt, daß die Vielfalt der Entwicklungen und regionalen Sonderformen größer ist als
weithin angenommen.

Erläuterungen zu den Haustypenschemata
B: Brotschrank, W: Waschplatz, P: Pumpe, M: Milchkammer, E:
Eßplatz, S: Stube, U: Aufkammer (Funktionen nur bei generell
typischer Anordnung angegeben); Schraffur: Bettstellen

Erläuterungen zu den Scheunenschemata
W: Wagenabstellplatz, T: Torf- und Holzlager, S: Schafstall, H:
Heubanse, A: Abstellplatz, D: Dreschtenne, G: Garbenlagerplatz

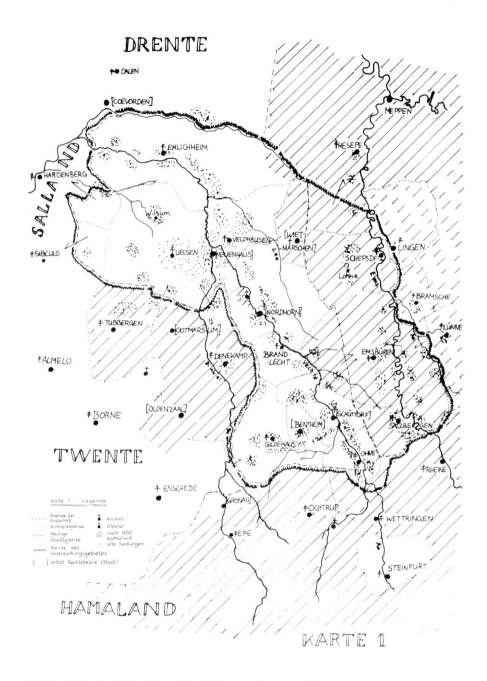

Karte 1 Übersicht über das Untersuchungsgebiet

KARTE 2

Karte 2 Verbreitung der Haustypen (Zeichen s. Typenschemata)

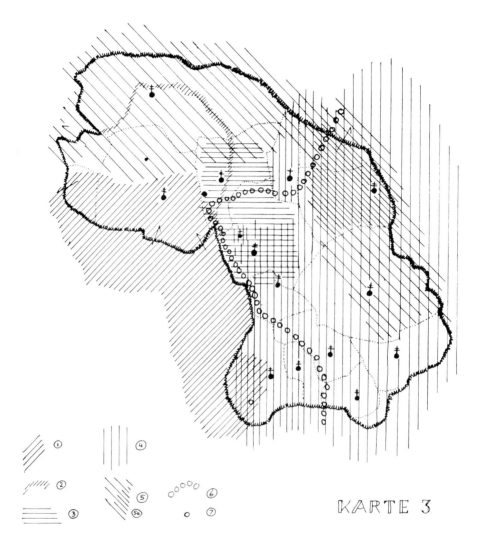

Karte 3 Auswertung der Haustypen. 1: Verbreitungn des luchtlosen Hauses (Gruppe I), 2: Nordgrenze der "Bovenkammer" Twenter Art (wie Typ I r), 3: Vorkommen der "Querküche" mit beidseitigen Luchten, 4: Gebundene Verzimmerung der Kübbungen, 5: Walmdächer sporadisch, 5a: Walmdächer generell an Haupthäusern und Scheunen, 6: Westgrenze der Dachbalkenkonstruktion um 1650, 7: Einzelbeispiel älterer Dachbalkenkonstruktion außerhalb des mit "6" erfaßten Gebietes

KARTE 4

Karte 4 Verbreitung der Scheunen (Zeichen s. Typenschemata)

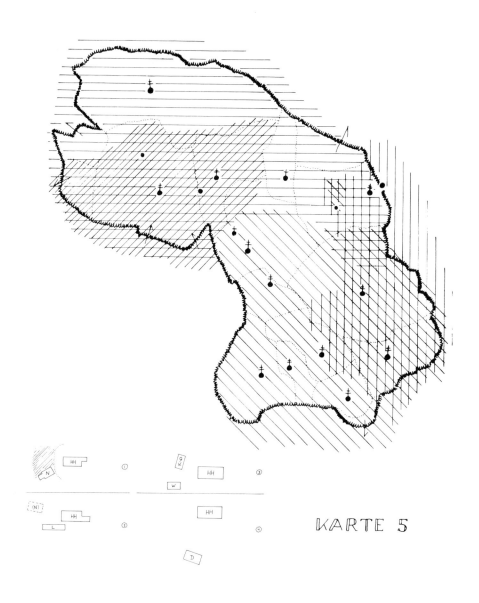

KARTE 5

Karte 5 Stellung der Scheunen zum Hauptgebäude

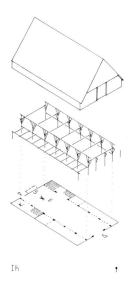

Ih

Haustyp I h

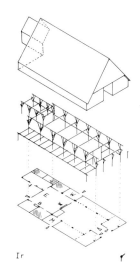

Ir

Haustyp I r

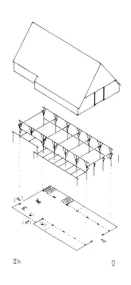

IIh

Haustyp II h

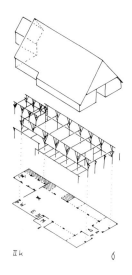

IIk

Haustyp II k

273

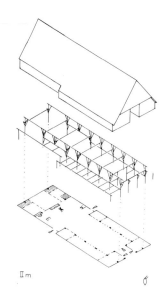

IIm

Haustyp II m

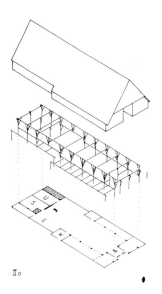

IIo

Haustyp II o

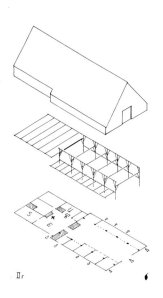

IIr

Haustyp II r

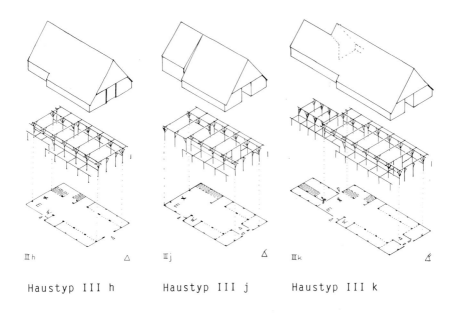

Ⅲh   △   Ⅲj   △   Ⅲk   △

Haustyp III h   Haustyp III j   Haustyp III k

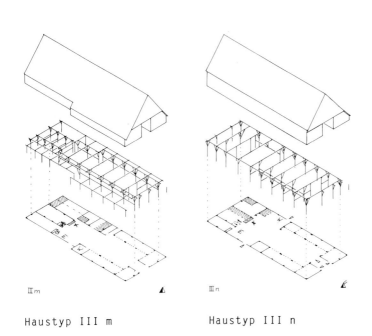

Ⅲm   ▲   Ⅲn   ▲

Haustyp III m   Haustyp III n

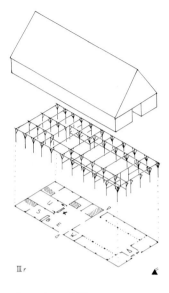

Ⅲ r

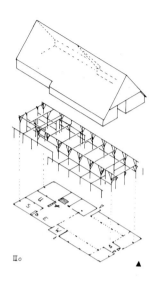

Ⅲ o

Haustyp III r

Haustyp III o

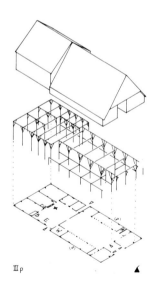

Ⅲ p

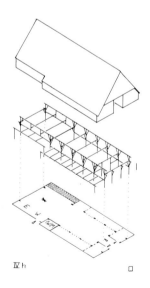

Ⅳ h

Haustyp III p

Haustyp IV h

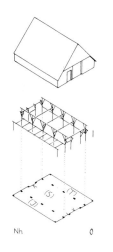

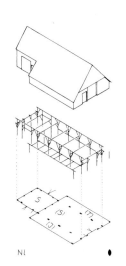

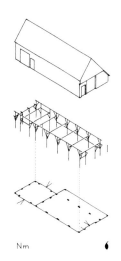

Typ N h (Nebenhaus)   Typ N l   Typ N m

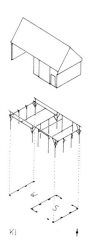

Typ K h (Kurzscheune)   Typ K l

277

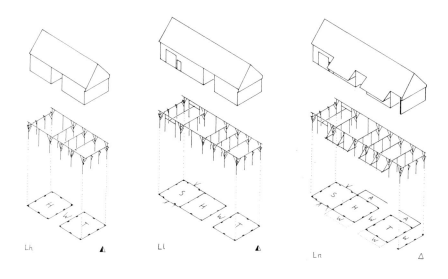

Typ L h (Langscheune)   Typ L l   Typ L n

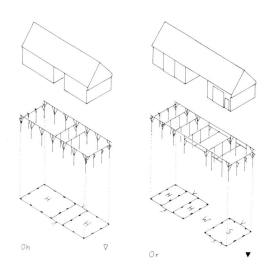

Typ 0 h (Obergrafschafter Scheune)

Typ 0 r

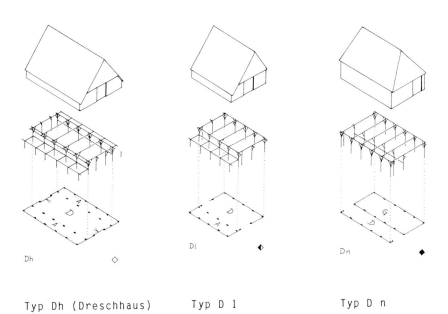

Typ Dh (Dreschhaus)   Typ D l   Typ D n

Typ W h (Wagenschuppen)

HATTINGEN
„Bügeleisen"

13. 6. 86

Oskar Moser

Zur Frage der Dachgerüste in den Hauslandschaften Österreichs – Feststellungen und Aufgaben

Der Schwerpunkt dieses Versuches einer knapp zusammengefaßten
Übersicht über die historischen Dachbauweisen liegt auf einigen
stark gerafften eigenen Erfahrungen bzw. auf den Konsequenzen,
die sich daraus für die Hausforschung in Österreich zwangsläufig
ergeben. Über die Rolle und die entscheidende Bedeutung des
Dachwerkes als Ganzen muß ich dazu an dieser Stelle kaum lange
Worte verlieren. Namentlich innerhalb der uns hier betreffenden
historischen Baubestände spielen ja Konstruktion und Gefüge der
Dachwerke eine sehr wesentliche und oft schon äußerlich ablesbare
Rolle, und zwar nicht nur für die Dachgestaltung selbst, sondern
auch für die gesamte übrige Baustruktur und den inneren wie
äußeren Baukörper der Häuser. Das hat nichts zu tun mit den
Kaprizen eines nackten Konstruktivismus oder verrannten Speziali-
stentums, sondern entspringt der Erkenntnis und der kaum zu
widerlegenden Einsicht, daß man über ein bautechnisches Gebilde
sich nur mit Hilfe der diesem eigenen Gesetzmäßigkeiten, d. h.
mit Hilfe seiner konstruktiven Analysen, erst ein maßhältiges
Grundurteil bilden kann.
Die Dachbauweisen und vor allem deren Gerüstgefüge sind nun
bislang und eben gerade bei uns in Österreich aus der Sicht einer
genauer differenzierenden historischen Hausforschung nach meiner
Auffassung viel zu sehr vereinfacht und verallgemeinert und auch
zu vergröbert betrachtet und beurteilt worden. Wenn wir nämlich
immer wieder hören oder lesen vom Gegensatz zwischen Steildächern
einerseits und Flachdächern andererseits oder vom Gegensatz zwischen Rofen- und Pfettendach einerseits und Sparrendach andererseits oder wenn wir gar bloß nach dem Deckmaterial Strohdächer,
Schindeldächer oder dann Weich- oder Hartdächer unterscheiden, so
bewegen wir uns damit nur auf allerniedrigstem Niveau sehr grober
Verallgemeinerungen, benutzen also dabei ein noch viel zu unge-
naues begriffliches Instrumentarium für die Beurteilung und

Bestimmung von Dachaufbauten.

Man wird mir nun entgegnen: "Das sind alte Hüte!" In Wirklichkeit scheint sich eben die Hausforschung nicht nur bei uns leider wenig daran zu kehren. Meine Frage ist: "Wie kommen wir da weiter?" Sicherlich doch nicht damit, daß wir wegschauen; daß wir also vor der Fülle an Sachverhalten und Variationen gerade im Dachgerüstbau resignieren und uns etwa auf deren Unübersehbarkeit ausreden, daß wir uns davor zurückziehen. Ich glaube im übrigen nicht, daß diese schwerer in ein systematisches Grundschema einzuordnen sein dürften als andere Elemente der Baustruktur, etwa die Vielfalt in den Verzimmerungsarten der Ständergerüstbauten niederdeutscher, niederländischer, französischer oder englischer Hallenhäuser.

Vielleicht fördert einen solchen Schritt zu einer differenzierteren Sicht zentraleuropäischer Dachaufbauten schon ein Blick in den Entwicklungsgang der Hausforschung etwa seit den letzten fünfzig Jahren. Die großen Fortschritte, die gerade hier unbestreitbar gemacht worden sind, zeichnen sich ab mit der Einführung einer analytischen Methode in der Hausforschung seit Bruno Schier (1), ferner mit dem Ausbau einer auch terminologisch differenzierten Gefügeforschung im Sinne Josef Schepers (2), mit der funktionalistischen und zugleich raumbezogenen Betrachtungsweise der Vorgenannten wie auch bei Richard Weiss (3) und mit den Ansätzen zu einer mehrdimensionalen strukturalen Erfassung historischer Bauten im Grundsätzlichen vor allem bei Konrad Bedal (4). All das führte im Verein mit älteren kulturgeschichtlichen Aspekten letztlich zu einer betont historischen Hausforschung im Sinne des letzteren sowie auch mehr und mehr zu einer flächendeckenden Bestandserfassung und Feldforschung in den letzten Jahrzehnten. Nicht zu übersehen natürlich, daß in verschiedenen Ländern Europas schließlich vor allem durch neue naturwissenschaftliche Unterschungsmethoden wie durch die Dendrochronologie bedeutende Vorstöße in der Hausforschung bis weit in das Mittelalter zurück und z. T. auch mit Hilfe der (Mittelalter)-Archäologie erzielt werden konnten.

Dem allen stehen freilich neuerdings auch erhebliche und zunehmende Hindernisse und Schwierigkeiten gegenüber. Zu keiner Zeit haben vermutlich die historischen Baubestände schärfere und em-

pfindlichere Eingriffe erfahren müssen als gerade in den letzten
zwanzig Jahren, dies zumindest bei uns in den Alpenländern. Aber
nicht nur das. Wenn wir als Kulturwissenschaftler jegliches Bauwerk zugleich als ein "Sinngefüge" und Ganzes mit einer bestimmten Lebensimmanenz und Kulturwertigkeit betrachten, dann bedeuten schon Abgang und Verschwinden der mit dem Hausbau verbundenen
Traditionen, das Vergessen der damit enge verknüpften tieferen
Sinnhaftigkeit und selbst der Terminologie als Auskunftsquellen
für uns neue empfindliche Schwierigkeiten für deren Beurteilung.
Uns entgeht damit vieles, das wir bis jetzt noch gar nicht erst
richtig haben erfassen und dokumentieren können.
In dieser breiten und sich wie eine Schere zunehmend öffnenden
Zone der vielen Unbekannten sehe ich vor mir auch die Frage einer
genaueren Erfassung der historischen und landschaftgebundenen
Dachbauweisen, nicht nur bei uns in Österreich, sondern auch im
weiteren Zentraleuropa. Wenn wir daher im Sinne des bisher Gesag-
ten gewohnt sind, zwar von alteuropäischen Rofen- oder Pfetten-
dächern im Unterschied zum ebenfalls alten und mindestens mittelalterlichen Sparrendach zu sprechen, wenn wir weiter gelernt
haben, am Beispiel etwa der englischen Dachgerüstforschungen oder
der Dachbalken- und Rähmverzimmerungen niederdeutscher Hallen-
hausgerüste die Vielfalt und die Feinheiten der Gefügeforschung
als Schlüssel zur Hausbaugeschichte und der raumbezogenen Land-
schaftsforschung in ganz West- und Mitteleuropa zu beachten, so
müßte oder sollte dies wohl auch für unsere Fragestellung weiter
vorangetrieben werden. Darum auch kann eine erste und noch weitgehend vereinfachte und vorläufige Aufskizzierung, wie sie etwa
Adalbert Klaar schon um 1950 versucht hat, heute für die Dachstuhlformen in Österreich nicht mehr ausreichen (5). Gerade Klaar
hat uns ja mit seiner Forderung nach einer "technischen Hausbau-
forschung" gewiß auch nicht im Sinne eines sterilen Konstruktivismus in entscheidender Weise den Weg dazu gewiesen (6).
Man wird also dem Dachbau gesamthaft nicht bloß gefügemäßig und
bautechnisch, sondern auch hinsichtlich der baulichen, räumlich-
funktionalen und letztlich auch sozialen Gesamtstrukturen eine
wesentlich gewichtigere Rolle zubilligen müssen, als dies bisher
der Fall war. Was nämlich hinter dem allen steckt und gesehen
werden muß, das zeigt uns schon rein äußerlich ein erster und

noch flüchtiger Umblick in die historischen und ortsständig überlieferten Bauweisen mit allen daraus resultierenden Hausformen
(siehe Abb. 1 bis 14).

Dem bisher für den außeralpinen Raum im gesamten süddeutsch-
österreichisch-schweizerischen Gebiet angenommenen genuinen
Grundgerüst eines primären Firstsäulenbaues folgen im Westen bis
hinein in den Jura und in die Ardennen Frankreichs in der jüngeren Bauentwicklung unzählige und z. T. relativ früh einsetzende
Weiterbildungen, die sich alle zuvörderst auf den Dachbau aus-
wirkten. Das zuletzt von Konrad Bedal entworfene Schema der
Gerüstsysteme (7) läßt bereits erkennen, wie sich dabei die Bau-
und die Raumstrukturen zunehmend differenzieren und quasi ausein-
anderentwickeln, dabei aber dennoch an gewisse Grundstrukturen
des Bauens selber und der räumlichen Gesamtgestalt gebunden bleiben. So wirkt der ursprüngliche Firstsäulenbau beispielsweise bis
in die Spätschichten herauf mit seiner konstruktionsbedingten
Tendenz zur eher kubischen Hauskörperform und zur Betonung einer
breiten Giebelfront der Häuser nach, auch wenn die eigentliche
Baukonstruktion längst zu moderneren Lösungen im Aufgehenden
übergegangen ist und dabei also jener ursprüngliche Zwang durch-
gehender Firstsäulen längst aufgehoben erscheint (Abb. 1-2). Auf
der anderen Seite schreitet man in weiten Bereichen des süddeutschen Ständerbaues vom ursprünglichen Firstsäulenbau über den
Wandständer- und Geschoßbau sicher schon im späteren Mittelalter
(14. Jh.) zum sogen. Stockwerksbau mit konstruktiv getrennten
Ständeretagen bzw. zu verschiedenen Mischbauweisen (Blockbau +
Ständerbau) fort. Allein dieses läßt schon unschwer erkennen, daß
es auf solchem Wege zugleich zu einer ungemein differenzierten
Entfaltung der Gestaltungsmöglichkeiten, namentlich aber der
Gefüge in den sich zunehmend verselbständigenden Dachwerken kommen mußte und auch tatsächlich gekommen ist. Hier aber können wir
und dürfen wir nicht kapitulieren, indem wir einfach sagen: "Das
lassen wir beiseite!".

Gewiß sind schon seit langer Zeit manche regionalen Gestaltungs-
gegensätze erkannt und gesehen, empirisch allerdings nicht genauer untersucht worden. So bewegt und beschäftigt mich seit
vielen Jahren die bekannte Tatsache, daß sich gerade an den
Grenzen unserer Hauslandschaften auch im traditionellen Hausbau

1   Paarhof in Heimboden-Tannberg, hinterer Bregenzerwald (Vorarlberg). Blockbauten mit Blockpfetten- und sogen. Ansdach und ver-
doppelten Firstpfetten (1971)
2   Bauernhaus mit offenem Bundwerkgiebel, Pfaffenhofen, ob. Inn-
tal (Nordtirol). Ständerpfettendach mit reich verzimmertem Gie-
belbundwerk um 1800 (1967).

sehr auffällige Dinge zutragen, die zweifelsohne Auswirkungen sowohl von synchronen wie auch von diachronischen Differenzierungen im Hausbau sind, und zwar zuvörderst eben auch in der konstruktiven herkömmlichen Bautechnik. Solchen Sachverhalten gegenüber kann man dann mit groben Vereinfachungen bisheriger Observanz wie etwa hie "Pfettendach", hie "Sparrendach" nicht sehr viel anfangen, zumal dann nicht, wenn die Realprobe wesentlich abweichende Sachverhalte an den Tag bringt, etwa daß weder da ein reines "Pfettendach" noch dort ein wirkliches "Sparrendach" vorhanden ist oder feststellbar wird.

Was heißt schließlich "Pfettendach" bzw. "Rofendach", wenn man sich einmal die gewaltige Fülle an Lösungen derartiger Dachsysteme vom Gerüstaufbau her allein in den westlichen Alpenländern zwischen Graubünden und Salzburg vergegenwärtigt? In Graubünden haben wir Ansbalken- oder Blockpfettendächer neben äußerlich nahestehenden Mauerpfettendächern und neben zahlreichen Varianten von Stockpfettendächern in Verbindung mit Bundwerk (7a). Anders die Situation in Vorarlberg, wo vielfach Blockbauten mit nebeneinanderliegenden, doppelten Firstpfetten bis diesseits des Arlbergs ins Stanzertal (Tirol) vorkommen (Abb. 1 und 3), während die Blockpfetten- und Ständerpfettendächer im Großen Walsertal und Montafon mit ihren in richtigen Zapfenschössern verkoppelten Rofenpaaren am First eine ganz andere Grundkonzeption verraten (Abb. 4). Dann das unglaublich reich entfaltete, aber bisher kaum erst nach seinen gefügemäßigen, historischen Entwicklungen systematisch erschlossene Dachwerk der Landschaften Tirols und Südtirols (Abb. 2 und 9). Allein bei den bekannten Südtiroler "Futterhäusern" mit ihrem auffallenden, ursprünglich strohgedeckten Steildach (Rofendach) haben wir im vorderen Pustertal, Eisackgebiet, im Sarntal und am Tschögglberg drei verschiedene Dachbausysteme, deren Grundlage einesteils, wie wir zusammen mit Gerhard Eitzen feststellen konnten, der abgesetzte Ständer-Stockwerkbau nach mittelalterlich-süddeutscher Art mit Stockpfettengerüst bildet, andererseits eigene Scherenjochgerüste sind, die wohl eher autochthon-südalpin anmuten, kaum "bairisch", wie Rhamm meinte, und die gewiß auch bis in das spätere Mittelalter wenn nicht noch viel weiter zurückführen (Abb. 9). In allen diesen Fällen aber geht es uns nicht um formale und äußerlich gewiß

3 Doppelte Firstbalken eines Heustadels in Blockbau bei Bezau, Bregenzerwald (Vorarlberg) (1971).
4 Doppelfirst einer Scheune mit Zapfenschloß an den gegenständigen Rofenhölzern in Gaschurn, Montafon (Vorarlberg) (1967).

augenscheinliche Sachverhalte, sondern um die gefügenmäßigen
Entwicklungen im Aufbau und in der Verzimmerung der Gerüstgefüge,
die uns in Südtirol bis in das späte 16. Jahrhundert zurückführ-
ten und die die späteren Bauschichten schon allein mittels der
Direktdatierungen relativ deutlich voneinander abheben ließen.
Das aber muß man, um mit Gerhard Eitzen zu sprechen, doch eben
anders bewerkstelligen, als dies die rein formalistisch orien-
tierte "Bundwerkforschung" in Bayern bisher versucht hat (8).
Immerhin dürfte das Sarntaler Stockpfettendach der dortigen Städel mit seinen langen "Steigbändern" ein spätmittelalterliches
Gerüstsystem fortpflanzen, dessen Zweck freilich auch unmittelbar
als Hilfe beim Aufziehen der schweren Pfettenhölzer gesehen werden muß. Bei den jüngeren Stockpfettendächern des Pustertales
konnten wir dieses nur noch in letzten Resten an den Stockpfet-
tengerüsten mit kurzen Schwertstreben feststellen (9). Auch die
Scherenjochgefüge der Eisacktaler Städel und am Ritten zeigen
örtliche Eigenheiten. Hier hat man für die Mittelpfetten nicht
die Binderbalken des Scherenjochgerüstes selbst, sondern eigene
Steher verwendet, was mir sonst bei diesem Dachgerüsttyp nirgends
begegnet ist (Abb. 14 A).
Für das ganze übrige Tirol wie auch für Salzburg wird man den
Dachbau erst noch näher diachronisch untersuchen müssen und dabei
vielleicht sogar von den vorerwähnten einfachen und altertümlichen Beispielen im zentralen Südtiroler Raum ausgehen können. Nur
so gelangen wir aber zu Lösungen und Schichtungen in der historischen Bausubstanz, die zweifellos auch für die Gesamtstruktur im
Hausbau dort von Bedeutung sein dürften. Ich zumindest sehe das
so. Bisher hat sich hier leider erst Hans Gschnitzer dieser Dinge
in guten Ansätzen und mit einigem konstruktionsanalytischen Verständnis hinreichend kritisch angenommen (10). Vieles wäre freilich auf diesem Feld noch bis hin zur örtlichen Terminologie
abzuklären. Ich verweise nur auf das Beispiel des Terminus'
"Rehm" im Tiroler Unterland und anschließenden Salzburg, den ja
auch Kurt Conrad im Zusammenhang mit der Scheunenforschung bereits ausdrücklich moniert hat (11).
Wandern wir aber nun weiter ostwärts und folgen wir dem Hauptkamm
der Alpen, so stoßen wir am Ostende der Hohen Tauern auf die
längst wohlbekannte Grenze zwischen flachgeneigten, alpinen Pfet-

5   Stallscheune mit offenem Pfettenstuhldach eines hochgelegenen Berghofes in Niklai bei Sachsenburg, Oberkärnten (1945).
6   Murtaler Einhof mit Pfettenstuhldach, vulgo Stampfer in Auen ob Murau (Steiermark) (1968).

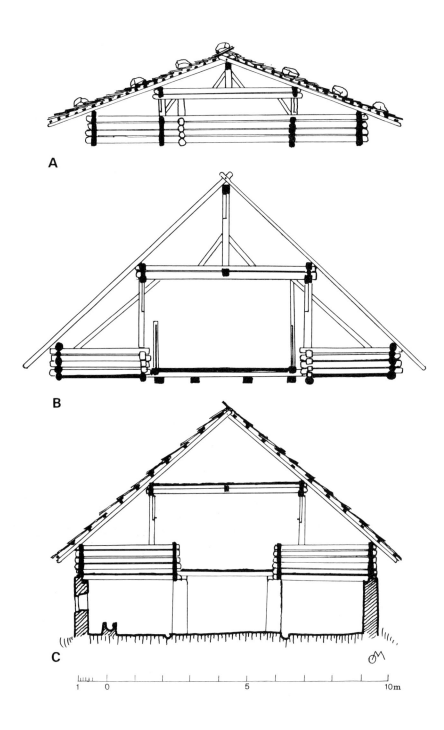

A

B

C

1   0   5   10m

7 Querschnittaufrisse von ostalpinen Pfettenstuhldächern: Fig. A
= flachgeneigtes Pfettenstuhldach mit Firststütze und Legschin-
deln, Sterzen bei Maria Luggau, Lesachtal (Kärnten); Fig. B =
steiles Pfettenstuhldach mit Firstsäule und Steigbändern, durch
Kopf- und Fußstreben ausgesteift, von einer Blockbauscheune in
Göriach, Gem. Lurnfeld (Kärnten), datiert 1801; Fig. C = Schnitt
durch eine Stallscheune mit Kniestock und einfachem Pfettenstuhldach aus Zoitzach bei Lessach im Lungau (Salzburg).

8 Futterhäuser der Egger-Höfe in Verdins ob Schönna - Meran
(Südtirol). Typische Strohdachstädel mit Stockpfettendächern und
Steigbandgerüst (1960).

tendächern und den Steildächern des östlichen Alpengebietes in Oberösterreich, dem salzburgischen Lungau, der Steiermark und Kärnten. Auch hier kam es zu Mißverständnissen bisher, ja, - wie es mir scheint - beginnt da die Konfusion erst recht. Schon Adalbert Klaar hat bei seinen Aufmaßen im Lungau als Bautechniker diese Dinge richtig gesehen, sich aber eben terminologisch in seinen Darstellungen zunächst nicht recht zu helfen gewußt. Offensichtlich ließen sie sich für einen auch am konstruktiven Gefüge der Holzarchitektur orientierten Betrachter nicht ohne weiteres in die bisher geläufigen Grobschemata einordnen. So spricht er zunächst bei den Lungauer "Haupthäusern" von Scherbalkendächern (Abb. 8 C), später jedoch bei analogen Gefügen im Bereich des Alpenvorlandes von "Pfettensparrendächern" (12). Tatsache ist, daß die mächtigen und hier immer noch breitgiebeligen Bauernhäuser dieser Grenzzonen Dachgerüstlösungen verlangen, die große Spannweiten wegen der breiten Giebelfronten überbrücken, d. h. die große Spannweiten mit den Möglichkeiten eines geräumigen Steildaches verbinden (Abb. 6 bis 8). Beides aber erreichte man nur durch einen eigens vor dem Aufziehen der Dachhölzer aufgezimmerten "Stuhl" oder "Bock", an den sich, wenn man genauer nachprüft, mächtige, aber immer noch typische Rofenhölzer anlehnen, die jedoch keinen Firstbalken als Aufhänger brauchen, sondern die im Sinne von Sigurd Erixon als sogen. "Standrofen" ausgebildet und auch dementsprechend differenziert zu bezeichnen sind (13). Ich habe nach zahlreichen eigenen Aufmaßen, die ich leider für die Steiermark und den Lungau noch nicht habe veröffentlichen können, diese Art des Dachsystems schließlich (1976) als "Pfettenstuhldach" eindeutiger auszugrenzen und vom eigentlichen "Pfettendach" abzusetzen versucht. Es zeigte sich nämlich immer deutlicher, daß nicht nur der Lungau, sondern ein mehr und minder breiter Gürtel als Übergangsbereich von den Voralpen in Salzburg und Oberösterreich über das Salzkammergut (Beispiel: Agathenwirt bei Bad Goisern/OÖ.), das steirische Ennstal, obere Murtal und den salzburgischen Lungau quer durch ganz Oberkärnten von diesem eigenartigen Dachsystem mit mehr und minder steil stehenden Standrofen, aber dann auch schon mit Hängerofen (etwa im Lesachtal/K) besetzt ist. Schon äußerlich ist diese Dachausbildung mit ihren sogen. "Schöpfen" deutlich

9 Futterhäuser des Berghofes vulgo Alpegger im Astental ob Terenten, vorderes Pustertal (Südtirol). Die große Stallscheune, 1636, mit Stockpfettendachgerüst, war ehemals strohgedeckt (1960).

10 Teilansicht eines Vierkanthofes im "Landl" bei Eferding (Oberösterreich). Die Grundlage für die Eindeckung dieser ehemals strohgedeckten Großbauten bildeten Scherenjochgerüste.

gekennzeichnet und klar erkennbar (14). Diese Zone alter Pfetten-
stuhldächer ist ein bisher völlig übersehener Übergangsbereich zu
den Steildachsystemen der östlichen Alpenländer, d.h. gleichzeitig zu schmalgiebeligen Hauskörperformen mit ganz anderen Dachbauweisen, nämlich mit alten Scherenjochdächern oder mit Schersparrendächern, in jüngeren Fällen dann auch mit reinen Sparrendächern (Abb. 11-14). Da nun die Baubestände hier im allgemeinen
neuzeitlich bis frühneuzeitlich zu datieren sind, wir dazu aber
noch zu wenig Direktdatierungen besitzen, lassen sich diese Dachbauweisen hier am Alpenostrand nur schwer hinsichtlich ihrer
Entwicklung und ihres Aufkommens zuordnen. Sicherlich gehören die
vom städtisch-bürgerlichen Hausbau etwa in der Mittelsteiermark
übernommenen reinen Sparrendächer mit vollen Dachbalkengerüsten
oder mit Stichbalken auf Wechsel bereits den späten Baubeständen
der Nacbaufklärung an. Sie sind als sekundäre Gestaltung zu
betrachten, die bereits mit planmäßigem Bauen und z. T. mit
Wiederaufbaumaßnahmen nach mehrfachen Kriegszerstörungen zusammenhängen. Solche reine Sparrendächer scheinen sonst in Österreich nur bei Kirchenbauten und bei Bürgerhäusern älter zu sein.
Im steirischen Bezirk Judenburg, ferner in der Oststeiermark hat
bereits A. Klaar solche vollentwickelte, echte Sparrendächer aus
der Nachfolge wiederholter Kriegsverwüstungen und später Wieder-
aufbautätigkeit etwa seit den Kuruzzeneinfällen (um 1720) und
auch noch nachher, z. T. aber auch in planmäßiger Erneuerung
während des Biedermeier etwa bei den sogen. "Erzherzog-Johann-
Häusern" in der Steiermark festgestellt, ein Argument, das sicher
einleuchtet und gültig sein dürfte (15).
Noch weiter im Osten Österreichs, besonders in den Donauländern
und im Burgenland, ferner in Südtirol, Unterkärnten und in der
historischen Untersteiermark und der Nordoststeiermark kommen wir
in eine dritte, große Zone alter Steildachbauten, deren Grund-
schichte allgemein durch den Prototyp des Scherenjochgerüstes mit
Rofen und Strohscharendeckung bzw. gegen den pannonischen und
Karpatenraum hin mit einer anderen Art von Strohschaubendeckung
mit sogen. "Kittelschauben" zu charakterisieren ist (Abb. 13).
Allerdings mischt dieses sich in diesen Räumen auch mit Proto-
typen aus der Familie der sogenannten "Schersparrendächer" (Abb.
18-19).

11   Bauernhof mit geschweiftem Ziergiebel in Otterthal, Wechsel-gebiet (Niederösterreich) (1966).

12   Dorfgasse mit giebelständigen Hausfronten und typischen Hof-einfahrten von Streckhöfen in Tausdorf, Bezirk Eisenstadt (Bur-genland) (1962).

14 Querschnittaufrisse von ostalpinen Scherenjochdächern: Fig. A
= Futterhaus mit Scherenjochdach und eigenartig behelfsmäßiger
Abstrebung des freistehenden Scherenjoches mit Rofendach und
Strohschaubendeckung beim vulgo Oberrainer Nr. 64 ob Villanders,
unteres Eisacktal (Südtirol) (Aufmaß März 1978, kurz vor Abbruch
des Objektes); Fig B = Dachquerschnitt über der Rauchstube des
Hauses vulgo Marak in Klachl bei Metnitz (Kärnten) (Aufmaß 1947).
Typisches Kärntner Scherenjochdach über 2 m vorkragendem Block-
baugefüge mit deutlicher Seitenlaubenbildung; Fig. C = Querschnitt durch den Stubenhaupttrakt eines Bauernhauses in Ollers-
dorf, Bezirk Oberwart (Burgenland). Das freistehende Scherenjoch
besteht aus krummwüchsigen Hölzern ohne Verstrebungen (Umzeichnung nach F. Simon);

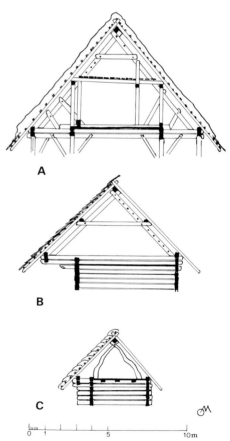

A

B

C

0 1   5   10m

Fig. D = Die konstruktiven Einzelheiten eines Kärntner Scherenjochdaches mit Firstüberblattung (Fig. 1) und Fußnotenkonstruk-
tion (Fig. 5) der tragenden Scherenjoche; ferner mit der Art der
Aufhängung der verschiedenen Rofenhölzer am First (Fig. 2 und 3)
und der vielfach übermäßigen Vorkragung des Dachgrundes an einer
der beiden Traufseiten (Fig. 4). Besonders kennzeichnend ist
ferner der mächtige, übereck gelagerte Firstbalken, der beim
Aufziehen des Daches von den Zimmerleuten händisch und über die
Steignägel der Jochscheren aufgeschoben und lose in die Scheren
eingelegt wird.

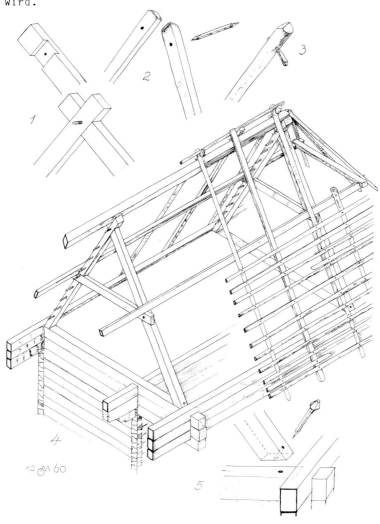

13 Hausgiebel mit sogenannten "Kittelschab" eines Kleinbauern in Unterwart, Bezirk Oberwart (Burgenland) (1962).

15 Innenansicht eines Scherenjochdaches von einer Stallscheune in Zweinitz, unteres Gurktal (Kärnten), mit sekundärer, sogen. "böhmischer" Strohschaubendeckung (1940).

16 Gerüst eines Scherenjochdaches beim Abbruch eines Hauses in Unterwart, Bezirk Oberwart (Burgenland). Das Scherenjoch wird beim Aufziehen des Daches zunächst durch zwei Schrägstangen nach der Art von Windrispen gehalten; Steignägel waren vermutlich am linken Jochholz eingebohrt, fehlen hier jedoch bereits (1962).

Das wohl sicher alteuropäische Jochbalkengerüst mit scherenförmi-
gen, am First überkreuzten Jochhölzern, die zugleich auch einseitig als Steigbäume zum Aufziehen des langen Firstbalkens dienen,
ist ein Dachgerüsttyp, der im Gegensatz zu anderen Jochbalkensy-
stemen wie etwa dem südwesteuropäischen Gabelpfostendach (span.
horcas, estos bzw. tixeirados; franz. paux-forches, pauffour-
ches), den Hochstüden des Aargauer Strohdaches oder den ostmit-
teleuropäischen und osteuropäischen Sochadächern tragfähige (Giebel)-Wände zur Voraussetzung hat. Solche Dächer waren in Europa
ähnlich wie anderswo die vorgenannten Firstsäulenbauten vom
äußersten Westen Frankreichs (Bretagne) bis nach Weißrußland und
von Südschweden bis nach Kroatien und in die Padovana Nordita-
liens ungemein häufig und in großer Dichte verbreitet (Abb. 15)
(16). In Anbetracht dieses Umstandes wäre es besonders wichtig,
wenn gerade diese mit den Strohdächern aussterbende Altform des
Dachbaues in ihren Verbreitungs- und Anwendungsräumen und auf
ihre strukturellen Details hin einmal näher untersucht würde,
zumal sie ja früh von K. Rhamm schon festgestellt wurde. Bei uns
reicht diese alte Dachbauweise aus Westungarn in das ganze
heutige Burgenland mit Teilen der angrenzenden Nordoststeiermark,
ferner über Unterkärnten, die friulanische Carnia bis in das
Eisackgebiet Südtirols und in die Randgebiete der sogen. Drei-
zehn-Gemeinden in den Veroneser Alpen (Abb. 12-17). Genauere
Erhebungen dazu haben wir bis jetzt aus Ungarn (17) und für die
Tschechoslowakei (18), aber sie fehlen trotz vieler Einzelaufmaße
noch für Österreich. Seinerzeit habe ich dieses Strohdachgerüst
mit seiner natürlich begrenzten Spannweite, die sich im Gegensatz
zum baustatisch verwandten Sparrendach nur wenig erweitern läßt,
u. a. für die durchgehenden, primären Schmalhausformen im ganzen
östlichen Mitteleuropa verantwortlich zu machen versucht. Jedoch
auch ohne diese schwierig zu beweisende These leuchtet es ein,
daß eine genauere Feststellung der Areale des Scherenjochdaches
und eben auch deren westliche Grenzräume hausbaugeschichtlich
auch bei uns bedeutsam und wichtig erscheinen muß, zumal dafür
andernorts doch bereits vorgearbeitet worden ist (19). Wie sehr
dabei selbst in den Ostalpenländern und in deren Nachbarbereichen
innerhalb solcher Jochbalkengerüste von Strohdächern sowohl mit
Schauben- oder Scharendeckung Unterschiede wahrzunehmen wären,

die über das bloß Gefügemäßige ihrer Konstruktionen hinausgehen,
zeigt schon ein erster, nur flüchtiger Vergleich solcher Dachgerüste (Abb. 14). Analog dazu, nur vielleicht noch verdeckter, ist
die Sachlage mit dem sogen. "Schersparrendach" Innerösterreichs,
sowohl was seine genaue Verbreitung, seine konstruktiven und
strukturellen Eigenheiten und auch seine historische Herkunft
anbelangt. Zu ihnen können wir heute vorerst überhaupt noch nicht
sehr viel sagen (Abb. 17-19) (20).

Innerhalb aller dieser erheblich verschiedenen Regionen, in denen
der traditionelle Hausbau also jeweils durch ganz bestimmte Sys-
teme des Dachgerüstbaues genuin und historisch beherrscht wird
und die wir vorstehend in einer ersten zusammenfassenden Grob-
skizze angedeutet haben, gibt es dann noch eigenartig scharf
umgrenzte Verbreitungsinseln von innovativen Bauweisen einerseits
und/oder von relativ deutlich geschlossenen Reliktgebieten mit
Altformen im Dachbau andererseits. Sie alle werden in ihren
tatsächlichen und historischen Zusammenhängen mit den neuen
Methoden der Haus- und Gefügeforschung noch zu klären oder - was
vermutlich nicht mehr überall gelingen dürfte - zu erklären sein.
Daß dabei vielerlei Bewegkräfte ins Spiel gekommen sind oder sein
können bis hin zu den alten ethnischen Annahmen oder zu zentral-
dirigistischen Einflüssen von Bauaufsicht und Baupflege, sollte
man nicht übersehen. Ein gutes Beispiel dafür außerhalb Österreichs bietet uns Siebenbürgen mit seinen hochentwickelten Spar-
rendachbauten inmitten einer Zone urtümlicher Rofendächer, wobei
sich erstere wegen ihrer Zweckmäßigkeit im ganzen Karpatenbecken
schon seit dem Mittelalter weithin bestimmend durchgesetzt haben.
Als kleineres innerösterreichisches Beispiel dieser Art habe ich
schon oben den Bezirk Judenburg in der Obersteiermark genannt.
Hier treten im weiteren Umkreis des sogen. Murbodens zwischen
Unzmarkt im Westen und Leoben im Osten im herkömmlichen Hausbau
bei Wohnbauten und Großscheunen reine Vollsparrendächer auf, die
diese Hauslandschaft sehr prägen, deren Herkunft und Verbreitung
jedoch bis heute ungeklärt ist, zumindest was die Geschlossenheit
ihres Vorkommens in diesem ziemlich ausgedehnten Gebiet an der
oberen Mur betrifft (21).
Auf das eigenartige "Pfettenstuhldach" und dessen südwestlichen
Ausdehnungsbereich in Oberkärnten, im Lungau und im obersten

17 Gerüstbeispiele von Schersparrendächern aus Mittelkärnten über unterschiedlich breiten Blockbauten mit und ohne untergesetztem Rähmstuhl ("Schneestuhl"). Für das Gefüge dieses in ganz Innerösterreich verbreiteten Dachgerüstes ist die Auflagerung der (unechten) Sparren am Dachfuß (Fig. 6), die einfache Überblattung am oberen, scherenartig überkreuzten Sparrenende (Fig. 3) und die i.d.R. angeblattete Querspange (Fig. 4) kennzeichnend. Bei breiten wie auch schmalen Hausgiebeln wird die Fußpfette ("Mauerbank") gerne nach außen versetzt (Fig. 5 und 7), um die Traufwirkung zu erhöhen oder sogar Raum für eine eingedeckte Längslaube zu schaffen. Fig. 1 und 2 zeigen die konstruktiven Eigenarten des Kärntner "Schopfwalmdaches", dessen Gratsparren entweder an die Firstschere der Sparren angeschlagen sind (Fig. 2) oder auf einem eigenen Querholz unter der Firstschere aufliegen (Fig. 1).

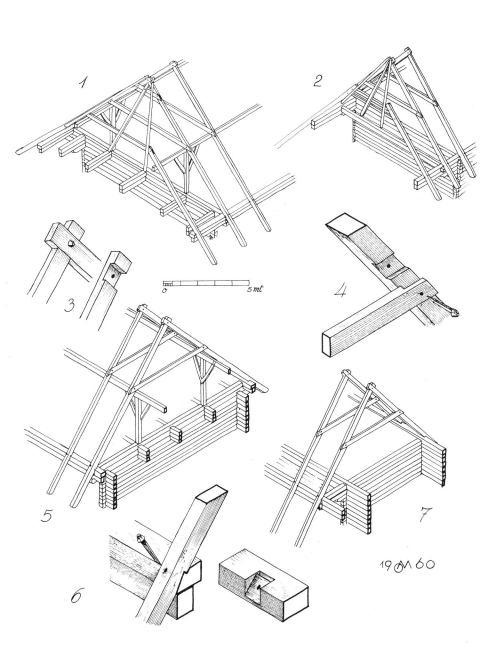

1

2

3

4

5

6

7

0 ⟞⟞⟞⟞⟞⟞⟞⟞⟞ 5 mt

19 M 60

303

steirischen Murtal konnte ich selbst (auch mit etlichen Aufmaß-
beispielen) hinweisen und seine Bedeutung für eine bestimmte,
schrägdurchgängige Zone in den Ostalpenländern als Übergangslö-
sung zur Diskussion stellen (22); leider scheint man diesen
Vorschlag etwas mißverstanden zu haben, so als ginge es mir nur
darum, irgendeine Gerüstvariante im Dachbau hervorzukehren und
hochzuspielen. Mir ging es dagegen vielmehr um ein wichtiges
Prinzip in solchen bedeutsamen hauslandschaftlichen Übergangsbe-
reichen (23).

Vor große Aufgaben stellen uns ferner noch die westlichen Alpenländer mit ihren eigenartigen, äußerlich zunächst sehr einheitlich erscheinenden Dachlandschaften. Nur der Kernraum Südtirols
macht darin eine Ausnahme, und gerade hier konnten schon Martin
Rudoph-Greiffenberg und bei den altertümlichen Bundwerk- oder
Strohdachstadel zur selben Zeit auch Gerhard Eitzen zusammen mit
mir klärend vorarbeiten. In allen diesen Fällen - das darf hier
noch nachdrücklich angeführt werden - müßte man doch auch trach-
ten, diese verschiedenen Bauweisen und Gerüstgefüge mit ihren
überlieferten Bezeichnungen im einzelnen und mit ihrer Terminologie auf den verschiedenen Sprachebenen noch zu erfassen und
zuzuordnen, worauf schon Torsten Gebhard mehrfach und beispielhaft hingewiesen hat (24). Nur kurz darf dazu notiert werden,
warum wir besonders auch in diesem Fall auf die Methode "Wörter
und Sachen" nicht verzichten können (25). Am Beispiel der Einzel-
bauglieder des Pfettenstuhldaches zeigte sich das sehr deutlich.
Ein Gerüstgefüge läßt sich in bestimmten Grenzfällen vor allem
mit Hilfe seiner überlieferten, genuinen Terminologie der Einzel-
teile noch am ehesten bestimmen und festlegen und damit in seinem
eigentlichen Charakter mit Sicherheit zuordnen. So kann man dies
beispielsweise sowohl von Konstruktion und Gefüge ausgehend wie
auch nach der örtlichen und gesichert überlieferten Nomenklatur
bestimmter Teile und Gefügeelemente klarstellen, ob sich also in
etwa ein Dachschrägholz noch als relativ grob bearbeitete "Rofe"
bzw. als "Standrofe" (im Sinne von Sigurd Erixon) bestimmen läßt
oder ob dieses sich eben als eindeutiges Sparrenholz auch terminologisch anders darstellt. Allerdings scheint in solchen Fällen
fast immer die bäuerliche Bezeichnung und nicht die oft von
Schulen abhängige Namengebung seitens der Professionisten und

18 Giebelansicht des Schersparrendaches einer Scheune in Landau
ob St. Kathrein am Hauenstein, Waldheimat (Steiermark). Hier sind
die Sparrenfüße nicht (wie in Kärnten) auf die Fußpfetten oder
"Mauerbänke" des Dachunterbaues aufgeklaut, sondern auf die abge-
schrägten Endigungen des darüber gelegten "Bundtrames", der bereits an die Dachbalken "echter" Sparrendächer erinnert (1958).

19 Detail vom Sparrenfuß des Schersparrendaches aus Landau ob
St. Kathrein a. H., Waldheimat (Steiermark) (1958).

Fachhandwerker zuverlässiger zu sein, d.h. man wird hier schon
bei Befragungen und Aufnahmen im Gelände sehr mit Bedacht und mit
kritischem Sprachgefühl vorgehen müssen. Jedenfalls aber können
einander Sprachstand und Sachbestand gerade in solchen wichtigen
Grenzfällen oft nutzbringend ergänzen und damit eine endgültige
Beurteilung absichern helfen. Solange derartiges noch möglich
ist, sehe ich auf diesem Wege immer und auch heute noch Möglichkeiten zur Lösung mancher Fragen und wesentlicher Aufgaben bei
uns.

Anmerkungen:

1. Bruno Schier, Hauslandschaften und Kulturbewegungen im östlichen Mitteleuropa, Göttingen 1966(2), S. 3-5 und 23-85.
2. Josef Schepers, Das Bauernhaus in Nordwestdeutschland (Neudruck), Bielefeld 1978(2), S. 9-28 und passim.
3. Richard Weiss, Häuser und Landschaften der Schweiz, Erlenbach-
Zürich u. Stuttgart (1959), S. 30-34.
4. Vgl. Joachim Hähnel, Zur Methodik der hauskundlichen Gefügeforschung. In: Rheinisch-Westfälische Zeitschr. f. Volkskunde 16,
Bonn 1969, S. 61-69; Konrad Bedal, Gefüge und Struktur. Zu Standort und Arbeitsweise volkskundlicher Hausforschung. In: Zeitschr.
f. Volkskunde 72, Stuttgart 1976, S. 161-176.
5. Adalbert Klaar, Bäuerliche Dachstuhlformen in Österreich. In:
Volk und Heimat - FS f. Viktor von Geramb, hrsg. v. Hanns Koren
und Leopold Kretzenbacher, Graz (1949), S. 31-41. - Man vergleiche dagegen die sehr eindeutigen Klarstellungen über die
Dachgerüstforschung und deren Schlüsselstellung für den Hausforscher von Gwyn I. Meirion-Jones in dessen großem Darstellungswerk
"The Vernacular Architecture of Brittany", Edinburgh (1982), p.
69, und zwar hier für die Bretagne und ganz Frankreich.
6. Adalbert Klaar, Aufgaben und Ziele einer technischen Hausbau-
forschung. In: Wiener Zeitschr. f. Volkskunde 47, Wien 1942, S.
33-44.
7. Konrad Bedal, Historische Hausforschung. Eine Einführung in
Arbeitsweise, Begriffe und Literatur. Münster 1978, S. 54-67,
hier besonders S. 57.
7a. Christoph Simonett, Die Bauernhäuser des Kanton Graubünden.

Bd. 1: Die Wohnbauten (Die Bauernhäuser der Schweiz 1), Basel 1965, S. 47-53 mit Abb. 82-88.

8. Vgl. besonders Hans W. Stoermer, Zimmererkunst am Bauernhaus. Bayrisch-Alpines Bundwerk, Regensburg (1981) (mit einer Karte S. 16); Paul Werner (Hrsg.), Das Bundwerk. Eine alte Zimmermannstechnik: Konstruktion - Gestaltung - Ornamentik, München (1985). - Demgegenüber wird man eher an die kleineren, aber soliden Arbeiten und Aufmaße von Armin Jüngling, Günther Knesch und Volker Liedke, Wilhelm Neu und Rud. Pfister für Bayern anknüpfen können.

9. Dazu vgl. jetzt Oskar Moser, Die Südtiroler Bundwerkstadel. Ein hauskundliches Forschungsunternehmen von und mit Gerhard Eitzen. In: Der Schlern 60, Bozen 1986, S 443-485 (16 Abb., 14 Tafeln).

10. H.Gschnitzer, Bundwerkgiebel an Bauernhäusern des mittleren Inntales. In: Tiroler Heimatblätter 51, Inssbruck 1976, S. 62-71.

11. K. Conrad, Probleme der Scheunenforschung im Lande Salzburg. In: Festgabe für Oskar Moser - Beiträge zur Volkskunde Kärntens (Kärntner Museumsschriften 55), Klagenfurt 1974, S. 134 f.

12. A. Klaar, Die Siedlungsformen von Salzburg (= Forsch. u. Dt. Landes- und Volkskunde XXXII/3), Stuttgart 1939, S. 61; derselbe, Bäuerliche Dachstuhlformen in Österreich (wie Anm. 5), S. 36; derselbe, Die Mischzonen in den Hauslandschaften. In: FS f. Richard Wolfram zum 65. Geburtstag (= Veröff. d. Inst. f. Volkskunde d. Universität Wien 2), Wien (1968), S. 219.

13. Sigurd Erixon, Svensk byggnadsteknik i jämförande belysning. In: Nordisk Kultur XIV, Stockholm 1953, S.56 f.,Fig. 8D auf S.51.

14. Oskar Moser, Das Pfettenstuhldach. Eine Dachbauweise im östlichen alpinen Übergangsbereich (Veröff. d. österreich. Museums f. Volkskunde, Band XVII), Wien 1976, S. 19-21 und 49-52.

15. Adalbert Klaar, Siedlungsformenkarte der Reichsgaue Wien, Kärnten usf. Erläuterungsheft, Wien 1942; derselbe, Bäuerliche Dachstuhlformen in Österreich (wie Anm. 5), S. 38.

16. Josef Schepers, Das Bauernhaus in Nordwestdeutschland (wie Anm. 2), S. 121 f.; Oskar Moser, Handbuch der Sach- und Fachbegriffe. Zur Erläuterung von Hausanlagen, Bautechnik, Einrichtung und Gerät im Kärtner Freilichtmuseum Maria Saal, Klagenfurt/-Maria Saal 1985, S. 179 f. s.v. 'Scherenjochdach'; Jenö Barabas,

Diffusion im Bauwesen des Karpatenbeckens. In: FS. f. Matthias Zender, Bd. I, Bonn 1972, S. 235; Sigurd Erixon, Svensk byggnadsteknik (wie Anm. 13), S. 58-60 s.v. 'Saxar'; Hans Soeder Urformen der abendländischen Baukunst in Italien und dem Alpenraum, hrsg. von Carl J. Soeder (DuMont Dokumente), Köln (1964), S. 126-129, 133 u. ö.

17. Jenö Barabas, Diffusion im Bauwesen des Karpatenbeckens. In: FS. f. Matthias Zender, Bd. I, Bonn 1972, S. 235.

18. Vaclav Frolec - Josef Vareka, Encyklopedie lidova architektura, Praha 1983, p. 134 s.v. 'nuzkovy krov'.

19. Für Polen vgl. A. Bachmann, Dach w slowianskiem budownictwie ludowym (= Archiwum towarz. naukowego we Lwowie, Abt. II, Bd.V, Heft 4) Lemberg/Lwow 1929; Jerzy Czajkowski, Konstrukcja sochowoslemieniowa w budownictwie wiejskim na terenie polski. In: Rocznik Muzeum Etnograficznego w Krakowie 4, Krakow 1972,p.119 f.

20. Dazu vgl. Oskar Moser, Das Bauernhaus und seine landschaftliche und historische Entwicklung in Kärnten (Kärntner Museumsschriften 56), Klagenfurt 1974, S. 53-55 (mit Abb. 8); derselbe Handbuch der Sach- und Fachbegriffe (wie Anm. 16), S. 180 f. s. v. 'Scherparrendach'.

21. Vgl. Elfi Lukas, Das Umadumhaus und andere Norische Gehöfte im Obdacherland, Graz (1979), S. 48-57.

22. O. Moser, Das Pfettenstuhldach (wie Anm. 14).

23. O. Moser, Ebenda S. 10 f.; dazu vgl. die Besprechung von Max Gschwend in: Schweizer.Arch.f.Volkskunde 75, Basel 1979, S. 97 f.

24. Torsten Gebhard, Maßaufnahme eines Söldnerhauses aus dem Landgericht Rosenheim von 1816. In: Bayrisch-Südostdt. Bll. f. Volkskunde 12, München 1939, S. 4-21; derselbe, Alpenländische Dachformen. In: Dona Ethnologica. FS. für Leopold Kretzenbacher (= Südosteurop. Arbeiten 71), München 1973, S. 139-148.

25. Dazu vgl. Sigfrid Svensson, Einführung in die Europäische Ethnologie (= Textbücher zur Europäischen Ethnologie 1), Meisenheim am Glan 1973, S. 78-90, hier besonders S. 86-88; O. Moser, Das Pfettenstuhldach (Wie Anm. 14), S. 40-43.

Bildnachweis:
Alle Fotos und Zeichnungen vom Verf.
Abb. 7 Umzeichnung nach A. Klaar

Horst Masuch
Die Halbkreiszinne in Niederösterreich

Niederösterreichs mittel- und spätmittelalterliche Bauten weisen
keine besonderen, für diese Landschaft typischen Eigenarten auf.
Eines der wenigen, aber fast unbeachteten architektonischen Merkmale, das nur hier für einige spätmittelalterliche Bauten eine
gewisse Zusammengehörigkeit signalisiert, ist die Halbkreiszinne
(1). Gebäude mit dieser Zinnenart sind in vielen Orten, von
Arbing (2) im Westen bis Tulln im Osten und Heidenreichstein im
Norden, schon nahe der Grenze zur Tschechoslowakei, zu finden
(Abb. 1). Eine Konzentration dieser so ausgestatteten Gebäude an
der Donau, in den Orten zwischen Aggsbach und Krems, ist nicht zu
übersehen.
Halbkreiszinnen finden sich nicht nur an Bauteilen von Burgen und
Wehrkirchen, sondern auch an bürgerlichen Bauten im Zentrum der
Städte. Damit wird schon deutlich, daß die Halbkreiszinne nicht
nur fortifikatorische Bedeutung besessen hat, sondern auch als
blinde Zinne, also als Zierelement verwendet wurde. Das bedeu-
tendste Beispiel dieser Zinnenarchitektur ist der Gebäudekomplex
des Großen Passauer Hofes in Stein (Abb. 2).
Unsicherheit besteht über die Herkunft dieser Architekturform,
deren originäre Entwicklung in dieser Landschaft kaum angenommen
werden kann. Einflüsse aus dem benachbarten Böhmen werden
vermutet (3), während die vielleicht etwas voreilige Bezeichnung
"venezianische Rundzinne" (4) auf mögliche italienische Vorbilder
hindeuten soll. Es wird angenommen, daß diese Zinnenarchitektur
im Zusammenhang mit den Türkenkriegen in der 1. Hälfte des 16.
Jahrhunderts hier heimisch wurde.
Die Halbkreiszinne besteht aus einer horizontalen Reihung von
aneinanderstoßenden halbkreisförmigen Mauerscheiben als oberer
Abschluß von Mauern, die Außenwände eines Gebäudes aber ebenso
nur Umfriedung sein können. Die Straßenfront eines in Zeile
gebauten Wohnhauses (Krems, Wohnhaus Margarethenstraße 9, Abb. 3)

oder mehrere Fronten eines durch seine Höhe aus einer geschlosse-
nen Zeilenbebauung herausragenden Gebäudes (Stein, Großer Pas-
sauer Hof) können mit einer Zinnenreihe abgeschlossen sein. Bei
rechteckigen Türmen sind meistens die Mauerkronen aller vier
Wandflächen mit diesen Zinnen besetzt (Weitra, Stadttor; St.
Michael, Kirchturm, Abb. 4). Die mit Halbkreiszinnen besetzten
Mauerkronen des runden und des polygonalen Turmes vom Kloster
Melk sind eine Sonderlösung (5).
Diese Halbkreiszinnen haben einige sehr charakteristische Eigenarten. Von wenigen Ausnahmen abgesehen, beginnt und endet eine
Zinnenreihe mit einem nach außen gerichteten Viertelkreis. Setzt
sich die Zinnenreihe auf einer anschließenden, abknickenden Wand-
front fort, so sind die beiden zinnenreihenabschließenden Viertelkreise an der Ecke gegeneinandergesetzt, sodaß ein im Scheitel
geknickter Halbkreis entsteht (Abb. 5) (Kloster Zwettl, Getreidekasten; Weitra, Stadttor) (6). Wenn die Gebäudeecken mit runden
Türmchen besetzt sind (Stein, Großer Passauer Hof; St. Michael,
Kirchturm), lehnen sich die abschließenden Viertelkreise mit
ihrer Sehne gegen diese Türmchen. Die Ecktürmchen können ihrerseits wieder mit Halbkreiswandfeldern besetzt sein, wobei der
geringe Durchmesser dieser Türmchen es in der Regel nur erlaubt,
zwei Wandscheiben in den vorhandenen Dimensionen zu verwenden,
die, dem Umfang der Türmchen folgend, gebogen sind. Auch bei
höher geführten Bauteilen endet die daran anstoßende Zinnenreihe
mit einem nach außen gerichteten Viertelkreis (Burg Heidenreichstein).
Die Kerben zwischen den aneinanderstoßenden Halbkreisen sind
nicht als Schießscharten zu verstehen. Das zeigt sehr deutlich
eine Abbildung (Abb. 6) einer mit Halbkreiszinnen besetzten Festung in einem Lehrbuch aus dem 16. Jahrhundert, mit der das
Schartenfeuer der Verteidiger demonstriert werden soll (7). Wenn
Halbkreiszinnen fortifikatorische Bedeutung haben sollen, müssen
in den halbkreisförmigen Wandfeldern gesondert Schießscharten
vorgesehen sein, wie sie auch - allerdings nur wenige - Beispiele
zeigen (Mauertürme des Klosters Melk und der Kartause in Aggsbach; St. Michael, Kirchturm). Hier sind die Schießscharten als
Schlüsselscharten ausgebildet. Überwiegend hat die Halbkreiszinne
in Niederösterreich keine fortifikatorische, sondern nur eine

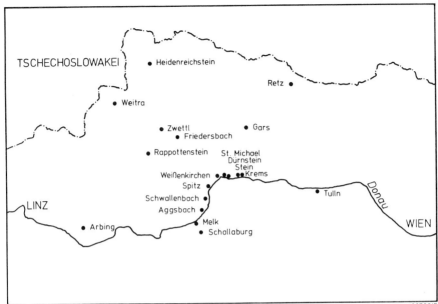

1 Übersichtskarte von Niederösterreich. Die mit o gekennzeich-
   neten Orte weisen Gebäude mit Halbkreiszinnen auf.

2 Stein, Großer Passauer Hof

311

3   Krems, Haus Margarethenstraße 9

4   St. Michael, Kirchturm

5   Stift Zwettl, Getreidekasten

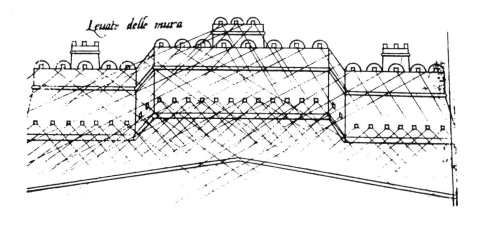

6   Festung mit Schartenfeuer (Zeichnung aus dem 16. Jahrhundert)

7   Dürnstein, Hauptstraße 4

dekorative - möglicherweise eine ausdrücklich demaklatorische - Bedeutung, für die es allerdings einen außergewöhnlichen Anlaß gegeben haben wird. Dieses wird besonders deutlich bei den sehr reduzierten Zinnen auf Bürgerhäusern, wenn nur noch der obere Giebelabschluß vor einem Krüppelwalm mit einer kurzen Zinnenreihe besetzt ist (Dürnstein, Hauptstraße 4, Abb. 7). Die hier behandelte Zinnenart ist ihrer Entstehung nach keine Halbkreiszinne, sondern eine Schwalbenschwanzzinne, bei der die einzelnen Zinnen unter Auslassung der Scharte aneinandergesetzt sind. Dieses deutet sich schon an durch die Viertelkreise, die eine Halbkreiszinnenreihe abschließen. Teilt man gedanklich jeden Halbkreis einer Zinnenreihe senkrecht vom Scheitel aus, so erhält man zusammen mit den abschließenden Viertelkreisen eine Reihe aneinandergesetzter Schwalbenschwanzzinnen (Abb. 8). Das dieses wirklich so gemeint ist, zeigt der linke Teil des Verderberhauses in Retz (Abb. 9). Bei diesem Hausteil sind die Schwalbenschwanzzinnen so dicht nebeneinandergesetzt, daß sich die gebogenen Rücken benachbarter Zinnen optisch zu einem Halbkreisbogen zusammenziehen. Unterstützt wird dieser Eindruck noch durch die Vermauerung der Scharten bis knapp unter das Abdeckprofil der Zinnen. Die Schartenvermauerung ist gegenüber der Zinne etwas zurückgesetzt. Damit ist zwar der Umriß der Schwalbenschwanzzinne erhalten geblieben, aber für das Auge drängt sich eher der Eindruck einer Halbkreiszinne auf.

Das Haus in Retz bildet nun das Bindeglied zu den beiden einzigen, mir bekannten baulichen Anlagen im westlichen Europa, bei denen eine vergleichbare Ausbildung der Schwalbenschwanzzinne verwandt wurde. Die Einfriedigungsmauern des Arsenals in Venedig, wie auch seine beiden die Einfahrt zum Hafenbecken schützenden Türme sind mit eng aneinandergesetzten Schwalbenschwanzzinnen besetzt, deren Scharten teils frei, teils aber auch halbhoch oder vollständig wie beim Haus in Retz vermauert sind (Abb. 10). Auch hier ist die Vermauerung etwas zurückgesetzt, sodaß der Umriß der Schwalbenschwanzzinne erhalten bleibt. Das andere Beispiel findet sich überraschenderweise auf der Insel Rhodos. Nördlich außerhalb der Ritterstadt, jetzt innerhalb der modernen Stadt Rhodos gelegen, begrenzt eine Mauer, die mit Schwalbenschwanzzinnen besetzt ist, vergleichbar denen in Retz und Venedig, einen osmanischen

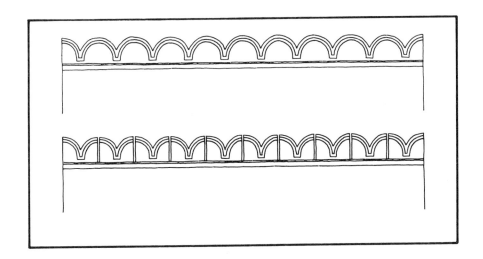

8   Halbkreiszinnenreihe vom Haus Margarethenstraße 9 in Krems
(oben) und in Schwalbenschwanzzinnen aufgelöst (unten)

9   Retz, Verderberhaus (linke Seite)

Bereich mit der Murad-Reis-Moschee und einem türkischen Friedhof
(Abb. 11). In diese Mauer ist ein türkischer Brunnen eingefügt,
der das gewohnte abendländische Bild verfremdet. Ob diese Mauer
erst nach der osmanischen Inbesitznahme der Stadt entstanden ist
- was recht unwahrscheinlich wäre - oder vorher schon vorhanden
war, ist nicht bekannt (8). Es hat vor der Entstehung der Ritterstadt auf Rhodos schon eine venezianische Handelsniederlassung
gegeben (9), die noch nicht lokalisiert werden konnte. Vielleicht
gibt diese Mauer einen Anhaltspunkt über die frühere Lage der
Niederlassung.

Es besteht zwar eine formale Übereinstimmung der Schwalbenschwanzzinne von dem Haus in Retz mit der des Arsenals in Venedig, aber soll das Bauwerk in Venedig tatsächlich das Vorbild für
die Zinne in Österreich sein? Sollte das der Fall gewesen sein,
müßte sich die Entwicklung von der durch das Zusammenrücken der
Zinnen verfremdeten Schwalbenschwanzzinne zur reinen Halbkreiszinne in Österreich vollzogen haben. Das könnte nur wahrscheinlich sein, wenn andere Möglichkeiten vollkommen auszuschließen
wären.

Auch wenn im 15. Jahrhundert wirtschaftliche Beziehungen zwischen
österreichischen Patrizierfamilien und Venedig vorhanden sind und
damit eine baukünstlerische Beeinflussung der österreichischen
Bauten durch venezianische Vorbilder möglich erscheinen, muß hier
noch eine Architekturlandschaft angeführt werden, in der die
Entwicklung der Schwalbenschwanzzinne zur Halbkreiszinne durch
zahlreiche Beispiele, die auch die Zwischenstufen enthalten,
eindrucksvoll vor Augen geführt wird.

Im 15. Jahrhundert hatte sich Moskau unter dem Zaren Iwan III.
zur führenden Großmacht Rußlands entwickelt. Technische Probleme
beim Bau der Kathedralen für den Metropoliten im Kreml
veranlaßten den Zaren 1475, den italienischen Baumeister Aristotele Fioravante nach Moskau zu rufen. Mit dem Bau des Kreml
wurden weitere italienische Baumeister, wie Pietro Antonio
Solario, Marco Ruffo und Alovisio beauftragt, die die Kronen der
Kremlmauern und -türme mit den in Norditalien üblichen Ghibelli-
nenzinnen besetzten (10). War es in Italien die Regel, Zinne und
Scharte etwa gleich breit auszubilden, so setzten die italienischen Baumeister auf der Kremlmauer in Moskau die Zinnen enger.

10 Venedig, Arsenal, Turm-
bekrönung an der Hafen-
einfahrt

11 Rhodos-Stadt, Mauer an
der Morad-Reis-Moschee

Auf der Mauer entlang der Moskwa beträgt das Verhältnis Zinnenbreite zu Schartenbreite noch 5:4, auf dem Vortor zum Erlösertor
5:3 und auf der Mauer am Erlösertor nur noch 2:1. Hinzu kommt,
daß sich durch die übergesetzten Zinnenhäupter die Scharte im
oberen Teil noch stärker verengte und durch die überstehende
Zinnenabdeckung der Bezug zur Nachbarzinne hergestellt wurde.
Visuell entstand hier schon der Eindruck einer - wenn auch im
Scheitel noch unterbrochenen - Halbkreiszinnenreihe.

Zum Schutz der Stadt wurde Moskau von einem Kranz befestigter
Klöster umgeben. Die Mauern des um 1525 erbauten Neujungfrauen-
klosters im Südwesten der Stadt sind nach dem Vorbild der Kremlmauer eng mit Schwalbenschwanzzinnen besetzt, bei denen das Verhältnis Zinnenbreite zu Schartenbreite nur noch 4:1 bis 8:1
besteht. Bei einem weiteren Zusammenrücken der Zinnen war zu
erwarten, daß die überstehenden Zinnenabdeckungen sich berührten,
bzw. ineinander übergingen. Dieses Beispiel ist auf der Mauer des
Spas-Preobraschenskij-Klosters in Jaroslawl zu finden und damit
ist auch der Übergang von der Schwalbenschwanzzinne zur Halbkreiszinne vollzogen (Abb. 12). In der weiteren Entwicklung
verkleinert sich das Schartenfenster und berührt nicht mehr die
Zinnenabdeckung (Jaroslawl, Stadttor) bis es ganz verschwindet
(Wolokolamsk, Kloster Joseph) (11).
Als Folge des Moskauer Kremlbaues wird die Schwalbenschwanzzinne
für Profanbauten wie Burg- und Stadtmauern und die Halbkreiszinne für Kloster- und Kirchenmauern - ohne daß diese Unterscheidung streng eingehalten wird - zu einem beliebten Architekturmo-
tiv Mittelrußlands. Die Bevorzugung der Halbkreiszinne für die
Kirchenarchitektur ist wohl daher zu verstehen, daß zum einen die
Tradition der mittelalterlichen Kirchenarchitektur Rußlands
wieder aufgenommen wird; schon die Kuppeltamboure der im 12.
Jahrhundert errichteten großen Kathedralen in Wladimir waren mit
Halbkreiszinnen besetzt. Zum anderen wiederholt die Halbkreiszinne im kleinen, was in größerer Dimension über die Mauern
hinweg sichtbar wird: die für die russische Kirchenarchitektur
typische Reihung von Wandfeldern, die oben mit Halbkreisen abschließen. Das Nebeneinander von großen und kleinen Halbkreisbogen wird für lange Zeit typisch für den Kirchenbau.

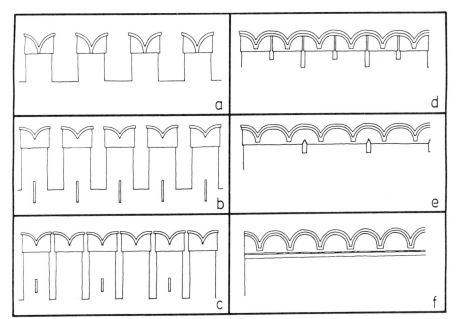

12 Entwicklung der Schwalbenschwanzzinne zur Halbkreiszinne dargestellt an Beispielen: a) Pavia, Kastell Visconti, b) Moskau, Kreml, Vortor am Erlösertor, c) Moskau, Neujungfrauenkloster, d) Jaroslawl, Mauer des Spas-Preobraschenskij-Klosters, e) Jaroslawl, Stadttor, f) Krems, Margarethenstr. 9

Die westeuropäische Kunstgeschichte sperrt sich, Einflüsse aus Osteuropa zur Kenntnis zu nehmen. Wie soll auch nachzuweisen sein, daß die russische Halbkreiszinne das Vorbild für die Halbkreiszinne in Niederösterreich gewesen ist? Konkret ist das sicher nicht möglich. Aber über die Motivation, dieses Architekturdetail für Befestigungsanlagen und andere Bauten in Niederösterreich zu übernehmen, lassen sich begründete Vermutungen anstellen.

Die Stadtrepublik Venedig hatte 1471 wegen der Ausbreitung des osmanischen Reiches, die ihre Handelswege blockierte und damit ihren Lebensnerv traf, Kontakt zum Zarenhof in Moskau aufgenommen und sich um ein Bündnis gegen die Türken bemüht (12). Wie sehr ganz Venedig in seiner bedrängten Lage auf Hilfe vom Zarenhof hoffte, zeigt sich in den jetzt und später gebauten Kirchenfassaden, von denen viele als Vorbild russische Kirchenarchitektur verwenden (13). Diese neue Kirchenarchitektur beschränkt sich nicht nur auf die Stadt Venedig, sondern breitet sich auf die gesamte Terra ferma aus; ganz besonders auf dem adratischen Küstenstreifen, der durch die auf dem Balkan vordringenden Osmanen bedroht war. Aber auch Österreich war durch die Türken bedrängt. Es ist sicher anzunehmen, daß österreichische Kaufleute in Venedig von dem Moskauer Unternehmen gehört hatten und darin auch eine Hoffnung für ihre Heimat gesehen haben. Deshalb erscheint es nicht unwahrscheinlich, daß aus den gleichen Motiven, aus denen in Venedig nach russischen Vorbildern Kirchenfassaden entstanden, auch in Österreich nach russischem Vorbild die Halbkreiszinne als Verteidigungsanlage verwendet wurde. Da die Halbkreiszinne nur den Eindruck vermitteln konnte oder sollte, als ob der russische Zar als Bündnispartner gegen die Türken schon zur Stelle sei, spielte es auch keine Rolle, daß diese Halbkreiszinne nur zum geringsten Teil der angeführten Beispiele in Niederösterreich wirklich fortifikatorische Aufgaben erfüllen konnte. In den meisten Fällen wurde mit der Halbkreiszinne nur der Anschein einer Verteidigungsanlage erzeugt, sie hatte also nur psychologische Bedeutung und so konnten auch Bürger als Schutz ihren Häusern ohne großen Aufwand diesen Anschein mit einem Architekturelement geben, das uns heute nur noch als reine Dekorationsform auffällt.

Anmerkungen:

1. Die Benennung dieser Zinnenart ist uneinheitlich. Die Halbkreiszinne gehört zur Kategorie der Rundzinnen bzw. der Rundbogenzinnen. Nach GLOSSARIUM ARTIS Burgen und feste Plätze, München 1977, S. 147 und Fig. 140 sind das Zinnen, deren oberer Teil halbkreisförmig gestaltet ist. Die Fig. 140 zeigt jedoch eine gestelzte Halbkreiszinne.
2. Nach heutiger Gebietseinteilung gehört Arbing schon zu Oberösterreich. Die Übersichtskarte (Abb. 1) zeigt, daß es nach seiner geographischen Lage gerechtfertigt ist, diesen Ort in die Betrachtung einzubeziehen.
3. Die Halbkreiszinne ist in der Tschechoslowakei nicht verbreitet. Dem Verfasser ist als rezentes Beispiel nur ein Wohnhaus in Slavonice (Zlabings) bekannt, bei dem ein die ganze Giebelbreite

einnehmender Breiterker mit einer Halbkreiszinne vergleichbar der
vom Haus Margarethenstraße 9 in Krems besetzt ist. Die Garten-
mauern des Schlosses in Bucovice (Butschowitz) sollen nach einer
Rekonstruktion von Frau Menclova mit Halbkreiszinnen besetzt
gewesen sein. Isometrie bei Erich Hubala, Die Baukunst der mähri-
schen Renaissance, S. 161. In: Renaissance in Böhmen, München
1985.
4. Das Dehio-Handbuch von Niederösterreich, Wien 1953, verzeichnet nur für den Babenberger Hof in Tulln "venezianische Rundzinnen" (S. 356) für die es aber in dieser Form in Venedig kein
Vergleichsbeispiel gibt. Weitere Erwähnungen dieser Charakteris-
tika finden sich nur noch für das Haus Margarethenstraße 9 (S.
168, Rundzinnen) und Obere Landstraße 11 (S. 167, Rundbogenzinnen) in Krems, Haus Nr. 175 in Spitz (S. 331, Rundzinnen), Großer
Passauer Hof (S. 334, Halbkreiszinnen) und Kleiner Passauer Hof
(S. 334, Rundzinnen) in Stein. Mehr noch als die uneinheitliche
Bezeichnung dieser Zinnenart, verrät die Unsicherheit gegenüber
diesem Architekturdetail, daß in den überwiegenden Fällen diese
Zinnenart überhaupt nicht erwähnt wird.
5. Diese Türme werden noch der Klosterfestung des 14. Jahrhunderts zugerechnet (Dehio-Handbuch S. 211). Ob diese zeitliche
Einordnung auch für die Zinnenkränze zu gelten hat, erscheint mir
fraglich.
6. Die gleichen charakteristischen Eigenarten weisen die Halbkreiszinnen der Stadtmauer und -türme auf einem Relief in der
Vorhalle des lykischen "Königsgrabes" (ca. 400 v. Chr.) in Pinara
auf. Nach einer Umzeichnung bei G.E. Bean, Kleinasien 4 Lykien,
Stuttgart 1980, S. 75, Abb. 10.
7. Francesco di Marchi, Della architettura militare libri tre,
Brescia 1599. Nach: GLOSSARIUM ARTIS Festungen, Tübingen 1979, S.
195, Abb. 185.
8. Ende Dezember 1522 kapitulierten die Kreuzritter und verließen
am 1.1.1523 die Insel. Klaus Gallas, DuMont Kunstreiseführer
Rhodos, Köln 1984, S. 42.
9. Ebd. S. 35.
10. Die italienischen Kunsthistoriker haben die Tätigkeit ita-
lienischer Baumeister in Rußland weitgehend unbeachtet gelassen.
Erst der im Oktober 1975 in Varenna (Como) vom Instituto per la

Storia dell' Arte lombarda in Mailand zusammen mit der Accademie delle Scienze in Bologna veranstaltete Kongreß aus Anlaß des 500. Todestages des italienischen Baumeisters in Moskau, Aristotele Fioravanti, würdigte ihre Leistung. Kongreßberichte in: Arte Lombarda nuova serie 44/45, Mailand 1976.

11. Die aufgeführten Beispiele geben in der Folge ihrer Nennung nicht unbedingt die zeitliche Reihenfolge ihrer Entstehung wieder. Die Literatur über die altrussische Kunst ist für diese Detailuntersuchung nicht sehr ergiebig. Auch die Geschichte der russischen Kunst, herausgegeben vom Institut der Kunstgeschichte bei der Akademie der Wissenschaften der UdSSR, Band I-IV, Deutsche Ausgabe Dresden 1957-65 macht da keine Ausnahme.

12. Peter Nitsche, Der Aufstieg Moskaus, Auszüge aus einer russischen Chronik, II. Vom Beginn des 15. bis zum Beginn des 16. Jahrhunderts, Graz Wien Köln 1967, S. 123 u.f..

13. Das drückt sich besonders in den Fassadenumrissen und den Fassadengliederungen aus, z.B. bei den Kirchen S. Zaccaria und Giovanni Crisostomo. Es ist bemerkenswert, daß als Vorbild nicht die zaristische Kathedralenarchitektur des Kreml, sondern die der Moskauer Stadtteilkirchen genommen wurde, die ihrerseits auf Vorbilder in Novgorod und Rostow zurückgeht.

Abbildungsnachweis

Abb. 2,7, 9 aus Stadtbaukunst in Niederösterreich, Wien 1977, Abb. 6 aus GLOSSARIUM ARTIS, Festungen, Tübingen 1979. Alle übrigen Abbildungen vom Verfasser.

Anhang

Zum Titelbild

Unbekannter Zeichner, Zeichnung eines Bürgerhauses in Münster.

Im Besitz des Städtischen Archivs in Münster befindet sich eine colorierte Schnittzeichnung aus der Mitte des 16. Jahrhunderts, Das 4oo x 59o mm große Blatt mit einem angeklebten Erläuterungsblatt im Format 2oo x 1oo mm wurde zu Prozeßzwecken angefertigt. Bei der Wiedergabe der Abbildung auf dem Umschlag dieses Jahrbuchs wurde die Sonderzeichnung (sie enthält den Querschnitt durch die Mauer mit der geschnittenen Dachrinne) fortgelassen und der rechte Rand etwas beschnitten. Die Zuschreibung des Blattes an Hermann tom Ring (M. Geisberg) wird von Th. Riewerts und P. Pieper abgelehnt.
Zu sehen sind die straßenseitige Giebelfront (links) mit einem massiven Untergeschoß und einem aus ausgebohltem Fachwerk bestehenden Obergeschoß. Rechts im Bild angeschnitten ist das steinerne Hinterhaus, dessen Firstlinie sich über der des Zwischenhauses erhebt. Wesentlich sind die verspringenden Höhen der Bauteile, die Darstellung der Baumaterialien (Steinbau, Holzbau, Ausbohlung, Dachdeckung, Fenster mit Verglasung, Gittern und Holzklappen, Laden, Portal, Schornstein) und der Einblick in das nicht weiter unterteilte Mittelhaus, das aufgrund der Feuerstelle (Schornstein) als Diele (Kochbereich) anzusprechen sein dürfte.
Der Zeichnungen sind handschriftliche Erläuterungen beigegeben, die die einzelnen Bauteile und die besonderen Streitobjekte (Tropfenfall/Dachrinne) benennen.
Die Buchstaben bezeichnen den Giebel des Hinterhauses (A), das ach des mittelhauses (B), das Dachdes Vorderhauses (C), die

Dachrinne am Hinterhaus (D).
A dat is de gevel van der winтersschen olde steenwerck
B dat middelste getymmer van d winttersschen huis. - Doer dit
vinster konden sie in die gotten komen
(auf den Holzbrettern:) onne disse ... planken (welcker bouen,
da soe offte ledge platze legen) loop oer water bes zu de gotte
(auf der Rinne:) dit is de gotte, de op unser muirken lach
C dit is dat vornester getymmer vande winttersschen huis
D dit was das clein gotten tusschen oeren steenwerck und den un-
sen, twelck oer water affireth up oer huis unde vel ungefherlich
bes in oer viffte panne van unde up to tellen und so voert in der
gotte leip unde nu mit een grote stoeringe valt up unse huis
(auf dem Dach rechts:) Dit is uns steenwerck twelch dwers steit
E 1, 2, 3 disse plancken drogen dat water in de gotte
F dyt is de soe offte platze so ertydtz tusschen beiden huisern
gewest is
dit is de muier von unserm huiss daer unss gotte up licht
G dit sint di poeste von der winтersschen huis in voertyden up
gestaen hefft, in aller maten woe de van oldinges gestalt gewest
(Vorderhsaus, Sockel) dit was een clein murcken voer an der
wintterschen huis

Literatur:
Max Geisberg, Die Stadt Münster, 2. Teil, Bau- und Kunstdenkmäler
von Westfalen, 41. Band, Münster 1933, S. 396 und Abb. 563 (bei
der Abbildung ist die Nebenzeichhnung auf die Hauptzeichnung
gelegt worden)
Theodor Riewerts und Paul Pieper, Die Maler tom Ring, München
1955, S. 1o7 (Nr. 1o8)
Maria Schmidt, Das Wohnungswesen der Stadt Münster im 17.
Jahrhundert, Schriften der Volkskundlichen Kommission des
Landschaftsverbandes Westfalen-Lippe, Band 15, Münster 1965, S.
223 (Abb. 1)
Jochen Luckhardt, Westfalia Picta, Die westfälischen Ortsansich-
ten vor 19oo, Ausstellungskatalog, Bielefeld 1987, Nr. 28, S. 12
(vollständige, stark verkleinerte Schwarz-weiß-Abblildung)

36. Jahrestagung des Arbeitskreises für Hausforschung
Münster   9.-13.Juni 1986

Teilnehmerverzeichnis
Ackerschott, Dipl.Ing. Rolf (Freiburg)
Altwasser, Elmar (Marburg)
Baeumerth, Dipl.-Ing. Karl (Usingen)
Baeumerth, Angelika (Usingen)
Baumeier, Dr. Stefan (Detmold)
Becker, Dr. Dörte (Braunschweig)
Bedal, Dipl.-Ing. Albrecht (Schwäbisch Hall)
Bedal, Annemarie (Hof)
Bedal, Karl (Hof)
Bedal, Dr. Konrad (Bad Windsheim)
Berends, Dipl.-Ing. G. (Zeist)
Bleyer, Dipl.-Ing. Hans-Jürgen (Metzingen)
Boekwyt, Hermann (Arnhem)
Braun, Dipl.-Ing. Frank (Ratzeburg)
Bremen, Eckhardt (Soest)
Codling, R. C. (London)
Dautermann, Christoph (Münster)
Drunen, A.H.van (s'Hertogenbosch)
Eberspächer, Martina (Stuttgart)
Eiynck, Dr. Andreas (Münster)
Elkartz, P. (Goch)
Ellger, Prof. Dr. Dietrich (Münster)
Elpers, Max (Billerbeck)
Ernst, Dr. Hans (Emsdetten)
Espeter, Dieter (Münster)
Fenley, J. Pauline A. (London)
Freckmann, Dr. Klaus (Sobernheim)
Friemann, Dr. Karoline (Münster)
Gläntzer, Dr. Volker (Hannover)
Griep, Dipl.-Ing. Hans-Günther (Goslar)
Großmann, Dr. G. Ulrich (Lemgo)
Haas, Dr. Ulrich (Konz)
Hähnel, Dr. Joachim (Kommern)
Haupt, Dipl.-Ing. Dieter (Wolfenbüttel)

Henckel, Dipl.Ing. Walter (Iserlohn)

Herrmann, Dipl.-Ing. Walter (Kaiserslautern)

Hinz, Prof. Dr. Hermann (Tübingen)

Holst, Dipl.-Ing. Jens-Christian (Lübeck)

Holst-Hein, Ulrike (Lübeck)

Hoppe, Katharina (Marburg)

Isenberg, Dr. Gabriele (Münster)

Jans, Dr. Everhardt (Ilmelo)

Johannsen, Dr.-Ing. Carl-Ingwer (Kiel)

Joist, Christa (Penting)

Kaiser, Dr. Hermann (Cloppenburg)

Kamp, Michael (Pentling)

Känel-Beraud, Alfred von (Spiez)

Kaspar, Dr. Fred (Münster)

Kersting (Soest)

Kiehnle, Dipl.-Ing. Edmund (Eppingen)

Kipp, Drs. A.F.E. (Utrecht)

Kirchhoff, Dr. Karl-Heinz (Münster)

Klein, Ulrich M.A. (Marburg)

Kleinert, Dr.-Ing. Christian (Hagen)

Langenbrink, Max (Marburg)

Lenoweit, Silke (Marburg)

Lippert, Dipl.-Ing. Hans-Georg (Darmstadt)

Lobbedey, Dr. H. Münster

Lohrum, Dipl.-Ing. Burghard (Ettenheimmünster)

Löbert, Dr. Horst (Hösseringen)

Lühning, Dr. Arnold (Schleswig)

Maroevic, Dr. Ivo (Zagreb)

Maschmeyer, Dr. Dietrich (Nordhorn)

Masuch, Dr. Horst (Hannover)

Mayer, Dr. Vera (Wien)

Meiners, Dr. Uwe (Münster)

Meyer, Dr. Diethard (Stade)

Michels, Hubertus (Münster)

Mohrmann, Prof. Dr. Ruth (Münster)

Mönnich, Dipl.-Ing. Rainer (Münster)

Moser, Prof. Dr. Oskar (Graz)

Müller, Kaspar (Osnabrück)

Mummenhoff, Prof. K. E. (Münster)
Nievergelt, Dipl.Arch. Dieter (Winterthur)
Nolte, Dipl.-Ing. Elmar (Münster)
Nowak, Dipl.-Ing. Karin (Marwede)
Ockers, Bert (Arnheim)
Olst, E.E.van (Arnhem)
Pieper, Dipl.-Ing. Franz (Münster)
Popp, Bertram
Pressler, Erhard (Gersten)
Prooije, L.A. van (Arnhem)
Püttmann, Dr. Klaus (Münster)
Rädlein, Dipl.-Geogr. Bettina (Tübingen)
Reichmann, Dr. Christoph (Krefeld)
Reinke, Dr. Ulrich (Münster)
Reutter, Rolf (Darmstadt)
Richter, Charlotte (Münster)
Robischon, Prof. Rolf (Neuhaus/Trier)
Saeger, Raf de (Willebroek)
Scheftel, Michael (Lübeck)
Schepers, Prof. Dr. Josef (Münster)
Schneider, Manfred (Lübeck)
Schulte, Wilhelm (Ahlen)
Schumacher, Karl-Heinz (Stolberg)
Schumacher, Dipl.-Ing. Martin (Braunschweig)
Siekmann, Dr. Mechthild (Münster)
Simons, Dr. Gabriel (Köln)
Stender, Dipl.-Ing. (Plön)
Stephan, Dr. Hans-Georg (Göttingen)
Stiewe, Heinrich (Wellentrup)
Stietzel, Dipl.-Ing. Viviane (Hannover)
Stoffers, Dipl.-Ing. Helmut (Darmstadt)
Stürmer, Dr. Andreas (Brauweiler)
Süßmuth, Cornelia (Marburg)
Tapper, Ulrich (Münster)
Tisje, Hans (Neu-Isenburg)
Trier, Dr. Benedix (Münster)
Vries, Drs. Ing. Dirk J. de (Utrecht)
Walgern, Dipl.-Ing. Heinrich (Brauweiler)

Wiechert, Klaus (Sobernheim)
Wiegelmann, Prof. Dr. Günter (Münster)
Ziemer, Margret (Bonn-Bad Godesberg)
Zimmermann, Hubert (Ettenheim)

Einschließlich mehrerer nicht namentlich angemeldeter Tagungsteilnehmer lag die Teilnehmerzahl knapp über 12o Personen.

Rezensionen

Kunstgeschichte: Eine Einführung. Herausgegeben von Hans Belting,
Heinrich Dilly, Wolfgang Kemp, Willibald Sauerländer und Martin
Warnke, Berlin (Dietrich Reimer Verlag) 1986, ISBN 3-496-00825-3.
306 Seiten, Photographien, schematische Darstellungen und Bau-
aufnahmepläne. Paperback, DM 29,5o.
Das Buch wendet sich als "Einführung in das Studium der Kunstgeschichte" (Dilly, S.7) an Studenten genauso wie an Interessierte.
Die Gliederung in die Bereiche: erstens, Gegenstandsbestimmung;
zweitens, Gegenstandssicherung; drittens, Gegenstandsdeutung,
umfaßt in wünschenswerter Form praxisorientiert den Fachbereich
Kunstgeschichte. Gegenüber den geläufigen Einführungen, die, den
Bereichen eins und drei entsprechend, sich auf rein theore-
tischer Ebene mit kunsthistorischen Objekten und Ansätzen sowie
mit der Eigendefenition des Faches beschäftigten, gewährt diese
Einführung m.W. erstmals detailiertere Einblicke in die Praxis,
d.h. beleuchtet - dies geschieht im Bereich zwei, Gegenstandssicherung - den praktischen Umgang des Kunsthistorikers mit den
unterschiedlichen Objektivationen, der ja vor allen weiteren
Schritten der theoretischen Analyse steht. Aus dem Bereich Gegenstandssicherung, der vier Aufsätze umfasst (W.Sauerländer: "Die
Gegenstandssicherung allgemein" und "Alterssicherung, Ortssiche-
rung und Individualsicherung"; U.Schiessl: "Materielle Befundsicherung an Skulptur und Malerei"; D.v.Winterfeld "Befundsicherung an Architektur") zeichnen sich die beiden zuletzt genannten
- dies ist schon in den Titeln ersichtlich - durch die hervorge-
hobenen Qualitäten aus.
An dieser Stelle soll dem Rahmen entsprechend auf den Beitrag

Dethard von Winterfelds, "Befundsicherung an Architektur" (S.87-115) näher eingegangen werden. In der Einleitung verweist v.Winterfeld auf die fächerübergreifende Struktur der Bauforschung, die ja nur von Vorteil sein kann, da methodisch der Werkzeug- und Ansatz-Apperrat entwickelt werden kann, welcher in diesem Beitrag dargestellt wird. Die Unterschiede liegen nicht in den Fragestellungen und Methoden sondern allenfalls im Objektbereich der einzelnen Disziplinen. Das sich gerade im Bereich der Kunstgeschichte hier eine Wandlung "zugunsten der Profan- und Serienarchitektur" (S. 88) vollzieht, ist in Zusammenhang mit der Berufsperspektive Denkmalpflege zu bringen.

Der zweite Abschnitt des Beitrags befaßt sich mit der planimetrischen Darstellung. Unter historischem Gesichtspunkt wird der gezeichnete Plan in Technik und Bedeutung übergreifend vom 13. Jahrhundert bis zur heute üblichen Isometrie verfolgt.

Der dritte Abschnitt ist der Bauaufnahme gewidmet. "Die Bauaufnahme, d.h. die Vermessung und plangerechte Darstellung eines Bauwerkes dient dazu, das Objekt in dem angetroffenen Zustand möglichst vollständig zu erfassen und eben durch die Pläne der Forschung zugänglich zu machen" (S. 94). Die technische Anleitung entspricht den einschlägig bekannten Werken.

Allerdings sollte grundsätzlich ein verformungsgetreues Aufmaß durchgeführt werden, wobei mindestens der Maßstab 1:50, besser 1:20, zu wählen wäre. Die Angaben v. Winterfeld (S.96) nach denen Grundrisse, Ansichten und Schnitte noch im Maßstab 1:100 (bei Aufmaß und Zeichnung), effektiv wären, kann ich nicht teilen. In entsprechender Weise wurde kürzlich z.B. mit Erfolg die ev. Johanniskirche in Göttingen (1:2o) verformungsgetreu aufgemessen (frdl. Hinweis S. Schütte).

Als technische Hilfsmittel zur Architekturdarstellung wird im vierten Abschnitt die Fotografie und im fünften die Fotogrammetrie behandelt.

Abschnitt sechs ist mit "Die Bauuntersuchung" überschrieben. Konform mit den Definitionen Cramers, Bedals und Maders definiert v.Winterfeld sie als "die Klärung des Zustandes eines Bauwerkes auch in technischer Hinsicht und seiner Baugeschichte bezogen auf die Phasen seiner Errichtung und auf die nachträglichen Veränderungen des ersten abgeschlossenen Zustandes (S.99). Die in diesem

Abschnitt geforderten Untersuchungen entsprechen dem "z.T. höheren Anspruch des Standarts der Bauforschung in der Profanarchitektur als bei den kirchlichen Denkmälern". In diesem Zusammenhang wird auf die Arbeit J.C.Holst: "Zur Geschichte eines Lübekker Bürgerhauses: Koberg 2 - Erster Bericht der Bauforschung, in: Zeitschr. d. Vereins für Lübeckische Geschichte und Altertumskunde 61, 1981 (S.155-187) verwiesen (S.113, 15).

M.E. sollten die Begriffe Baunaht und Baufuge, die von v. Winterfeld (S. 102) synonym verwendet werden, als Bezeichnung unterschiedlicher Sachverhalte genutzt werden. Mit dem Begriff Baunaht wird die Linie einer Wand bezeichnet, an der unterschiedliche Mauerwerkstrukturen aufeinanderstoßen, wenn diese unterschiedlichen Mauerwerksstrukturen auf eine Planänderung zurückzuführen sind. Unter Baufuge wäre dagegen eine am Mauerwerk ablesbare Unterbrechung der Bautätigkeit zu verstehen, ohne das eine Planänderung stattgefunden hat.

Der Hinweis, daß die Erforschung der Dachwerke ein lange vernachlässigtes Gebiet der Bauforschung sei (S.102), kann nicht ohne weiteres auf die Hausforschung übertragen werden. Als Beispiel für die sicherlich seltenere Bearbeitung von Kirchendachwerken ist die Dissertation von Hans Werner Mehlau: "Das Braunschweiger Kirchendach. Ein Beitrag zur Geschichte des Dachwerkes."TH Braunschweig 1953, zu erwähnen. - Des weiteren werden in diesem Abschnitt naturwissenschaftliche Methoden zur Analyse der Baumaterialien, z.B. die Dendrochronologie, die Thermographie und die Endoskopie angeführt.

Abschnitt sieben geht auf die Baubeschreibung ein, in der die Ergebnisse der Untersuchung, neben der zeichnerischen und fotografischen Dokumentation schriftlich fixiert werden müssen. Die Forderung nach strenger Systematik - v.Winterfeld stellt in diesem Abschnitt eine mögliche zweckmäßige Systematik vor - (S.105 f.) und klarer Terminologie ist zu unterstreichen.

Die beiden letzten Abschnitte behandeln zum einen die Ausgrabung und zum anderen die Quellenforschung, wobei v. Winterfeld (S. 108 ff.) neben schriftlichen und abbildenden Quellen, Modellen und Planzeichnungen auch Inschriften, Steinmetzzeichen, Zimmermannsmarken und Abbundziffern versteht.

Für die kunsthistorische Ausbildung bedeuten Beiträge dieser Art in einer aus der Sicht der Universität geschriebenen Einführung einen bemerkenswerten Impuls, können sie doch zu einer umfassenderen Ausbildung der Studenten und einer darüber hinaus zu differenzierten Arbeit mit den Gegenständen führen, auf der die Entwicklung neuer Methoden und Theorien aufbauen kann.

Katharina Hoppe

Vom Bauen und Wohnen. 2o Jahre Arbeitskreis für Haus- und Siedlungsforschung in der DDR. Hrsg. von Hans-Jürgen Rach, Berlin (Akademie-Verlag) 1982. 379 Seiten, zahlr. Textabb., 31 Tafeln (= Veröffentlichungen zur Volkskunde und Kulturgeschichte Band 71 der Akademie der Wissenschaften in der DDR, Zentralinstitut für Geschichte)

Die Beschäftigung mit dem tradierten Hausbestand ist seit etwa zwei Jahrzehnten wieder verstärkt in das Gesichtsfeld der Forschung gelangt. Daß dies nicht ein isoliertes Phänomen in der Bundesrepublik ist, zeigt unter anderem der hier angezeigte Band, der anläßlich des zwanzigjährigen Bestehens des Arbeitskreises für Haus- und Siedlungsforschung in der DDR im Jahre 1979 zusammengestellt wurde und zahlreiche Beiträge aus unterschiedlichen Bereichen umfaßt.

Bemerkenswert ist hierbei, daß Hausforschung nicht nur auf die bäuerlichen Bauten beschränkt bleibt, sondern daß auch städtische Bauten, hier auch wieder jene Bauten der letzten zwei Jahrhunderte einen wichtigen Platz einnehmen. Der Band enthält so einen durchaus aktuellen, auf heutige Probleme bezogenen Aspekt, den man unter hauskundlichen Untersuchungen auch öfter wünschen würde.

Über solchen Ansätzen geht freilich der historische Ansatz nicht verloren. Bemerkenswert sind die hier von F.-D. Jakob und H. Magirius vorgetragenen Ergebnisse zum Görlitzer "Hallenhaus", die neben haustypologischen und archäologischen Fragen auch sozialtopographische Erkenntnisse berücksichtigen. Hier zeigen sich offenbar Parallelen zu anderen städtischen Haustypen im gesamten mitteldeutschen Raum.

Einen beachtlichen Teil des Buches nehmen die Darstellung von Erreichtem und Geplantem auf dem Gebiet der Freilichtmuseen ein.

Daß auch die DDR sich bei den Freilichtmuseen auf die ländlich-bäuerliche Kultur beschränkt, allenfalls noch technikgeschichtliche Denkmäler berücksichtigt, entspricht der Situation in der Bundesrepublik. Das Freilichtmuseum für Bürgerhäuser, die uns gerade in den letzten Jahren eine Vielzahl von kulturgeschichtlich wichtigen Informationen geliefert haben, bleibt damit weiter ein Desiderat.

Johannes Cramer

Irene Spille, Rathäuser im Rhein-Main-Neckar-Raum bis 1800. Darmstadt und Marburg: Selbstverlag der Historischen Kommission Darmstadt (Schloß) und der Historischen Kommission für Hessen 1985. 443 S. mit 384 Abb. (Quellen und Forschungen zur hessischen Geschichte, Band 62), kart., DM 60,--.

Diese Arbeit unternimmt es, die wenig bekannten ländlichen und kleinstädtischen Rathäuser zu erforschen. Auf der einen Seite wird das Untersuchungsgebiet bis zu einer Linie Kaiserslautern-Bingen ausgedehnt, auf der anderen Seite hätte man sich gewünscht, daß im Südosten auch die nicht unbedeutenden Rathäuser der Städte Mosbach, Buchen, Walldürn und Külsheim miteinbezogen worden wären. Im ersten der beiden Hauptkapitel werden die Gebäudeteile wie Erd- und Obergeschoß, Dachwerk, Treppen und Schmuck zusammen mit ihren Funktionen Markt-, Gerichtshalle, Versammlungs-, Festsaal und Warenlager behandelt. Das zweite Hauptkapitel tastet sich anhand der rund 300 festgestellten Bauten an das Problem der Typenbildung heran. Wichtigstes Ergebnis dabei ist, daß die älteren Rathäuser territorialen Eigenarten unterliegen, wobei sich vor allem Kurmainz und Hessen-Darmstadt mit ihren charakteristischen Typen herausheben, während in Kurpfalz und in Pfalz-Zweibrücken eine größere Vielfalt besteht. Ein weiteres Kernstück bildet der mit großem Fleiß zusammengetragene Katalog aller festgestellten Bauten. Da nur noch die Hälfte der erhaltenen Rathäuser kommunalen Zwecken dient, liegt der Wert der umfangreichen und dennoch in einzelnen Kapiteln zu knappen Arbeit auch darin, daß Behörden und Bevölkerung angeregt werden, Denkmalpflege zu leisten und nicht scheinbar nutzlos gewordene Einrichtungen, zu denen neben den Rathäusern auch Hirtenhäuser, Gemeindebacköfen und Brunnen gehören, abzureißen.

Rolf Reutter

Hans Vogts, das Bürgerhaus in der Rheinprovinz, Nachdruck mit einem Vorwort von Günther Bindung und einer Einführung von Klaus Freckmann. im Auftrag des Arbeitskreises für Hausforschung hrsg. von Klaus Freckmann, Düsseldorf 1986. ISBN 3-59o-322o7-1. Das mit 436 Seiten umfangreiche Werk über den städtischen Hausbau im Rheinland ist allein schon in seiner Ausgabe von 1929 ein Standartwerk der Hausforschung geworden - oder hätte es bei größerer Verbreitung werden müssen. Die enormen Zerstörungen, vor allem durch den Zweiten Weltkrieg, haben zur hauskundlichen Bedeutung auch noch die dokumentarische hinzutreten lassen. Klaus Freckmann hat sich der mühsamen Arbeit unterzogen, den von Vogts behandelten Hausbestand auf seine heutige Erhaltung hin zu überprüfen und dies in einem Anhang aufgelistet. Ein Schriftenverzeichnis von H. Vogts rundet die Publikation ab.

Hans-Jürgen Vogtherr, Die Geschichte des Brümmerhofes. Untersuchungen zur bäuerlichen Geschichte in der Lüneburger Heide (Veröffentlichungen des Landwirtschaftsmuseums Lüneburger Heide, 4), Uelzen 1986, 340 Seiten, Abbildungen, z. T. in Farbe, Karten, Skizzen, 1 Faltkarte im Anhang.
Als "Hofgeschichten" darf man gemeinhin guten Gewissens solche deskriptiven, materialausbreitenden Aufzeichnungen verstehen, die eng an die (individuellen) Quellen angelehnt die Entwicklungsgeschichte eines (und nur eines) Hofes beschreiben im Sinne einer Genealogie der Hofstelle und der Besitzer, ohne weitergehenden historisch-analytischen oder komparatistischen Anspruch. Die "Geschichte des Brümmerhofes" macht jedoch schon durch Untertitel und Gliederung deutlich, daß es um mehr geht: um die Geschichte der "bäuerlichen" Lebensform in einer Region, nämlich der Lüneburger Heide, und um die vor allem methodisch interessante Frage, inwieweit Quellen einer bestimmten, singulären Hofgeschichte (unter der Voraussetzung, daß sie so überaus reichhaltig vorhanden sind wie für den Brümmerhof) über die Einzelhofstelle und einzelne Gebäude hinaus Aussagen zur Entwicklung von Landwirt-

schaft, Grundherrschaft und Sozialstruktur bis hin zum Brauchtum
ermöglichen.

Die Untersuchung, eine Göttinger landesgeschichtliche Dissertation, beschäftigt sich mit dem Brümmerhof aus Moide bei Soltau,
ausgehend vom Haupthaus und zwei Nebengebäuden. Diese wurden 1979
bis 1982 breit dokumentiert und in das Landwirtschaftsmuseum
Lüneburger Heide nach Hösseringen, Kreis Uelzen transloziert. Der
Brümmerhof ist sowohl als heutiger "Museumshof" als auch darüberhinaus als quellenmäßig sehr gut aufzuschließende Hofstelle einer
bäuerlichen Oberschicht als Ausnahme oder jedenfalls als relativ
selten zu betrachten. Trotz des Verlustes des eigentlichen Hof-
archivs ist die große thematische Breite von Quellen sowie Quel-
lenauswertung und -interpretation hervorzuheben. Der systematische Zugriff ist vorbildhaft, was nicht zuletzt wohl auf die
Arbeitsweise der Geschichtswissenschaft als Herkunftsdisziplin
des Verfassers zurückgeführt werden kann.

Weniger erquicklich ist der an sich lobenswerte Versuch, den
"Lebenszusammenhängen und -umständen" des ländlichen Alltags ohne
Zuhilfenahme genuin volkskundlicher Fragestellungen auf die Spur
zu kommen. Das Gebäude selbst und seine Ausstattung etwa bleiben
von Beginn an ausgespart. Hier bleibt vieles, auch aufgrund der
Unkenntnis von weiten Teilen der einschlägigen volkskundlich-
sozialwissenschaftlichen Literatur, im Ansatz stecken und auf das
Besondere und eben nicht Allgemeine reduziert. Als Dokumentation
sowohl mit arbeitsintensiven Statistiken und Auflistungen als
auch mit zum Teil phantasievollen und kurzweilig zu lesenden
Interpretationsansätzen verdient der Band jedoch in jedem Fall
Aufmerksamkeit und eine Inanspruchnahme seiner Ergebnisse für
Parallelarbeiten.

Kurt Dröge, Detmold

Denkmalpflege in Rheinland-Pfalz 39 - 1984, Fachwerk, hg. vom
Landesamt für Denkmalpflege Rheinland-Pfalz in Mainz, Worms 1986,
Redaktion Joachim Glatz, Jürgen Fabian und Angela Schumacher.
ISSN 0341-9967. 319 S., 15 Aufsätze zum Thema, ferner Tätigkeits-
berichte der Abteilungen. 19o Abb. (z.T. farbig).

Zu einer Reihe von Sachbereichen im Rahmen der Hausforschung und
besonders des Fachwerkbaues hörte man aus Rheinland-Pfalz in den

letzten Jahren wenig. Daß dennoch die Forschung nicht stillstand, mag man sich angesichts der Person des Landeskonservators, aber auch einer Institution wie des Freilichtmuseums Sobernheim denken können. Magnus Backes war als Bearbeiter des Dehio-Handbuches Hessen einer der Kunsthistoriker, die den Fachwerk- und Hausbau wie selbstverständlich in den Tätigkeitsbereich der Kunstgeschichte einbezog.

In der Einführung von Magnus Backes erscheinen denn auch Forderungen, die - obwohl häufig wiederholt - dennoch selbst bei Fachbehörden noch immer nicht Allgemeingut wurden: Auf das vollständige Entkernen des Fachwrks ist zu verzichten, Farbigkeit zu untersuchen, Putz zu erhalten und eine exakte, möglichst verformungsgetreue Bauaufmessung samt Befunduntersuchung und baugeschichtlicher Analyse vorzunehmen.

Unter den Aufsätzen ist in der Darstellung H. Casparys neben dem Problematik denkmalpflegerischer Kompromisse die schlüssige Argumentation hervorzuheben, mit der er die verbreitete Meinung zurückweist, Brandversicherungen seinen hauptsächlich für das Verputzen des Fachwerks im 19. Jahrhundert verantwortlich gewesen.

R. Elenz stellt die jüngsten Farbbefunde dar, auf die man seit dem überraschenden Referat auf der Farbtagung in Kommern im Oktober 1986 gespannt sein durfte.

E. Finke schildert zur Fachwerkrestaurierung von Herrstein die dendrochronologischen Untersuchungen, die Hans Tisje durchgeführt hat. Mit rund 5o Häusern ist der Ort einer der am besten datierten in Eutschland geworden, die Daten reichen von 1479 (Uhrturmgasse 9) bis 1879 (Pfarrgasse 4 Rückgebäude).

M. Backes stellt am Beispiel von Koblenz eine m.W. bisher unberücksichtigte Gruppe von Fachwerkbauten vor, die im Vor-Festungsbereich ab 1871 nach dem damals verabschiedeten Reichs-Rayon-Gesetz nur in Fachwerk erbaut werden durften und im Kriegsfalle abgebrochen werden mußten. Beispiele solcher drei- bis viergeschossiger Häuser gibt es zahlreiche, die Bedeutung des Gesetzes von 1871 für die Herausbildung dieses Bautyps wird neu zu untersuchen sein.

V. Geißler behandelt die Situation in Monreal sowie die Dokumentation und Wiederherstellung eines Hauses in Alf/Mosel. K. Freckmann und B. Schmitt stellen baugeschichtliche und dendrochronologische Untersuchungen zu zwei Kelterhäusern in Bruttig und Briedern dar, die für das Freilichtmuseum Sobernheim übernommen wurden. Auch hier fanden verformungsgetreues Aufmaß und Farbuntersuchungen Anwendung. Ein besonders gründliches Beispiel für eine derartige Dokumentation lieferte das Büro K. Bingenheimer / E. Hädler, mit wissenschaftlichem Aufmaß, Abbundziffern-Plan und schriftlicher Analyse ein beispielhafter Kurzbericht.

Das von Regine Dölling behandelte Anwesen Gillergasse 11 in Hasloch ist einigen Lesern aus der Anfrage Klaus Freckmanns nach Geheimkammern (AHF-Mitteilungen 8, Nov. 1983) in Erinnerung, für die es offenbar nur wenige Parallelen gibt.

V. Geißler holt den Renovierungsbericht über das Haus Simonis in Kobern-Gondorf (132o-21) nach (der Marburger Vergleichsbau entstand nicht "um 13oo", sondern sicher erst nach dem archöologisch erwiesenen Stadtbrand 1318, wohl um 1325). Den abschließenden Bericht liefert P.-J. Custodis über das Gasthaus Zur Traube in Vallendar.

Bei aller nötigen und möglichen Polularität der Publikation soll ein Hinweis noch angemerkt werden: Die Zeit der "Wilden Männer" (Fachwerk-Verstrebung mit Kopfknaggen, Riegel und Strebe) sowie des "fränkischen Erkers" (Fensterker) sollte nun endgültig vorbei sein, ebenso die "gotischen" Fachwerks, solange dieses keine stilistischen Merkmale der Gotik aufweist.

Bei dem Haus Markt 61 in Bacharach möchte ich die Entstehung des Kernbaues schon im frühen 16. Jahrhundert zur Debatte stellen, 1568 erfolgte m.W. nur ein Umbau.

Die Literaturliste ist inhaltlich besonders dünn ausgefallen und hätte in dieser Form am besten überhaupt nicht gedruckt werden sollen.

Anzumerkendes und In-Frage-zu-stellendes nehmen allerdings wenig Platz ein, vergleicht man mit den Forschungs- und Dokumentationsansätzen, durch die das Rheinland-Pfälzische Amt für Denkmalpflege an den Arbeitsweisen in manchem anderem Bundesland vorbeizieht. Das verformungsgetreue Aufmaß, um nur diesen Begriff als Maßstab herauszugreifen, ist lapidar die Grundlage eine Restaurierungsmaßnahme, nicht auszeichnendes Beiwerk einer "Lust-Forschung" bei einigen exemplarischen Baudenkmälern.   U.G.

WARENDORF
Kurze Kesselstr

12.6.1986